**지속가능한 미래,
이제부터 써 내려갈 이야기**

인간·지속 10

지속의 문턱에서 Ⅲ
지속가능한 미래, 이제부터 써 내려갈 이야기

초판 인쇄 2025년 8월 20일
초판 발행 2025년 8월 26일

엮은이	가톨릭대학교 인간학연구소
교정교열	정난진
펴낸이	이찬규
펴낸곳	북코리아
등록번호	제03-01240호
주소	13209 경기도 성남시 중원구 사기막골로 45번길 14 우림라이온스밸리2차 A동 1007호
전화	02-704-7840
팩스	02-704-7848
이메일	ibookorea@naver.com
홈페이지	www.북코리아.kr
ISBN	979-11-94299-57-8 (93300)

값 23,000원

* 본서의 무단복제를 금하며, 잘못된 책은 구입처에서 바꾸어 드립니다.

지속의 문턱에서 III

지속가능한 미래,
이제부터 써 내려갈 이야기

가톨릭대학교 인간학연구소 엮음

── 머리말 ──

지속의 문턱에서

　　우리는 지금 기후위기, 불평등, 생태파괴와 공동체의 해체라는 복합적 위기 앞에 서 있다. 이 위기들은 단순한 환경문제가 아니라, 인간의 삶과 관계, 가치의 문제이며, 무엇을 지속하고 누구와 함께할지를 묻는 윤리적 질문이다. 이 총서는 그 질문에 응답하기 위한 신앙과 실천, 사유와 기록의 여정으로 기획되었다.

　　『지속의 문턱에서』 시리즈는 2019년부터 6년간 진행된 한국연구재단 인문사회연구소지원사업(교육연계형) 「경계-모듈형 CUK 인성교육과정 개발 연구」의 마지막 성과물이다. 이 연구의 1단계(2019~2021)에서는 추상적이고 획일적인 기존 인성교육의 한계를 넘어서기 위해 학습자의 삶에 밀착된 모듈형 교육과정을 개발했다. 그리고 2단계(2022~2024)에서는 가톨릭적 인성과 지속가능발전목표 SDGs를 연결하며, 공동체적 연대와 생명 중심의 인성교육 모델을 실천적으로 확장했다. 이 총서는 그 연구의 결실이자, 실천의 기록이다.

　　8권 『지속가능한 지구, 조용하지만 분명한 목소리』는 지구와 생명의 목소리를 기록한 현장 중심의 르포이다. 멸종, 오염, 기후재난 등의 현실을 통해 지구가 보내는 조용하지만 명확한 경고를 전하며, 공존을 위한 즉각적 행동을 요청한다.

9권 『지속가능한 마음, 서로를 포기하지 않으려면』은 빈곤, 기아, 질병, 교육, 차별, 실업 등 기본권을 박탈당한 이들의 목소리를 중심에 둔다. 가톨릭의 생명존중과 공동선의 가치를 바탕으로, 신앙인이 무엇을 지키고 어떻게 연대할 것인지를 묻는다.

10권 『지속가능한 미래, 이제부터 써 내려갈 이야기』는 소비와 생산, 도시와 문화, 평화와 교육 등 다양한 주제를 통해 지속가능성이 어떻게 사회 속에서 연결되고 실현되는지를 탐구한다. 연대와 상호이해, 협력과 상상력의 전환을 통해 미래는 함께 써 내려가는 이야기임을 제시한다.

'지속의 문턱'에 선다는 것은 단지 위기의 시대에 멈춰 서는 것이 아니라, 경계를 인식하고 그 경계를 넘어설 것인지를 선택하는 순간에 선다는 의미이다. 이 총서는 바로 그 문턱, 곧 '경계' 위에 선 우리 모두에게 묻는다. 우리가 이 문턱을 넘는다면, 그것은 단절이 아니라 연결이고, 포기가 아니라 연대이며, 추락이 아니라 회복이라는 가능성을 향한 실천이 될 것이다. 이는 본 연구의 핵심 개념인 '경계'의 정신과도 깊이 맞닿아 있다. 우리는 이 문턱에서 멈출 것인가, 아니면 함께 넘을 것인가.

끝으로, 6년 동안 본 연구를 지원해준 한국연구재단에 깊이 감사드린다. 함께 이 길을 걸어온 연구자들과 집필진, 실무진, 그리고 묵묵히 곁을 지켜준 이들에게 존경과 감사를 전한다. 이 책은 종착지가 아니라, 우리가 함께 지속할 여정의 시작이다.

―――― 프롤로그 ――――

지속가능한 미래를 위한
생각의 전환, 연대의 시작

가톨릭대학교 학부대학 교수 최복희

　지속가능발전은 더 이상 선택이 아닌 생존과 정의의 문제이다. 기후변화, 불평등, 자원 고갈, 문화 소외, 도시 붕괴 등 인류가 직면한 복합적 위기는 단일 해법으로는 해결되지 않으며, 사회 각 부문과 세대 간의 연대, 그리고 새로운 인식과 실천이 요구된다. 유엔이 제시한 17개의 지속가능발전목표SDGs는 이러한 전환을 위한 지구적 기준이자 공동의 언어다.

　이 책은 그 목표를 향해 한국 사회가 어떤 길을 모색할 수 있을지를 여덟 편의 논문을 통해 구체적으로 조명한다. 이 논문들은 각기 다른 분야에서 활동하는 연구자들이 SDGs의 여러 주제들이 상호 연관되어 있다는 실천적 통찰을 통해 연대의 청사진을 제시한 결과물이다. 사회문제 해결을 위한 협력적 방식, 평화를 위한 교육과 문화의 역할, 도시와 유산을 바라보는 새로운 시선, 소비와 생산의 윤리적 전환 등, 독자들은 이 책에서 우리 삶의 다양한 층위에 지속가능성이 어떻게 상호 연관성 속에서 구현될 수 있을지를 발견하게 될 것이다.

첫 번째 글 "지속가능한 생산과 소비, 미니멀리스트"는 개인의 소비 행태를 중심으로 SDGs '지속가능한 소비와 생산' 문제를 논의한다. 과잉소비, 쇼핑 중독, 쓰레기 문제는 단순한 생활 습관이 아니라 자본주의와 심리 구조가 결합된 사회적 구조임을 지적하며, 미니멀리즘적 소비 전환을 제안한다. 특히 소비자와 기업의 책임을 병렬적으로 제시하면서, 순환경제와 윤리적 소비가 지속가능한 삶의 핵심 요소임을 설득력 있게 전달한다.

두 번째 글 "풍요와 절제의 균형: 소비자와 생산자의 책임 있는 연대"는 소비자와 생산자 간의 윤리적 연대를 통해 SDGs '지속가능한 생산과 소비'와 '기후변화 대응'을 실천할 수 있는 방안을 제시한다. '디드로 딜레마'를 통해 끊임없는 소비욕망이 환경파괴로 이어지는 과정을 설명하고, ESG 경영, 윤리적 소비, 친환경 제품 선택 등의 구체적인 실천 방향을 제시한다. 특히 소비가 단순한 개인 행위가 아니라 사회 전체의 생태와 경제를 바꾸는 결정임을 강조하며, 실천적 전환을 촉구한다.

세 번째 글 "성장과 지속가능성의 균형: 세계유산 가치 수호를 위한 방어"는 세계유산의 보존과 도시개발 사이의 긴장 속에서 지속가능성을 어떻게 구현할 수 있는지를 논의한다. 김포 장릉 아파트 사건, 경복궁 낙서 사례, 기후변화로 인한 유산 훼손 등의 실제 사례를 바탕으로, 유산 보호는 단순한 규제의 문제가 아닌 지역공동체와 국제사회가 협력해야 할 과제임을 강조한다. SDGs '지속가능한 도시', '기후변화 대응', '파트너십'을 중심으로, 저자는 세계유산이 문화적 자긍심의 대상인 동시에 지속가능한 미래를 위한 자산이라는 점을 부각한다.

네 번째 글 "지속가능발전을 위한 문화정책의 역할"은 문화정책이 사회문제 해결의 수단이자 지속가능발전의 핵심 축으로 기능할 수 있음을 강조한다. 유네스코의 문화정책 논의를 바탕으로, 문화적 가치뿐 아니라 사회적·경제적 가치가 복합적으로 작용함을 설명하며, 기후위기 대응, 문화도시 조성, 문화예술교육 등 다양한 정책 사례를 통해 문화의 힘을 제시한다. 문화는 단지 예술의 영역에 머무르지 않고, 공동체 회복과 생태적 전환을 위한 전략적 수단으로 확장될 수 있다.

다섯 번째 글 "예술을 통한 도시 비평: 뱅크시의 작품세계와 지속가능한 도시의 미래"는 예술, 특히 거리의 예술가 뱅크시Banksy의 작품을 통해 도시 문제를 비평하는 방식을 분석한다. 도시의 벽을 이용한 그의 그래피티는 주거불평등, 환경오염, 소비주의 등을 날카롭게 비판하며, 시민의 감수성과 공공의식을 자극한다. 저자는 뱅크시의 예술이 단순한 비판을 넘어 도시 공동체를 재상상하게 만드는 촉매제 역할을 한다고 본다. SDGs '지속가능한 도시와 주거지 조성' 문제를 중심으로, 예술은 도시 지속가능성을 탐색하는 강력한 사회적 언어가 될 수 있음을 보여준다.

여섯 번째 글 "서로 다름이 풍요가 되는 상호문화실천을 통한 평화구축"은 평화와 교육, 다문화 사회를 연결하여 SDGs '양질의 교육'과 '평화·정의·포용적 제도'의 실현 가능성을 탐색한다. 한국 사회의 분단 현실과 다문화적 갈등 상황을 바탕으로, 상호문화주의와 사회정서학습SEL을 결합한 교육적 접근을 제안한다. '다름'을 받아들이고 그것을 문화 간 대화와 존중의 계기로 전환하는 교육은 단순한 지식 전달이 아닌 시민성을 기르는 실천으로 연결된다. 저자는 이를 통해 평화는 제도만이 아닌 사람과 관계, 공동체의 태도 속에서 구현되어야 한다고 주장한다.

일곱 번째 글 "지속가능한 도시와 공동체를 위한 파트너십, 공론장"은 지역사회의 공론장을 중심으로 도시의 지속가능성을 어떻게 구현할 수 있는지를 다룬다. 교통 불편, 주거 불안, 기후위기, 이민자 갈등 등 복합적인 도시문제는 단일 행위자로 해결할 수 없으며, 다양한 이해관계자의 참여를 전제로 한 숙의적 공론장이 필요하다. 저자는 각 지역 사례를 통해 도시의 지속가능성은 시민 참여와 파트너십 기반 거버넌스에 의해 실현될 수 있음을 보여주며, 이는 SDGs '지속가능한 도시와 주거지 조성'과 '파트너십'의 핵심 가치를 실천하는 방법임을 제시한다.

마지막 글 "SDGs 실현을 위한 새로운 방법론: 콜렉티브 임팩트"는 지속가능발전목표 달성을 위한 새로운 거버넌스 방식으로 '콜렉티브 임팩트Collective Impact'를 제안한다. 정부, 기업, 시민사회가 각자의 역할을 넘어 공동의 문제 해결을 위해 협력하는 이 방식은 기존의 분절적 접근의 한계를 넘어서고자 한다. 특히 아부다비 태양광 발전 프로젝트나 스타벅스의 공정무역 협업 사례는 이러한 모델이 어떻게 실현될 수 있는지를 보여주는 실제적 예시이다. 저자는 다양한 섹터 간 협력이 단기적 성과를 넘어 장기적 시스템 변화로 이어지기 위해 필요한 조건들을 상세히 설명한다.

이 책에 담긴 글들은 이론적 고찰을 넘어, 실제 사회적 실천의 현장에서 길어 올린 깊은 통찰을 담고 있다. 또한 독자들은 각 장의 입구에서 주제를 환기하고 사유를 자극하는 인사이트를 만나 저자의 시선에 집중하게 될 것이다. 이를 통해 지속가능발전이 결코 거창하거나 먼 이야기가 아니라, 우리의 일상과 밀접하게 연결된 현실임을 자연스럽게 깨닫게 될 것이다. 그것은 도시의 골목에서, 소비자의 선택에서, 교육현장의 질문에서, 그리고 문화예술의 숨결 속에서 이미 시작되고 있는 작은 변화들이기 때문이다. 지속가능성은 정답이 아니라 과정이다. 각자의 위치에서 할 수 있는 고민과 시도, 연대와 성찰이 모일 때 비로소 그 과정은 더 큰 의미를 갖는다. 이 책이 독자들에게 그 여정의 나침반이 되어 더 나은 세계를 향한 사유의 전환점이자, 실천의 출발점이 되기를 바란다.

아울러, 각 주제의 첫 발걸음마다 일상의 감각으로 문제의식을 풀어낸 이슬이 연구원의 통찰적 메시지는 이 책의 깊이와 방향을 잡아주는 훌륭한 나침반이다. 독자들이 '인사이트'를 통해 연구자들의 연대에 더욱 가까이 다가설 수 있도록 섬세한 사유를 더해주었다. 또한 강채희 연구원은 이 책이 출간되기까지 세심하고 책임감 있게 전체 과정을 이끌어준 든든한 구심점이다. 연구자들의 목소리가 한 권의 책으로 조화롭게 엮일 수 있도록, 완성도를 높이는 데 큰 힘이 되어주었다.

차 례

머리말_지속의 문턱에서 • 005
프롤로그_지속가능한 미래를 위한 생각의 전환, 연대의 시작 • 008

1장 지속가능한 생산과 소비, 미니멀리스트
_이수연. 고려대학교 글로벌비즈니스대학 초빙교수

1. 지속가능한 생산과 소비 • 022
2. Must Have Item: 있으면 편리한, 없으면 불편한, 없으면 안 되는,
   행복해지기 위해 많이 가지기 • 024
3. 소비하면서 얻은 것들: 행복과 불안 사이 • 029
4. '비움'과 '내려놓음'을 실천하는 미니멀리스트:
   미니멀라이프가 우리에게 주는 것 • 035
5. 작은 삶을 살기 위한 가이드 • 041
6. 디지털 시대의 소비: 편리함과 지속가능성 사이 • 046

2장 풍요와 절제의 균형:
       소비자와 생산자의 책임 있는 연대
_천경희. 한국윤리적소비연구소 대표

1. 서론 • 056
2. 본론 • 061
   1) 지속가능발전목표 12 & 13 • 064
   2) 기업의 ESG 경영과 사회적 책임 • 070
   3) 소비자의 윤리적 소비 실천 • 075
3. 결론 • 093

3장　성장과 지속가능성의 균형:
　　　세계유산 가치 수호를 위한 방어
　　　_채경진. 국가유산정책연구원 정책연구실장

1. 세계유산과 SDGs • 104
2. 세계유산의 가치와 위협요인 • 107
3. 사례 • 113
　　1) 세계유산의 보존과 인간의 권리 간 충돌과 조화 • 113
　　2) 기후변화로 인한 위협에 대응하기 위한 노력 • 119
　　3) 인류 보편적 가치 수호를 위한 글로벌 파트너십 형성 • 122
4. 결론 • 124

4장　지속가능발전을 위한 문화정책의 역할
　　　_임학순. 가톨릭대학교 미디어기술콘텐츠학과 교수

1. 서론 • 132
2. 문화발전과 지속가능발전의 관계 • 133
　　1) 유네스코의 문화발전 논의 • 133
　　2) 문화의 가치와 지속가능발전 • 135
3. 사례 • 138
　　1) 기후변화 위기와 문화정책 • 138
　　2) 문화다양성 정책 • 141
　　3) 문화예술교육정책 • 143
　　4) 문화도시와 문화정책 • 145
　　5) 문화영향평가제도 • 150
4. 지속가능발전을 위한 문화정책 생태계 구축 • 151

5장 예술을 통한 도시 비평: 뱅크시의 작품세계와 지속가능한 도시의 미래
_김숙향. 고려대학교 중국학연구소 연구교수

1. 들어가며 • 160
    1) 전염병이 지나간 도시 • 160
    2) 도시의 경계 • 162
    3) 뱅크시 • 163
2. 도시와 뱅크시 • 164
    1) 도시가 직면한 지속가능성 문제 • 164
    2) 뱅크시의 예술세계 • 167
3. 벽에 담은 도시의 민낯: 기후변화와 환경 • 172
4. 벽에 담은 도시의 민낯: 불평등과 소외계층 • 177
5. 벽에 담은 도시의 민낯: 경제와 소비문화 • 180
6. 우리가 꿈꾸는 도시 • 185

6장 서로 다름이 풍요가 되는 상호문화실천을 통한 평화구축
_박재윤. 상호문화교육·치유연구소 '慈廈[자하]' 소장, 한국외국어대학교 아프리카학부 겸임교수

1. 서론 • 196
    1) 평화구축(Peace Building) • 197
    2) 차이에 대한 긍정적 접근의 상호문화주의 • 200
    3) 포용적 사회를 위한 사회정서학습과 상호문화교육 • 204
2. 본론 • 208
    1) 개인적 차원의 평화구축과 상호문화실천 사례 • 208
    2) 관계적 차원의 평화구축과 상호문화실천 사례 • 214
    3) 구조적 차원의 평화구축과 실천 사례 • 222
3. 결론 • 229

7장 지속가능한 도시와 공동체를 위한 파트너십, 공론장
_박정호. 사회혁신연구소 연구위원

1. 우리의 도시는 지속가능할까? • 238
2. 파트너십과 공론장 • 245
   1) 파트너십: 단 한 사람도 소외되지 않는 것 • 245
   2) 숙의공론장 • 248
3. 지속가능한 도시를 위한 공론장 사례들 • 252
   1) 사회의 주요 갈등을 해결하기 위한 공론화위원회 • 253
   2) 기후위기를 시민의 힘으로 극복하려는 기후시민회의 • 259
   3) 지속가능발전목표를 수립하는 주요이해관계자그룹 공론장 • 265
4. 지속가능한 세상으로 나아가기 • 271

8장 SDGs 실현을 위한 새로운 방법론: 콜렉티브 임팩트
_라준영. 가톨릭대학교 경영학과 교수

1. 들어가며 • 282
2. 왜 콜렉티브 임팩트인가? • 284
   1) 정부실패, 시장실패, 비영리실패 • 284
   2) 섹터 간 협력 • 286
   3) 섹터 간 협력과 콜렉티브 임팩트의 비교 • 291
3. 콜렉티브 임팩트의 성공요건 • 293
   1) 공통의 의제(Common Agenda) • 294
   2) 공유된 측정체계(Shared Measurement Systems) • 295
   3) 상호 보완적 활동(Mutually Reinforcing Activities) • 296
   4) 지속적인 의사소통(Continuous Communication) • 297
   5) 중추 지원조직(Backbone Support Organization) • 298

4. 콜렉티브 임팩트의 추진 절차 • 299
   1) 시작 단계(Initiate Action) • 299
   2) 조직화 단계(Organize for Impact) • 300
   3) 지속적인 실행 및 영향(Sustain Action and Impact) • 301
   4) 추가로 고려해야 할 사항 • 302
5. 대표 사례 • 302
   1) 사례 1: 오션클린업프로젝트(The Ocean Cleanup Project) • 303
   2) 사례 2: 스트라이브투게더(Strive Together) • 309
6. 나가며 • 314

이수연

고려대학교 글로벌비즈니스대학 초빙교수

지속가능한 생산과 소비, 미니멀리스트

insight
1

출근길, 잠시 들른 카페에서 유난히 반짝이는 물건을 발견했다. 한정판 텀블러였다.

'어? 예쁘네. 손잡이도 있어서 들고 다니기 편할 것 같고, 디자인도 키치해 보이는데?'

색깔도 다양했다. 연한 민트색이 특히 마음에 들었다. 하지만 가격표를 보고 잠시 망설였다.

'애매하네…. 많이 비싼 건 아닌데 그렇다고 막 싸지도 않고.'

근무 시간이 다가오고 있었기에 일단 발걸음을 옮겼다.

'일단 나중에 인터넷으로 찾아보자.'

퇴근 후 침대에 누웠는데, 다시 텀블러 생각이 났다. 스마트폰을 켜고 검색창에 브랜드 이름을 입력했다. 비슷한 디자인을 더 저렴하게 살 방법이 있을까 싶어 찾아보다가 사람들의 반응이 궁금해졌다. 트위터와 커뮤니티에서 제품 후기를 검색하기 시작했다.

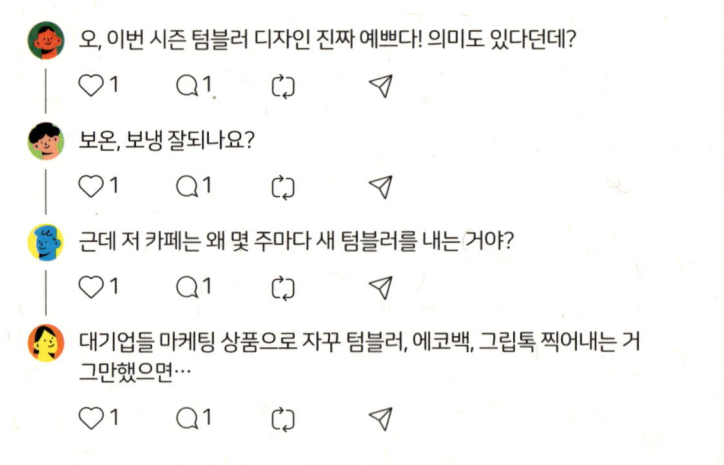

마지막 댓글을 본 순간, 주방 수납장으로 시선을 돌렸다. 거기엔 한때 충동적으로 샀던 텀블러들이 나란히 놓여 있었다.

'다섯 개나 있네…. 근데 솔직히 하나 빼고는 거의 안 쓰잖아. 디자인이 좀 별로긴 한데, 보온·보냉은 문제없는 것 같고….'

텀블러를 사는 진짜 이유는 무엇일까? 정말 필요해서일까, 아니면 예쁜 디자인이 주는 만족감과 뭔가 '갖춘' 듯한 느낌을 원해서일까? 예쁜 텀블러를 들고 다니면 뭔가 깔끔하고 여유로운 사람이 된 것 같고, 다회용을 쓴다는 뿌듯함도 얻는다. 근데 그렇게 사 모은 텀블러들은 왜 곧잘 잊히고, 다시 새 제품에 마음을 빼앗기게 되는 걸까?

생각해보면 예전에 산 것들도 처음엔 멋져 보였지만, 몇 번 쓰고는 수납장에 넣은 후엔 존재조차 잊힌다. 유행은 빠르게 바뀌고, 나도 모르게 그 흐름을 따라가는 소비를 반복해왔다. 소비는 때때로 나의 정체성을 표현하는 수단처럼 느껴진다.

나는 지금, 진짜 필요해서 소비하는 걸까, 아니면 그 소비가 주는 '이미지'에 끌려서 반복하고 있는 걸까?
이 감정은 정말 '지속가능한' 걸까?

스마트폰을 내려놓고, 수납장을 다시 열었다. 한쪽 구석에 처박혀 있던 가장 덜 마음에 들었던 텀블러 하나를 꺼내 들었다. 손잡이는 없지만, 기능은 멀쩡했다.
'스티커라도 붙여볼까?'

1. 지속가능한 생산과 소비

지속가능발전목표Sustainable Development Goals, SDGs는 2015년 유엔UN에서 채택한 17개의 목표로, 2030년까지 지속가능한 사회를 구축하기 위한 국제적 노력의 방향을 제시한다. 이 중 목표 12는 "지속가능한 소비와 생산Sustainable Consumption and Production: SCP"을 다루며, 자원의 효율적 활용과 환경 영향을 최소화하는 방식으로 소비 및 생산을 관리하는 것을 목표로 한다.

지속가능한 소비와 생산은 경제성장과 환경보호를 조화롭게 병행하기 위한 핵심 개념이다. 이는 천연자원의 과도한 소비를 줄이고, 폐기물을 최소화하며, 친환경적 생산 방식을 도입하는 것을 포함한다. 목표 12는 이러한 개념을 기반으로 지속가능한 패턴을 구축하고자 하며, 이를 위해 다양한 세부 목표와 지표를 설정하고 있다.

목표 12는 지속가능한 소비와 생산을 촉진하기 위해 다양한 하위 목표를 포함하고 있다. 주요 내용은 다음과 같다.

- 자원의 효율적 사용(12.2): 천연자원의 지속가능한 관리 및 효율적인 사용을 통해 자원의 고갈을 방지하고, 경제발전과 환경보호를 동시에 고려한다.
- 음식물쓰레기 감축(12.3): 생산 및 소비 과정에서 발생하는 식량 손실을 줄이고, 음식물쓰레기를 절반 이상 감축하는 것을 목표로 한다.

- 화학물질 및 폐기물 관리(12.4): 화학물질과 폐기물이 인체 및 환경에 미치는 악영향을 최소화할 수 있도록 국제적인 기준을 준수하는 관리 시스템을 구축한다.
- 폐기물 감축 및 재활용(12.5): 폐기물 발생을 크게 줄이고, 재사용·재활용 시스템을 확대하여 순환경제를 촉진한다.
- 기업의 지속가능성(12.6): 기업들이 지속가능성 보고를 도입하고, 사회적·환경적 책임을 다하도록 장려한다.
- 지속가능한 공공조달(12.7): 정부와 공공기관이 지속가능한 소비 및 생산을 고려한 정책을 시행하도록 한다.
- 소비자 정보 및 교육(12.8): 지속가능한 삶을 위한 정보 제공과 교육을 강화하여 소비자가 더욱 친환경적인 선택을 할 수 있도록 지원한다.

현재의 소비 및 생산 방식은 지구환경과 인류의 지속가능성을 위협하는 요인으로 작용하고 있다. 산업혁명 이후 급격한 경제성장은 자원 고갈, 생태계 파괴, 기후변화 등의 문제를 초래했으며, 이에 따라 지속가능한 방식으로의 전환이 필수다. 자원의 과도한 사용은 지구환경에 심각한 부담을 준다. 예를 들어, 플라스틱 폐기물 문제는 전 세계적으로 심각한 환경문제로 떠오르고 있으며, 지속가능한 소비 및 생산 방식이 마련되지 않는다면 이러한 문제는 더욱 악화될 것이다. 또한, 산업 생산 과정에서 발생하는 온실가스 배출은 기후변화의 주요 원인으로 지목되고 있다. 이를 해결하기 위해서는 기업과 소비자가 함께 지속가능한 선택을 실천해야 한다.

소비자는 친환경 제품을 선택하고, 불필요한 낭비를 줄이는 행동으로 지속가능한 소비를 실천할 수 있다. 기업 또한 지속가능한 생산 방식을 도입하고, 책임 있는 공급망을 구축하는 등의 노력이 필요하다. 이러한 변화가 이루어질 때 지속가능발전 목표 12의 실현이 가능해질 것이다.

지속가능발전 목표 12는 환경과 경제의 균형을 이루기 위한 필수적인 과제이며, 이를 달성하기 위해서는 정부, 기업, 시민사회의 협력이 요구된다. 지속가능한 소비와 생산 패턴을 확립하는 것은 장기적으로 경제적·환경적 혜택을 가져올 수 있는 중요한 전략이다. 이를 위해 국제사회는 다양한 정책을 추진하고 있으며, 개별 국가와 기업, 소비자도 이에 적극적으로 동참할 필요가 있다. 여기서는 시민 실천의 관점에서 지속가능한 생산과 소비에 대한 이야기를 풀어보고자 한다.

2. Must Have Item: 있으면 편리한, 없으면 불편한, 없으면 안 되는, 행복해지기 위해 많이 가지기

여기 2025년 대한민국의 한 대도시에서 성실하게 살아가고 있는 평범한 30대 부부가 있다. 그들은 몇 년 전 결혼할 때 대도시에 있는 적당한 크기의 아파트를 사서 신혼집을 꾸렸다. 아파트를 사느라 빌린 대출금의 이자를 매달 꼬박꼬박 내고 있고, 나이도 있고 중형차 이상은 굴려야 할 것 같아서 한 대, 아니 맞벌이 부부니까 차 두 대를 60개월 할부로 뽑았다. 버는 돈의 절반 이상은 대출금 갚는 데 고정적으로 지출된다. 집안 세간살이는 기본적으로 다 갖추어야 할 테고, 거기다가 최근 유행하기 시작한 스타일러도 주변 친구들 모두 한 대씩 마련하는 걸 보니 나도 포기할 수 없을 테고, 주 5일 동안 회사에서 일하느라 뭉친 어깨, 허리, 다리 근육을 풀어줄 안마기기 하나 정도는 구비해두어야 할 테지.

게다가 옷장 안에 옷은 넘쳐나는데 철이 바뀔 때마다 막상 입으려고 보면 다 유행이 지나버려 손이 잘 가지 않는 옷들뿐이다. 분명히 얼마 전에도 쇼핑한 것 같은데 입을 옷이 없다. 또다시 온라인 쇼핑몰을 뒤져 예뻐 보이는 옷을 검색한다. 검색하면 할수록 비슷한 디자인, 다양한 가격의 옷이 끝도 없이 추천되어 그걸 다 보려니 눈알이 빠져버릴 것 같지만, 그래도 가장 저렴하면서 구매 후기도 좋고 내 마음에도 쏙 드는 옷을 사기 위해 몇 시간이고 기꺼이 온라인 쇼핑에 할애한다.

비단 옷뿐일까? 우리가 일상에서 사용하는 작은 물건부터 큼직큼직한 집안 세간살이 모두 구매하려고 마음먹으면 온라인 쇼핑몰에 접속해 종일 혹은 며칠 동안 보고 또 들여다본다. 비슷한데 가격이 다른 상품, 할인이 적용된 상품과 그렇지 않은 상품, 구매 후기가 좋은 것과 그렇지 않은 것 등 끊임없이 살펴보고 비교하고 조금이라도 싼 가격에 품질이 좋으면서 디자인도 예쁜 물건을 구매하기 위해

많은 시간과 노력을 들인다. 이렇게 오랜 시간 품을 들여 나에게 '꼭 필요한' 물건을 구매하는 데 성공하여 기분이 좋아지는 것도 잠시, 옷을 사고 나면 신발, 신발을 사고 나면 생필품, 생필품을 사고 나면 또 다른 물건이 끊임없이 필요하다.

그렇게 물건을 사고 나서 오랫동안 열어보지 않았던 서랍장 하나를 열어보고 같은 물건을 작년에도 산 적이 있었다는 것을 깨닫고 스스로 황당해한다. 할인이라는 말에, 누구나 하나쯤은 구비해두는 물건이라는 말에, 잘 어울린다는 말에 마음이 동해 구매해서 집으로 들였지만, 막상 몇 번 사용하지 않고 자리만 차지하고 있는 물건들을 보면 속이 쓰리다.

　여기까지 평범한 대한민국 30대 부부의 이야기는 바로 우리 자신의 이야기다. 우리는 물건을 사고 또 사고 끊임없이 사대지만, 그 많은 물건을 실제로 다 사용하지도 않을뿐더러 그 물건을 산 적이 있었다는 사실조차 잊을 때가 많다.

　그렇다면 우리는 왜 이미 있는 물건을 사고 또 사는 걸까? 물건을 소유하거나 소비할 때 우리 뇌에서는 도파민이 생성되고, 거기서 단기적인 행복감을 얻는다. 이것이 반복되면 뇌는 쉽게 얻는 쾌감을 계속해서 갈망하게 되고 짧고 일시적인 행복감을 위해 작은 물건부터 큰 세간살이, 자동차까지 사고 또 사는 쇼핑 중독에 걸리는 것이다. 인간은 순간적인 행복감이나 만족감 외에도 물건으로 불안감을 해소하고 불확실한 이 세상으로부터 보호받는 듯한 안정감을 느낀다고 한다.[1] 그래서 조금 더 근사한 물건, 조금 더 편리해 보이는 물건을 계속해서 구입한다. 이렇듯 인간의 심리적인 부분이 과잉구매, 과잉소유의 한 원인이 되고 있다.

　또 하나는 소유가 곧 행복이라는 공식을 밀어붙이는 광고와 자본주의 시스템이다.[2] 산업화 이후 인류는 그 어느 때보다 풍족한 시대를 살아가고 있다. 공장의 자동화된 생산라인 덕분에 우리에게 필요한 물건은 이미 충분히 공급되고 있다. 문제는 공장에서 생산되는 물건이 우리가 사는 데 필요한 물건 수보다 압도적으로 많고, 세계 경제가 굴러가기 위해 필요 이상으로 생산한 물건을 필요 이상으로 소비해야 한다는 데서 생겨난다. 즉, 우리는 과잉생산된 상품을 소비하기 위해 필요 이상의 물건을 사고 더 빨라진 제품 교체 주기에 맞춰 구매하면서 몇 배속으로 돌아가는 소비의 쳇바퀴 속에서 살아가고 있다.

물론 상품의 과도한 소비는 강압적으로 이루어지지 않는다. 적어도 겉으로는 그렇다. 자본주의 구조 안에서 공급과 수요의 그래프가 균형적이지 않을 때 바로 광고업계는 교묘하게 우리의 욕구를 자극한다. 그들은 대중에게 "이 물건이 있으면 더 편리할 거예요"에서 "이 물건이 없다면 불편할 거예요. 당신은 이 정도 물건을 가질 자격이 있어요. 이걸 가지지 않은 사람은 당신뿐이에요. 이게 있다면 행복할 거예요" 같은 메시지를 지치지도 않고 끊임없이 던진다. 광고에 자극된 우리는 결국 앞서 보았던 30대 부부처럼 필요한 물건인지 아닌지, 내 집 서랍에 이미 있는 물건인지 아닌지, 사두면 집안 한켠에 방치할 물건인지 아닌지 생각해보지 않고 마치 무언가에 홀린 사람처럼 넋을 잃고 신용카드를 긁어버린다.

이렇듯 우리는 소비 앞에서 일시적으로 자극되는 행복 호르몬과 과잉생산된 상품 소비를 조장하는 자본주의 시스템과 광고업계에 의해 물건의 홍수에서 허우적거리면서도 무엇이 문제인지 어디서부터 잘못되었는지 자각하지 못한 채 경제활동과 소비활동을 하며, 맹목적인 쳇바퀴 속에서 힘겹게 달리다가 은퇴를 맞이한다.

여기서 두 가지 문제가 발생한다. 하나는 공장에서 생산된 물건을 소비하는 과정에서 발생하는 쓰레기 문제와 환경오염 문제다. 쓰레기에 대해서는 다음 절에서 계속 살펴보도록 하자. 그다음으로 언급할 것은 소유가 곧 행복이라는, 많이 가지고 더 좋은 것을 가지면 행복해질 것이라는 현대의 신앙 같은 믿음이 사실은 마치 한 걸음 다가가면 한 걸음 멀어지는 닿을 수 없는 무지개와 같아서 인간은 결코 소비로 행복해질 수 없다는 사실이다.

월 로저스Will Rogers의 말이 이러한 우리의 현주소를 잘 말해주고 있다.

"좋아하지도 않는 사람들 앞에서 으스대려고
원하지도 않는 물건을 사는 데
아직 벌지도 않은 돈을 쓰는 사람들이 너무 많다."[3]

3. 소비하면서 얻은 것들: 행복과 불안 사이

심리적 이유에서든, 과잉생산과 과잉소비를 부추기는 소비 중심의 문화적 이유에서든 결과적으로 현재 우리는 필요하지도 않은 물건을 너무 많이 사거나 아직 쓸만한 물건을 두고 또다시 새로운 물건을 사고, 산 만큼 많은 물건을 버리고 있다. 그 결과 우리가 얻은 것은 두 가지다. 하나는 도파민 분비로 인한 일시적인 행복감이고, 또 하나는 생산되고 판매되는 물건만큼 버려지는 막대한 양의 물건을 처리해야 하는 당면 과제다.

이 문제에 대해 좀 더 알아보기 위해서는 유엔에서 발표한 '지속가능개발목표SDGs'를 참고하면 좋겠다. 유엔에서는 2015년 '지속가능개발목표SDGs' 17개를 발표하고 이를 2030년까지 달성한다는 목표 아래 유엔과 국제사회가 다 같이 노력하고 있다. 그중 12번째 목표에 해당하는 '책임 있는 소비와 생산'은 지속가능한 소비 및 생산 패턴을 촉진하는 것을 목표로 하고 있다. 지속가능한 소비 및 생산 패턴을 촉진하기 위해 2030년까지 음식물쓰레기와 생활 및 사업장 폐기물 발생량을 대폭 줄이고 특히 화학물질 및 유해폐기물을 친환경적으로 관리해야 한다. 1990년대 초 유해폐기물 양은 이미 4천억 톤에 육박했고, 몇몇 개발도상국에서는 이러한 유해폐기물이 앞으로 4배 이상 증가하게 될 것으로 예상되고 있다.

쓰레기가 문제가 되는 것은 먼저, 쓰레기를 처리하는 과정에서 발생하는 온실가스가 기후변화에 영향을 준다는 점이다. 즉, 지구 온도 상승, 해수면 상승, 가뭄과 홍수, 이상기후 등의 문제를 일으킨다. 이는 환경뿐만 아니라 생태계를 파괴하고, 다양한 생물의 생존권을 위협하게 된다. 두 번째는 쓰레기 매립지 부족 문제다. 2025년이 되면 우리나라에서는 쓰레기를 수용할 공간이 포화상태가 되어 '쓰레기 대란'을 겪게 될 것이라는 우려가 커지고 있다. 이에 대비하여 대체 매립지를 조성해야 하지만, 여러 가지 이해관계가 얽혀 해결되지 않고 있다.

즉, 현재의 소비 및 생산 패턴은 당연한 말이지만 쓰레기 증가로 이어진다. 증가된 쓰레기 처리 과정에서 발생하는 온실가스 등은

기후변화에 악영향을 주며 지구환경과 생태계 전반을 위협한다. 각종 온실가스의 영향으로 지구의 온도가 올라간다는 사실은 기본 상식이다. 그런데 지구의 평균 기온이 1℃ 상승한 결과 다음과 같은 일들이 벌어졌다. 따뜻한 공기가 더 많은 수분을 포함하게 되면서 심각한 태풍이나 폭우가 발생하고 있고, 극한의 이상기상 현상과 해수면 수위 상승, 강과 호수, 숲의 생명종 멸종이 일어난다. 또한 기온을 기록한 이래 가장 더웠던 연도는 18개 중 17개가 2001년 이후에 기록된 것들이다.[4] 즉, 우리 지구는 거의 매년 최고 기온을 기록하고 있다. 따라서 온실가스 배출을 최소화하는 지속가능한 라이프스타일을 찾고 독려하는 것이 중요하다. 생산과 소비 패턴으로 인한 지구환경 파괴는 전 지구적 문제로 국가·기업·개인 차원의 노력이 다각적으로 필요하다.

폐기물 중에 플라스틱을 조금 더 들여다보자. 우리의 소비 욕구를 채우고 광고업계의 배를 불리기 위해 생산되는 수많은 물건은 플라스틱을 재료로 사용하는 경우가 많은데, 환경부(2022)에 따르면 국내 폐기물 발생량은 최근 5년간 지속해서 증가하고 있다. 심지어 우리가 입는 의류의 60%는 미세플라스틱 문제를 유발하는 합성섬유로 만들어지고 있다.

우리가 입는 옷의 60%는 합성섬유로 만들어진다. 이 옷들은 생산, 사용, 폐기 전 과정에서 탄소를 배출하고 미세플라스틱 문제를 유발한다.

바야흐로 '윤리의 시대'인 21세기에 윤리적 문제는 사회 전반에 걸쳐 이슈가 되고 있다. 그중 패션 산업에서 기업 경영 활동의 결과물인 제품이나 상품은 사람과 환경에 해를 끼치지 않고 이익을 주며 긍정적인 파급효과를 가져올 수 있어야 한다는 관점, 즉 '윤리적 패션'[5]이라는 개념이 중시되고 있다. 구체적으로는 친환경적 재료를 사용하여 노동이나 환경에 해를 입히지 않음과 동시에 공정거래 원리를 지키는 의류제품을 의미한다. 이는 2006년 이후 패션 산업이 의류의 대량 쓰레기 매립이나 소각, 제3국 투매, 저임금 국가의 노동 착취 문제 등으로 인해 반환경적 산업으로 인식되면서 이에 대한 문제의식에서 등장한 개념이다. 윤리적 패션을 실현하기 위한 가장 현실적인 방안으로 윤리적 패션 인증제도 도입이 논의되고 있는데, 제품 생산 과정과 환경보호 활동, 근로자와 소비자 인권에 대한 항목, 지역사회와 기업의 협동에 관한 항목으로 세분하여 평가하고 인증할 수 있도록 하는 제도다. 이러한 인증제도를 통해 패션업계의 지속가능성을 높이고 환경 피해를 감소시킬 수 있는 산업 표준을 마련할 수 있을 것이다.

그러나 전혀 '윤리적'이지 못한 우리의 플라스틱 현황을 살펴보자. 전 세계의 플라스틱 생산량은 1995년 1억 6천만 톤에서 2018년 3억 4천만 톤으로 증가했다. 플라스틱은 싸고 가볍고 버리기도 쉬워 짧은 시간 내에 인류에게 가장 손쉽게 사용되는 물질이 되었지만, 생산된 플라스틱은 다른 물질들에 비해 재활용 비율이 현저히 낮다. 그래서 대부분 버려질 수밖에 없는데, 해양 쓰레기의 60~80%는 미

생물이 분해할 수 없는 플라스틱이라고 한다.[6] 게다가 나일론이나 폴리에스테르 같은 합성섬유는 세탁할 때마다 미세섬유가 떨어져 나와 바다로 흘러 들어가 물고기의 배 속으로 들어가게 된다. 이는 당장 해양 생태계를 위협할 뿐만 아니라 우리 식탁에 올라올 해산물을 안심하고 먹을 수 없는 상황이라는 의미이기도 하다.

그린피스의 「2023 플라스틱 대한민국 2.0 보고서」에 따르면, 플라스틱 폐기물이 2017년에 비해 2020년 49.5% 증가한 1,193만 톤이 발생했으며 이는 배출량으로 세계 3위에 해당한다. 위의 보고서에서는 일상에서 가장 많이 사용되는 일회용 플라스틱 세 가지 품목(생수 페트병, 일회용 플라스틱 컵, 일회용 비닐봉투)의 1인당 연간 소비량을 조사했는데, 2020년 기준 1인당 연간 1,300여 개(약 19kg)의 일회용 플라스틱을 사용하고 있는 것으로 나타났다.

이러한 추세로 계속해서 일회용 플라스틱 사용이 증가한다면 2030년에는 지금의 1.5배에 달하는 플라스틱 폐기물이 발생할 것으로 추정된다. 또한 플라스틱의 생산과 소비 및 배출을 유지하기 위해 발생하는 온실가스도 막대한데, 플라스틱 폐기물을 소각하거나 매립하는 과정에서 발생하는 온실가스가 국내에서 연간 1,700만 톤에 달한다.

플라스틱 폐기물 문제를 해결하기 위해 플라스틱 생산과 소비를 극단적으로 줄이는 것은 현실적으로 쉽지 않다. 그러나 지금과 같은 책임 없는 대량생산과 무절제한 소비는 지속가능한 발전을 막을 뿐만 아니라 지구환경을 파괴하고 있다. 현대인의 절제 없는 욕구가 지구환경을 망치고 있다.

4. '비움'과 '내려놓음'을 실천하는 미니멀리스트: 미니멀라이프가 우리에게 주는 것

　가벼운 삶, 간결한 삶을 추구하는 미니멀라이프가 유행처럼 번진 적이 있다. 미니멀라이프를 결심하고 실행하는 이른바 미니멀리스트들은 삶의 다양한 영역에서 비워내고 정리하고 최대한 가벼운 삶을 살고 있다. 대부분 미니멀라이프를 추구하는 사람들은 가진 것이 필요 이상으로 많다거나, 살 땐 몰랐는데 버릴 때 보니 처치 곤란인 쓰레기일 뿐이었다는 것을 느꼈을 때, 그 물건을 샀다는 사실도 잊은 채 집 한구석에 오랫동안 처박아둔 물건을 처분하게 되었을 때 서서히 너무 많이 가진 삶에 대해 회의를 느끼기 시작한다. 그리하여 지금까지의 삶에 대해 반성하고 정리하면서 느끼는 기쁨을 알아가면서 미니멀리스트가 되었다고 한다. 즉 이렇게 과잉소유, 과잉소비의 삶 속에서 물건들을 쌓고 쌓다가 더 이상 모든 것을 수용할 수 없을 만큼 물리적·정신적 공간이 가득 차 경고음을 내기 시작했을 때가 계기가 된 경우가 많았다. 혹은 고기를 먹다가 어느 순간 느껴진 누린내 때문에 육고기의 대량생산 과정에서 발생하는 여러 가지 문제 및 그와 결부된 환경문제에 관심을 가지면서, 회사를 그만두고 무직으로 살 것을 결심하면서부터 미니멀리스트가 되기로 한 경우도 있었다.

　비워내는 삶을 살게 되면 좋은 점이 무엇일까? 과잉소유, 소위 풀소유로 비싼 차, 큰 집, 명품에서부터 내 생활을 한층 편리하게 만들어주는 각종 귀여운 보조 아이템들까지 모든 것을 누리고 있는 나와 단출한 살림살이로 소박하게 사는 나를 상상해보자. 어느 쪽이 더 행복할 것 같은가? 눈만 뜨면 화려한 광고로 많이 가지라고 유혹하는 미디어 세상에 살고 있으니 전자는 잠시 생략하고 후자의 삶을 들여다보려고 한다.

　가장 먼저 생각할 수 있는 가벼운 삶의 긍정적인 점은 물건을 사느라 들이는 시간과 비용을 줄일 수 있다는 점이다. 고가의 옷이나 물건은 구매에만 비용이 드는 것이 아니다. 그것을 계속해서 관리하고 유지하는 데도 비용이 든다. 당장 옷들만 해도 비싼 소재로 만들어진 경우 철마다 드라이클리닝을 해야 하고, 계절마다 몇 벌씩 꾸준히 사 모은 옷들을 보관하기 위한 공간도 적잖이 필요하다. 가벼운 삶을 추구하다 보면 이렇게 쇼핑과 보관·유지에 들이는 꽤 많은 비용을 절약할 수 있다.

　그런데 가볍고 단출한 삶이 반드시 경제적 절약에만 큰 장점이 있다고 생각하는 것은 착각일 수 있다. 물건을 사기 위해 여러 사이트에서 검색하고 가격을 비교하고 이미 구매해서 사용해본 사람들의 사용 후기들을 하나하나 꼼꼼히 점검하는 데 드는 시간과 노력, 수많은 비슷비슷한 물건들을 모니터 너머로 들여다보느라 혹사당한 나의 시력을 생각해본 적이 있을까?

이러한 노동은 소소한 물건을 구매하는 과정에서도 몇 시간, 혹은 며칠씩 이루어지는 것이 다반사다. 하물며 가격이 좀 나가는 큰 물건이나 자동차 같은 개인적으로 큰 자본이 투입되는 물건의 경우 구매 활동을 위한 노동 강도와 시간은 우리를 충분히 지치게 하고도 남을 것이다. 게다가 이러한 구매 전 활동이 만약 오프라인에서 이루어진다면 여기저기 발품을 팔며 돌아다녀야 하고, 그 피로도는 온라인상 쇼핑의 몇 배에 이른다는 것은 경험으로 알 수 있다. 그러므로 가벼운 삶을 지향하고 실천한다면 경제적 이득을 볼 수 있을 뿐 아니라 너무 많은 물건을 하나하나 신중히 선택하기 위해 소비하는 나의 시간과 노동력을 모두 아낄 수 있다는 장점이 있다.

두 번째 장점은 스트레스가 줄고 여유가 생긴다는 점이다. 미니멀라이프를 즐기는 사람들이 하나같이 이야기하는 것은 불필요한 물건들을 처분하면서 자신의 공간이 넓어진다는 점과 비울수록 더 비우고 싶어진다는 점이다. 쇼핑으로 물건을 채울 때는 계속해서 더욱 채워 넣고 싶어 한다. 비슷한 디자인의 옷이 있지만 이건 색깔이 다르니까, 저건 소재가 다르니까 하면서 끊임없이 구매할 핑계를 대며 물건을 사들인다.

하지만 반대로 비워내기 시작하면 '이 물건이 꼭 필요할까?'라는 질문 앞에 처분을 결정하게 된다. 왜냐하면 물건이 나간 자리에 공간이 생기고, 공간이 생긴 만큼 알 수 없는 안정감과 여유가 생기며, 이러한 여유의 맛을 알게 되면 그 또한 꽤 매력적이라 놓아버리기 쉽지 않기 때문이다. 그러니 어서 빨리 자기를 구매하여 집으로

데려가 달라고 유혹하는 새롭고 매력적인 물건 앞에서 소유로 인한 스트레스보다 비어 있는 홀가분함을 선택하게 되는 것도 같은 맥락에서 이해할 수 있다. 결과적으로 물건을 소유하려고 고군분투하면서 느끼는 스트레스에서 벗어날 수 있고, 나아가 소유에 대한 욕망이나 욕구에서 자유로워지는 매직을 경험하게 된다.

 필요 이상의 물건은 스트레스와 같다. 많은 공간을 차지하기 때문에 일단 수납할 공간을 확보해야 하는데, 우리의 수납장은 시간이 지나면서 계속 쌓여서 조금만 방심해도 손 쓸 틈도 없이 어지럽혀진다. 이때부터는 더 이상 상품이 아니라 닦고 정리해야 할 일거리, 즉 스트레스가 된다. 물론 여러 가지 물건을 깔끔하게 배치하고 정리하고 나서 모든 물건이 예쁘게 제자리에 꽉 들어찬 서랍장을 보면 충분히 뿌듯하고 만족스러울 수 있다. 그렇지만 이때 느끼는 뿌듯함은 비워낸 후의 공간이 주는 여유와는 비교할 수 없을 것이다.

미니멀라이프의 세 번째 장점은 물건이 아니라 소중한 것에 집중할 수 있게 된다는 점이다. 소유한 물건들을 관리하고 정리하면서 시간과 노력을 쓸 수밖에 없다. 거기에 스트레스는 덤이다. 그러나 더 이상 관리할 물건이 없거나 이전과 비교할 수 없을 정도로 줄였을 때 우리는 그 시간과 노력을 평소 하고 싶었던 일에 더 쏟을 수도 있고, 사랑하는 가족과 대화하는 데 쓸 수도 있으며, 아이들과 놀아주는 데 사용할 수도 있다. 이렇게 보면 가진 것을 가볍게 하면 거기서 발생한 여유 에너지(시간과 돈, 노력 등)로 정말 내가 원하는 것을 추구할 기회가 생긴다.

진정으로 원하는 것은 사람마다 다르겠지만, 단순히 억대 자동차나 비싼 집은 아닐 것이다. 오랫동안 가보고 싶었지만 떠나지 못했던 곳으로의 여행일 수도 있고, 새로운 것을 배워볼 수도 있고, 소중한 사람들과 즐거운 시간을 보내는 것일 수도 있다. 무엇이 되었든 가벼운 삶에서 나온 여유 에너지를 자신을 행복하게 하는 데 더 많이 쓸 수 있을 것이다.

다음은 환경문제에 도움이 되는 삶을 살 수 있다. 미니멀라이프의 첫 시작이 꼭 환경문제에 대한 자각이 아닌 경우도 많지만, 가벼운 삶을 추구하게 되면 결국 지구환경 문제와 만나게 되는 지점이 있다. 환경운동가가 아닌 이상 개인이 환경문제를 해결하겠다는 야심찬 포부를 내세우지는 않겠지만, 지구환경이 더 이상 나빠지지 않게 하는 데 일조할 수는 있다. 그러나 대부분 사람들이 미니멀리스트가 되기로 결심한 이후, 초반에는 정리한 물건들을 갖다버리느라 많은 양의 쓰레기를 배출해야 할 것이다. 하지만 정리한 물건을 모두 버리는 것이 아니다. 나에게는 필요 없지만 누군가에게는 필요할 수 있는 물건을 중고로 팔거나 무료나눔 하면 된다. 그럼에도 처분해야 할 잡동
사니가 있다면 철저한 분리수거를 통해 재활용될 수 있도록 신경을 쓰는 것이 좋겠다.

적게 사고 적게 버리는 삶은 환경에 어떻게 일조하는가? 앞서 살펴본 것처럼 배출된 엄청난 양의 쓰레기를 처리하는 과정에서 온실가스 문제와 매립지 부족 문제, 토양오염, 해양오염 등의 환경 문제가 발생한다.

우리가 가장 자주 버리는 쓰레기 몇 가지를 살펴보면 종이는 분해되는 데 6개월, 비닐은 20년, 플라스틱은 400~500년 걸린다고 한다. 즉, 지구환경을 조금이라도 살리고 싶다면 적게 버려야 한다. 적게 버리려면 일단 적게 사야 한다. 물론 쓰레기를 재활용하거나 소각하는 과정에서 발생한 에너지를 사용하는 등의 방법도 있지만, 버리지 않는 것이 최선일 것이다. 그럼에도 꼭 필요한 생필품은 포장재가 적게 사용된 상품을 선택한다. 그리고 일회용으로 사용되는 빨대, 플라스틱 컵, 비닐봉투 등은 가능하면 여러 번 사용이 가능한 에코백이나 개인 텀블러로 대체하여 사용한다. 이렇게 일상에서 흔하게 사용되는 플라스틱 사용량을 의식적으로 줄이는 데 동참하다 보면 실제 쓰레기 발생량을 줄일 수 있고, 국제사회 구성원으로서 사회에 기여한다는 자부심과 보람은 덤으로 얻어갈 수 있다.

5. 작은 삶을 살기 위한 가이드

　계기가 어찌 되었든 덜어내는 삶을 살기로 한 미니멀리스트들의 행보는 몇 가지 면에서 공통적이다. 지금부터 작은 삶을 살기 위한 방법 몇 가지를 소개한다.
　먼저, 물건 줄이기부터 시작한다. 집안 곳곳을 돌며 오래됐지만 추억이 깃들어 있어 버리지 못한 물건, 사두었는지도 잊어버린 물건, 중복된 물건, 오랫동안 사용하지 않은 물건 등을 솎아내듯이 정리하는데, 정리하는 방법은 다양하다. 버리거나, 중고사이트에 내놓아 팔

거나 무료나눔 한다. 이러한 물건 줄이기에도 규칙을 정해 실행하는데, 버려야 할 것과 남겨두어야 할 것을 구분하는 방법이라든가 한 번에 정리할 수 있는 구역을 설정하여 조금씩 무리하지 않기 등 여러 가지 방법을 활용할 수 있다. 물건 정리 구역을 설정할 때는 오늘은 주방 서랍, 내일은 거실 책장 이런 식으로 조금씩 할 수 있는 만큼만 하는 것도 중요하다. 한꺼번에 욕심을 부리다가 어마어마한 양의 잡동사니에 눌려 포기해버리는 수도 있기 때문이다.

물건을 처분하기 위해 수납장 깊은 곳에 잠들어 있던 물건들을 꺼내 하나하나 점검하다 보면 그것을 처음 샀을 때나 받았을 때의 기억, 그 시절 누군가와의 추억이 생각나 그다지 필요가 없음에도 쉽게 처분하지 못하는 경우가 종종 발생한다. 그러나 이것도 가벼운 삶을 살기 위해 꼭 거쳐가야 할 과정이다. 이럴 때는 추억할 시간이나 사건, 사람을 기념할 수 있는 물건 여러 개 중 가장 대표적인 것 하나만 선택해 남길 수 있다. 그리고 처분할 물건, 남길 물건, 고민할 물건 등으로 나누어 일단 고민할 물건함에 넣어두고 다시 결정해도 무방하다.

물건 정리 심화 버전으로 들어가 보면 100가지 물건으로 살기, 옷 33벌로 살기, 1년 동안 새 물건 사지 않기 등 자기만의 다양한 규칙이나 도전거리를 정하고 실행하며 조금씩 성취감을 느껴볼 수도 있다. 하지만 초보에게는 극단적인 방법보다 중간에 포기하지 않고 조금씩 지속적으로 해나갈 수 있는 것이 더 중요해 보인다.

가진 물건을 줄이는 과정을 거치고 나면 다음으로는 가벼운 생활을 유지하기 위해 충동구매를 줄이고 구매 자체를 신중히 하는 기술을 익힌다. 미니멀리스트들은 이때도 물건을 선택하는 기준, 구매하는 기준을 나름대로 설정하고 그것을 지켜나가면서 나날이 발전하는 생활의 지혜를 발휘한다. 공통적으로 제안하는 방법은 다음과 같다.

- 사기 전에 일정 기간(며칠에서 몇 주까지) 유예기간을 두어 그 시간이 지난 후에도 필요하다고 여겨지면 산다.
- 일상에서 3번 이상 필요하다고 느낀 물건이 있다면 산다.
- 오래 쓸 수 있는 품질 좋은 물건으로 고른다.
- 가능하면 친환경적 공정을 거쳐 생산된 제품을 구매한다.
- 평생 쓰지 못한다면 마지막에 어떻게 처분할 것인가를 구매할 때부터 생각한다.

돌아가신 조부모님이나 부모님의 짐을 처분해본 적이 있는가? 몇십 년에 걸쳐 쌓아놓은 수많은 잡동사니부터 큼직한 물건들, 값비싼 기기들까지 고스란히 머물러 있는 집에서 그 모든 물건을 한 번에 정리하는 것은 그야말로 대규모 프로젝트일 것이다. 자잘한 물건들은 한데 모아 버릴 수 있지만, 가구나 전자기기들은 버리는 것도 비용과 시간이 꽤 든다. 넓지도 않은 집 구석구석에 참 꼼꼼하게도 들어앉아 있는 잡동사니들을 보면 그 많은 물건을 그 작은 집에 모두 수용하고 있었다는 사실이 믿기지 않을 정도다.

이런 경험을 한 번이라도 해본 사람이라면 마트를 돌아보다가 있으면 좋겠지만 없어도 그동안 잘 살아왔던 물건들, 예를 들면 전신 안마기기 같은 신상을 발견했을 때 나중에 어떻게 처분해야 할지를 먼저 떠올리게 될 것이다. 그렇다면 그 순간 전신 안마기기는 할부로라도 장만하고 싶은, 지친 내 몸을 돌봐줄 친구가 아니라 수백 킬로그램의 처치곤란 생활폐기물로 보인다. 이런 상상을 해보는 것만으로 화려한 신상의 자태에 정신을 잃기 전 나를 잡아줄 꿀팁이 된다.

미니멀라이프를 추구하는 이들이 이러한 과정을 통해 가벼운 삶을 시작하고 유지하면서 단순히 여백이 있는 공간과 여유를 즐기는 데서 그치는 경우는 거의 없다. 적게 사고 적게 쓰려 노력하는 과정에서 많은 소비재의 생산과 소비, 소각, 매립, 재활용 과정을 알게 되고 이는 자연히 쓰레기와 지구환경, 에너지와 지구환경의 관계에 대한 관심으로 이어진다. 그래서 전 세계인이 하루에 소비하는 종이를 생산하는 데 나무 1,200만 그루가 필요하다는 사실과 옷 한 벌을 만드는 데 몇천 리터의 물이 사용된다는 사실에 놀란다. 그리고 스마트폰 같은 기기 생산에 쓰이는 광석을 채굴하기 위해 특정 국가(콩고)의 자연을 파괴하고 동물에게 큰 피해를 주어야 한다는 사실에 멀쩡한 스마트폰을 2년 주기로 바꾼 자신에 대해 반성하게 된다. 또한 한 끼 식사로 고기를 먹기 위해 물 9,500L가 필요하고, 가축을 키우는 데 필요한 땅과 사료는 인간의 생활 터전을 위협할 정도로 어마어마하다는 사실 등 그동안 알지 못했던 불편한 진실과 마주하게 된다.

결국 미니멀라이프를 실천한다는 것은 단순하게 비움으로 스트레스를 줄이고 행복을 찾는 유유자적한 삶을 추구하는 것이 전부가 아니다. 미니멀한 삶을 알수록 내가 속한 이 세계에서 내가 매일 사용하는 물건, 섭취하는 음식, 편하게 누리는 첨단기기에 이르기까지 그 모든 것이 생겨나서 소멸되는 순간까지의 과정을 하나하나 알게 되고, 그 안에서 내가 모든 것과 연결되어 있음을 느끼게 된다. 삶을 비웠을 뿐인데 나와 세상을 구분하는 경계가 확장되고 나를 둘러싼 세상, 내가 발 딛고 있는 지구와 한 발 가까워진다. 그동안 이렇게 나라는 존재가 세상과 외따로 떨어져 있고 내 몸을 거쳐간 물건들은 그 효용을 다하면 가차 없이 버려져도 내 몸에서 떨어지면 그만이라는 느낌으로 살았다. 그러나 이제는 내 행동 하나하나가 쓰레기 유발과 자원 낭비, 지구환경 파괴로 이어질 수 있다는 것을 알게 된 이상 하나의 물건도 소중히 오래도록 사용하고, 필요 이상의 음식을 주문하지 않으며, 에너지 절약에 신경을 쓸 수밖에 없다.

미니멀리스트를 자처하는 이들은 미니멀리스트가 된 계기는 제각각이었지만 공통점이 있었다. 좀 더 노련한 미니멀리스트가 되기 위한 자기만의 생활 및 소비 패턴 방식을 가지고 있었는데, 물건을 정리하는 방식과 물건을 고르는 규칙이나 기준이 꽤 합리적으로 보인다. 또 하나의 공통점은 가볍게 사는 지금의 방식을 널리 전파하고 싶어 한다는 점이다. 사람은 누구나 뭐든 좋은 것이 있으면 다른 사람들에게 알리고 함께하고 싶어 하기 마련이다. 작은 삶을 실천하는 것이 어려운 부분도 있겠지만 그만큼 보람이나 즐거움, 해방감이 따르기에 앞장서서 주변에 알리고 나아가 자기만의 노하우를 책으로 엮어 독자에게 권하는 것이라고 생각한다. 미니멀리스트들의 삶을 잠시 엿본 김에 일상의 스트레스와 더 가지기 위해 고군분투하는 삶의 피로감을 조금 내려놓을 겸, 혹은 나를 둘러싼 세계와 더 가까워지고 지구환경에 대한 책임을 분담한다는 보람을 느껴볼 겸 비우는 삶에 동참해보는 것은 어떨까?

6. 디지털 시대의 소비: 편리함과 지속가능성 사이

우리는 손가락 몇 번의 터치만으로 원하는 것을 바로 살 수 있는 시대에 살고 있다. 스마트폰 하나만 있으면 필요한 물건을 주문할 수 있고, 몇 시간 혹은 하루 만에 그것을 받아볼 수 있다. 이제 쇼핑하기 위해 굳이 백화점이나 마트를 찾아갈 필요도 없다. 모든 것이 클릭 한 번으로 해결되는 편리한 세상이다. 하지만 이렇게 편리해진 소비문화는 과연 지속가능할까?

디지털 시대의 소비는 편리함을 주지만, 동시에 우리가 미처 깨닫지 못하는 많은 자원을 소모하고 있다. 온라인 쇼핑이 늘어날수록 제품을 포장하는 플라스틱과 종이박스의 사용량도 급증한다. 또, 빠른 배송을 위한 물류 시스템이 강화될수록 탄소배출량도 함께 늘어난다. 한편, 디지털 콘텐츠 소비 역시 예외는 아니다. 온라인에서 영화를 보거나 음악을 듣고, 클라우드에 사진과 문서를 저장하는 일상적인 활동도 서버 운영에 많은 전력을 필요로 한다. 전력 소비가 증가할수록 탄소배출도 늘어나는 구조다.

디지털 콘텐츠를 저장하고 관리하는 과정에서 발생하는 전력 소비는 탄소배출과 밀접한 관련이 있다. 일반적으로 전력은 석탄, 천연가스 같은 화석연료를 연소하여 생산되며, 이 과정에서 이산화탄소CO_2 같은 온실가스가 배출된다. 예를 들어, 10킬로와트시kWh의 전력을 생산할 때 평균적으로 424g의 CO_2가 발생한다.[7]

데이터센터는 디지털 콘텐츠를 저장하고 처리하는 핵심 시설로, 막대한 전력을 소비한다. 전 세계 데이터센터의 에너지 소비량은 2026년까지 1천 테라와트시TWh에 이를 것으로 예상되며, 이는 우리나라의 2022년 연간 전력 소비량인 568TWh와 비교해도 상당한 규모라고 한다.[8] 이러한 전력 소비 증가는 곧바로 탄소배출 증가로 이어진다. 특히, 인공지능AI 기술의 발전으로 데이터센터의 에너지 수요가 급증하고 있으며, 이에 따른 온실가스 배출도 급격히 늘어나고 있다.[9]

따라서 디지털 콘텐츠를 저장하고 이용하는 과정에서 발생하는 전력 소비는 탄소배출과 직접적으로 연결되어 있으며, 이는 환경에 부정적인 영향을 미칠 수 있다. 이러한 문제를 해결하기 위해 데이터센터의 에너지 효율을 높이고, 재생에너지 사용을 확대하는 등의 노력이 필요할 것이다.

하지만 이런 문제를 인식하고 더욱 책임감 있는 소비를 실천하는 움직임도 점점 커지고 있다. 온라인 쇼핑을 하더라도 최소한의 포장재를 사용하는 브랜드를 선택하거나, 한 번에 여러 개의 상품을 묶어서 주문하는 방식으로 포장 낭비를 줄일 수 있다. 또, 디지털 콘텐츠를 무분별하게 소비하기보다 정말 필요하고 가치 있는 것들만 선택적으로 이용하는 태도도 중요하다. 예를 들어, 사용하지 않는 이메일을 정리하거나 클라우드 저장 공간을 효율적으로 관리하는 것만으로도 불필요한 에너지 소비를 줄일 수 있다.

특히, 중고시장이 활성화되면서 '필요한 것을 새것이 아닌 기존 자원에서 찾는' 소비 방식도 주목받고 있다. 온라인 중고 마켓이나 지역 커뮤니티를 활용하면 여전히 쓸 수 있는 물건을 버리는 대신 필요한 사람에게 전달할 수 있다. 이렇게 하면 자원의 낭비를 줄이고, 지속가능한 소비문화를 확산하는 데 기여할 수 있다. 기업들도 이러한 변화에 발맞춰 중고 제품을 공식적으로 판매하거나, 제품을 대여해주는 구독 서비스를 제공하는 등 다양한 방식으로 지속가능한 소비를 지원하고 있다.

우리는 편리함을 누리면서도 지속가능한 선택을 할 수 있다. 디지털 시대의 소비는 단순히 빠르고 쉬운 것에만 초점을 맞출 것이 아니라, 그 과정에서 환경에 미치는 영향도 고려해야 한다. 작은 습관의 변화가 쌓이면 더 나은 미래를 만들 수 있다. 지금 당장 우리가 하는 소비가 어떤 영향을 미치는지 한 번쯤 생각해보면 좋겠다.

주

1   조슈아 베커, 『작은 삶을 권하다』, 이은선 역, 와이즈맵, 2018, 91쪽.

2   위의 책, 66쪽.

3   위의 책, 19쪽.

4   스티븐 부라니 외, 『지구에 대한 의무: 우리의 삶은 어떻게 환경을 파괴하는가』, 전리오·서현주·최민우 역, 스리체어스, 2019, 121-122쪽.

5   장남경·이준옥, 「윤리적 패션 인증제도 구축을 위한 탐색적 조사」, 『한국패션디자인학회지』 14(2), 2014, 144쪽.

6   스티븐 부라니 외, 앞의 책, 12쪽.

7   신자영 기자, "[지구를 지켜줘] 데이터센터는 '전기 먹는 하마'… SNS 자주 하면 탄소 '뿜뿜'", 어린이조선일보, 2024.4.2. https://kid.chosun.com/site/data/html_dir/2024/04/02/2024040203197.html?utm_source=chatgpt.com

8   이동재 기자, "데이터센터 탄소배출 늘어나는데… 통신3사 대책은?", 뉴스펭귄, 2024.4.23. https://www.newspenguin.com/news/articleView.html?idxno=16686&utm_source=chatgpt.com

9   최원형 기자, "AI 데이터센터서 배출한 온실가스 '기후 악당' 항공산업 맞먹는다", 한겨레, 2024.12.20. https://www.hani.co.kr/arti/society/environment/1174232.html?utm_source=chatgpt.com

참고문헌

Climate Scouts 6기 정책3팀 온새미로(김세진·송민지·이주호·장진협). "걷잡을 수 없는 쓰레기 처리 문제 기후변화를 넘어서 우리 삶에 침범하다". 2021.9.15(검색일: 2023.8.14.)

곽은영 기자. "[NO-플라스틱] 당신의 옷은 무엇으로 만들었나요?". 그린포스트, 2022.7.20(검색일: 2023.8.14)

그린피스. 「2023 플라스틱 대한민국 2.0 보고서」.

스티븐 부라니 외. 『지구에 대한 의무: 우리의 삶은 어떻게 환경을 파괴하는가』. 전리오 · 서현주 · 최민우 역, 스리체어스, 2019.

이나가키 에미코. 『퇴사하겠습니다』. 김미형 역, 엘리, 2017.

이보람. 『축소주의자가 되기로 했다』. 카멜북스, 2020.

장남경 · 이준옥. 「윤리적 패션 인증제도 구축을 위한 탐색적 조사」. 『한국패션디자인학회지』 14(2), 2014: 143-156.

조슈아 베커. 『작은 삶을 권하다』. 이은선 역, 와이즈맵, 2018.

혼다 사오리. 『물건은 좋아하지만 홀가분하게 살고 싶다』. 박재현 역, 심플라이프, 2016.

환경부 · 한국환경공단. 「2021 전국폐기물발생 및 처리현황」.

Marsha A. Dickson, Suzanne Loker, & Molly Eckman. *Social Responsibility in the Global Apparel Industry*. New York: Fairchild Books. 2009.

천경희

한국윤리적소비연구소 대표

풍요와 절제의 균형: 소비자와 생산자의 책임 있는 연대

insight 2

처음 회사를 차렸을 땐 그저 '괜찮은 물건'을 만들고 싶었다. 실용적이고, 디자인도 적당히 예쁘고, 합리적인 가격이면 충분하다고 생각했다. 그렇게 만든 생활용품들이 어느 정도 시장의 반응을 얻고, 몇몇 유통 채널에도 입점하면서 회사는 조용히 성장해왔다. 하지만 시간이 흐르면서 상황은 달라졌다. 경쟁은 치열해졌고, 제품은 넘쳐났다.

문제는 점점 늘어나는 B급 재고였다. 생산과정에서 약간의 색감 차이나 미세한 스크래치가 생긴 플라스틱 케이스들. 기능에는 전혀 문제가 없지만 대형 유통사는 이런 제품을 받지 않는다. 온라인 직영몰에서라도 팔아볼까 했지만, 포장도 새로 해야 하고 CS도 따로 붙여야 하니 애매했다. 결국 창고 한쪽에 '언젠가 활용하자'며 쌓아둔 박스들이 점점 자리를 차지해갔다. 보관 비용도 장난이 아니다.

최근에는 소비자의 피드백이 생각보다 날카롭다.

"제품은 마음에 드는데 포장이 너무 과해요."

"분리수거장에 가져갔더니 부품을 따로 빼라고 하더라고요. 이런 건 처음 봤어요."

처음엔 그냥 개인적인 불편일 뿐이라고 생각했지만, 비슷한 의견이 반복되니 무시할 수 없었다.

이러한 상황에서 진행된 정기회의, 결국 회의는 이렇게 흘러갔다.

A사가 이번에 친환경 소재로 갈아탔대요. 리사이클 소재랑 바이오 플라스틱을 두고 검토하고 있다고 하더라고요.

우리도 이제 고려해봐야 하는 거 아녜요? CS에도 종종 얘기 올라오던데….

좋은 일이긴 한데, 제조단가가 너무 높아요. 유통망도 다시 짜야 하고요.

"지금도 마진이 얇은데 감당이 될까요?"

 "그리고 친환경 소재를 쓰게 되면 가격을 올릴 수밖에 없는데…. 소비자가 그 정도 가격을 감수할까요?"

"그리고 친환경 소재 사용해도 안 팔리면 그거 다 재고예요. 저희 지금 재고 이슈 크잖아요."

친환경 소재를 쓴다는 건 단순히 원자재만 바꾸는 문제가 아니다. 공급망부터 제조 공정, 디자인, 포장 방식, 마케팅 전략까지 전부 새로 짜야 한다. 이걸 잘못하면 회사의 기반 자체가 흔들릴 수도 있다. 지금 함께 일하는 직원들, 협력업체들, 그리고 우리 브랜드 자체의 생존도 걸린 일이다. 하지만 동시에 이런 생각도 들었다. 우리가 지금 만드는 방식이 과연 5년, 10년 뒤에도 통할까? 쌓여가는 재고, 버리기 어려운 포장재, 줄어들지 않는 플라스틱. 우리 회사는 계속 만들고 있지만, 소비자는 점점 더 많은 걸 묻고 있다. 그리고 그 물음이 불편하지만, 맞는 말이라는 걸 나도 알고 있다.

최근 우리는 아주 작은 실험을 시작했다. 우선 하자가 있지만 사용하기에는 문제가 없는 제품들을 리퍼비시 상품으로 저렴하게 판매해보기로 한 것이다. 반응은 의외로 긍정적이었다.

"환경을 생각하는 브랜드 같아서 믿음이 가요."

"작은 흠집 정도는 괜찮아요."

단가도 맞고, 재고도 줄고, 소비자와의 새로운 접점도 생겼다.

물론 이걸로 다 해결되지는 않는다. 재고 이슈가 해결되어도 아직 소재에 대한 이슈는 남아있고, 여전히 우리는 선택의 기로에 서 있다. 소비자의 니즈는 개성, 품질, 가격을 모두 고려한 '합리적 지속가능성'이다. 그 안에서 우리는 어떻게 균형을 잡아야 할까?

1. 서론

"가난한 프랑스 철학자 드니 디드로(1713~1784)가 어느 날 멋진 진홍색 가운을 선물 받았다. 새 옷을 입고 서재에 앉으니 갑자기 주변이 초라해 보여 책상을 바꾸었더니 이제 책꽂이가 거슬렸다. 새 책꽂이에 새 의자까지 바꾸어 모든 원하는 물건을 구입했는데도 전혀 기쁘지가 않았다. 오히려 익숙한 것 없는 새로운 환경이 낯설기만 했다."

- 앨리슨 헤인스, 정나리아 역, 2009

현대 소비사회에서 소비자는 철학자 드니 디드로처럼 소비를 자신을 드러내는 도구 또는 자신의 정체성을 표현하는 상징으로 생각하며 살아가고 있다. 그래서 소비가 또 다른 소비를 부르고, 욕망의 추구가 만족 대신 또 다른 욕망을 낳는 소위 '디드로 딜레마' 현상을 경험하게 된다.

이처럼 사람들이 살아가면서 끝없는 소비 욕망인 '디드로 딜레마' 현상을 경험하면서 지구환경을 오염시키고 화석연료를 방출하고 있지만, 사실 소비자는 자신의 소비와 지구환경 오염의 관계를 깨닫기 쉽지 않다. 소비가 지구에 미치는 영향이나 소비로 인해 나타나는 지구의 현상에 대해 진지하게 생각하기 어렵기 때문이다.

실제로 친구들 모임에 나가기 위해 새 옷을 구입할 때 또는 휴대전화를 구입할 때, 사람들은 새 제품을 선호하고 그 가운데 가격,

성능, 디자인 등 다양한 요소를 고려하여 신중하게 선택하지만, 이때 사람들은 제품 하나가 생산될 때 배출되는 이산화탄소 양을 고려하거나, 본인이 구입하는 제품의 생산자들이 얼마만큼의 임금을 받는지는 크게 고려하지 않는다.

한편, 현대 소비사회에서 살아가는 우리는 끊임없이 소비 욕망에 유혹당하고 있다. 새 옷, 새 전자제품, 새 음식을 향한 갈망은 멈추지 않는다. 이로 인해 충동구매, 과소비, 과잉소비, 물질주의 같은 비합리적인 소비행태가 사회 전반에 확산되고 있으며, 결국 무분별한 소비가 일상화되어 전 지구적으로 환경문제와 사회문제가 점점 더 심각해지고 있다(김수학, 2025). 이러한 과도한 소비는 부의 불평등을 초래하고, 빈부격차를 고착화시키는 구조적 문제로 이어지며, 치열한 경쟁과 삶의 고비용을 야기하여 삶에 대한 불만족 문제가 전 사회적으로 팽배하게 만들고 있다. 또한 현대 소비사회의 문제들은 지구 생태계에도 심각한 영향을 미치고 있다. 지구 곳곳에서는 폭염, 홍수, 산불 등 이상기후 현상이 빈발하여 전 지구가 몸살을 앓고 있다. 지구 표면의 온도 상승으로 그린란드와 남극의 빙하가 녹아 바다 수면이 상승하고 있으며, 바다 생물이 살아갈 공간이 줄어들고 있다는 경고가 오래전부터 제기되어왔다. 최근 30년간 대한민국 기상청의 기후 현황 통계를 살펴보면 폭염·열대야·폭우 일수는 증가하고 한파·강설 일수는 감소하는 추세를 보여 우리나라에서도 지구온난화에 따른 급격한 기후변화를 뚜렷이 확인할 수 있다. 이러한 지구의 변화에 우리의 책임은 없는 것일까? 지구촌에서 나타나는 다양한 문제를 해결하기 위해 우리는 과연 무엇을 해야 할까?

　전 지구적으로 나타나고 있는 기후변화는 한 개인, 한 국가만의 문제가 아니라 우리 모두의 문제이다. 그래서 이에 대처하기 위해 전 세계적인 노력이 이루어지고 있다. 각국 정부는 더욱 긴급한 집단행동이 필요하다는 데 동의하고, 유엔기후변화협약UNFCCC 당사국총회COP를 개최해서 탄소배출량 감축 계획을 함께 논의하고 있다. 전 세계적으로 탄소배출을 줄이기 위한 다양한 노력을 기울이고 있는 것이다. 우리나라도 이에 발맞추어 2021년 8월 세계에서 14번째로 2050 탄소중립 이행을 법제화하는 「탄소중립기본법」을 제정해서 2030년 온실가스 배출량을 2018년 대비 35% 이상으로 감축하기로 하고 2050년에는 탄소중립, 즉 온실가스 배출량에서 흡수량을 제외한 순 배출량이 0이 되는 상태를 만들기로 했다. 한편 유엔은 전 지구적으로 지속가능한 사회를 이루기 위해 2015년 지속가능발전목표SDGs 17가지를 정해서 실천을 독려하고 있으며, 2018년 기업의 책임투자원칙을 실천하기 위해 환경, 사회적 책임을 고려한 경영에 대한 기준으로 ESG(환경, 사회, 지배구조) 실천을 권유하고 있다.

　이와 같은 전 세계적인 협력과 각 국가 간의 목표가 실현되기 위해서는 무엇보다 생산자인 기업뿐만 아니라 소비자 개개인의 관심과 노력 그리고 참여가 있어야 할 것이다. 생산자인 기업과 소비자의 적극적인 참여를 통한 실천 행동 없이는 국가, 정부의 노력이 실현되기 어렵기 때문이다. 과연 생산자인 기업과 소비자는 어떠한 방식으로 지구촌이 당면한 문제를 극복하고 해결하는 데 도움을 줄 수 있을까?

매년 1월이면 세계 의류산업 관계자들이 다양한 브랜드 관계자들, 바이어들과 만나는 '파리 패션위크'가 진행된다. 올해 가장 눈에 띄는 경향은 '윤리 경영 인증'이었는데, 기업의 생산 현장에서 노동규정 준수를 수행했는지 평가하는 것이다. 명품업계도 비슷한 경향을 보여 까르띠에는 외부와 계약할 때 윤리 경영 서약서를 요구한다. 커피의 경우도 스페셜티 커피는 생산과정의 투명성을 강조하는 미국의 비영리기관 비콥B-corp의 윤리 인증을 받아야 한다(박찬용, 2025).

또한, 서울디자인재단은 2025년 6회째 맞는 '서울디자인어워드 2025' 공모를 개최하면서 유엔의 지속가능발전목표SDGs를 반영해 4개 분야로 구성했다. 서울디자인어워드는 지속가능한 디자인으로 사회문제를 해결하는 세계에서 유일한 글로벌 어워드다(이설, 2025).

한편, 미국 라스베이거스에서 열린 CES 2025는 "첨단 기술로 뛰어든다"는 의미인 'DIVE IN'이 슬로건이었으며, AI(인공지능)로 수익성을 높이는 비즈니스 모델을 부각하면서 10대 트렌드 및 혁신제품을 발표했는데, 그중 아홉 번째로 ESG(환경, 사회, 지배구조)가 제시되었다. ESG란 환경Environmental, 사회Social, 지배구조Governance의 약자로 기업의 비재무적 성과 측정 지표를 구성하는 개념이다. ESG 전략 실행과 함께 '인간 안보'를 중요한 키워드로 제시하면서 탄소배출 감축에 집중하는 '에너지 전환Energy Transition'에 의한

에너지 테크가 부상되었다(삼정KPMG 경제연구원, 2025).

이처럼 전 세계적으로 산업 부문에 관계없이 기업의 ESG 전략, 윤리적 경영과 지속가능발전목표SDGs에 대한 관심이 높아진 이유는 무엇일까? 이러한 관심으로 현재 우리가 겪고 있는 지구적인 문제가 해결될 수 있는 것일까?

이 장에서는 이러한 여러 가지 문제를 생각하며 지구촌이 당면하고 있는 기후변화 문제를 해결하고 지속가능한 발전을 도모하기 위해 무엇을 해야 하고 어떠한 것을 실천해야 할지에 관심을 가지고 논의하고자 한다. 특히 지속가능발전목표 중 목표 12 "지속가능한 소비 및 생산양식을 보장한다"는 내용과 목표 13 "기후변화와 그로 인한 영향에 맞서기 위한 긴급 대응을 시행한다"를 중심으로 살펴보고자 한다. 지속가능발전목표 12는 지속가능한 소비와 생산을 달성하고자 하는 내용이다. 즉, 선진국이 우선적으로 지속가능한 생산과 소비가 가능하도록 음식물쓰레기를 절반으로 줄이고 폐기물 발생을 대폭 줄여야 한다는 내용이 포함된다. 지속가능발전목표 13은 기후변화에 대응하자는 내용이다. 이를 위해서는 기후변화로 인한 자연재해, 특히 개발도상국에서 자연재해의 피해를 입은 후 복원할 수 있는 능력을 강화해야 한다는 내용이 포함된다.

이를 위해 이 장에서는 먼저 지속가능발전목표 12와 13의 내용을 구체적으로 살펴봄으로써 지속가능한 발전을 도모하기 위해 실행해야 하는 유엔의 가이드라인을 이해하고, 다음으로 개인, 시민, 사회가 지속가능발전목표 12와 13을 실천하기 위한 구체적인 방법을 제안하며, 실제로 현장에서 실천되고 있는 사례를 제시하고자 한다. 이를 통해 지속가능발전목표 12와 13을 왜 실천해야 하는지 그 중요성과 의미를 탐색할 기회를 가지고, 실제로 지속가능발전목표를 실천하기 위한 로드맵을 그려나갈 수 있기를 기대한다.

2. 본론

본론에서는 먼저 지속가능발전목표 12와 13의 내용을 구체적으로 알아보고자 한다. 지속가능발전목표 12와 13의 내용이 무엇인지를 각 목표에서 구체적으로 제시하고 있는 세부 목표 내용을 통해 파악함으로써 지속가능발전목표 12와 13이 지향하는 유엔의 가이드라인을 명확하게 이해할 수 있을 것이다. 다음으로 지속가능발전목표 12와 13을 실천하기 위한 방법을 기업이 실천해야 하는 내용과 사례 및 소비자가 실천해야 하는 내용과 사례를 살펴보고자 한다.

개인, 시민, 사회가 지속가능발전목표 12와 13을 실천하기 위해서는 현대 소비사회에서 나타나고 있는 다양한 문제를 해결하기 위한 노력 및 대안을 통해 생각할 수 있을 것이다. 이를 위해서는 현대사회의 소비문화를 재조정하고 소비와 생활양식을 지속적으로 창출하며 궁극적으로 소비가 경제, 사회, 문화, 정치, 자연생태 등에 어떠한 결과를 초래하는지 인식하는 사회적 책임을 실천하는 행동이 필요할 것이다. 이러한 사회적 책임은 경제활동에 참여하는 기업의 경우 경영을 하면서 경제성뿐 아니라 사회성(사회와의 공존)과 환경성(자연과의 공존)이라는 세 가지 기본 목표를 포함하는 ESG 경영을 통해 이룰 수 있을 것이다(서인덕·배성현, 2011). 현대 소비사회에서 기업은 환경과 상품시장뿐만 아니라 일자리와 고용, 임금 등과 관련하여 경제 전반과 사회구성원의 복지에 지대한 영향을 미친다. 특히 거대 기업은 막대한 자본력을 토대로 지역사회와 사회 전반에 강력한 영향력을 행사하고 있다. 현대 소비사회의 많은 문제는 기업의 잘못된 관행으로 인해 나타나기도 한다. 소비자 복지에 대한 무관심, 무책임한 자원 낭비, 비윤리적 행동 등 기업의 바람직하지 못한 행태에 대한 비판은 끊임없이 제기되고 있으며, 최근 기업의 규모가 확대되고 기업의 사회적 영향력이 커지면서 기업의 윤리적 경영과 사회적 책임에 대한 요구는 더욱 강력해지고 있다. ESG는 기업이 지속가능발전을 추구하는 국제사회의 노력에 동참하여 기여할 수 있는 구체적인 행동 지침이 되고 있다(천경희 외, 2023). 이러한 기업의 ESG 경영 내용과 실제 현장에서 실행되고 있는 사례를 살펴보고자 한다.

그렇다면 소비자는 어떠한 노력을 해야 하는가? 소비자는 자신의 소비 선택이 그가 속한 지역과 사회의 경제, 문화, 정치, 자연생태 등에 어떠한 결과를 야기하는가에 대해 인식하는 것으로부터 출발해야 할 것이다(심영, 2009). 즉 시장에서 개인의 선택은 개인의 사적 행동이지만, 선택에 수반된 사회적 책임을 인식하고 개인적인 소비만족의 추구가 사회 전체의 복지와 조화를 이루어야 한다는 인식의 전환이 필요하겠다. 지구온난화를 방지하고 지속가능한 발전을 실현하기 위해 소비자는 자원 이용과 환경파괴를 최소화할 것을 인식하여 미래세대의 욕구 충족을 저해하지 않는 지속가능한 소비를 실천할 필요가 있다(천경희 외, 2023).

소비자가 사회적 책임을 다하는 행동을 하기 위해서는 소비행동의 도덕적 판단 기준이 되는 소비윤리를 따라야 할 것이며, 이러한 소비윤리를 실천하고자 하는 노력, 즉 '윤리적 소비'에 관심을 가져야 할 것이다. 윤리적 소비란 소비자에게 요구되는 사회적으로 책임 있는 소비를 말한다. 이때 소비자의 사회적 책임이란 경제적 및 법적 책임을 넘어서 지속가능한 소비에 대한 책임, 동시대의 인류를 위한 책임을 포함하는 개념이다(홍연금·송인숙, 2010). 윤리적 소비는 개인 소비자의 삶뿐만 아니라 소비자와 직접적 연관이 있는 거래 당사자, 소비를 통해 연결된 소비자, 함께 살아가는 이웃의 삶과 우리를 둘러싼 환경에 긍정적인 변화를 불러일으키고 소비사회의 다양한 문제를 해결하는 데 소비자가 동참할 수 있는 가장 좋은 방법이 될 것이다(천경희 외, 2023). 이러한 윤리적 소비 영역과 내용 및 실천 방법과 실제 현장에서 운영되고 있는 실천 사례를 살펴보고자 한다.

1) 지속가능발전목표 12 & 13

17개의 지속가능발전목표는 '사회발전', '경제성장', '환경보존'이라는 세 가지 축을 기반으로 하고 있다. 목표 12와 목표 13은 생태계를 보호하기 위한 내용을 담고 있다. 현재 지구는 극심한 기후변화와 그로 인한 자연재해로 몸살을 앓고 있다. 또한 선진국의 대량생산과 대량소비는 환경을 오염시키며 지구의 자원을 고갈시키고 있다. 그래서 환경을 보호하고 지속가능한 지구를 만들기 위한 목표가 여기에 포함되어 있다. 17개의 지속가능발전목표는 각각의 세부 목표를 가지고 있는데, 세부 목표는 총 169개로 이루어져 있으며 목표를 달성하기 위한 세부적인 사항으로 구성되어 있다. 이 절에서 살펴보고자 하는 지속가능발전목표 12와 세부 목표 그리고 지속가능발전목표 13과 세부 목표를 구체적으로 살펴보면 다음과 같다(KoFID, KOICA, 2016).

(1) 지속가능발전목표 12

지속가능발전목표 12는 "지속가능한 소비와 생산양식을 보장한다"이며, 11개의 세부 목표는 다음과 같다.

12.1   개발도상국의 발전 상황과 역량을 고려하면서 선진국 주도로 지속가능한 소비와 생산양식에 대한 10년 계획 프레임워크 프로그램을 모든 국가가 이행한다.

12.2 2030년까지 천연자원의 지속가능한 관리와 효율적 사용을 달성한다.

12.3 2030년까지 유통 및 소비자 수준에서의 전 세계 인구 1인당 음식물쓰레기 발생량을 절반으로 줄이고, 출하 후 손실을 포함한 식품의 생산 및 공급망에서 발생하는 식품 손실을 감소한다.

12.4 2020년까지 국제사회에서 합의된 프레임워크에 근거하여 화학물질 및 유해폐기물을 전 생애 주기에서 친환경적으로 관리하며, 인간의 건강과 환경에 대한 부정적인 영향을 최소화하기 위해 대기, 물, 토양으로의 유출을 현저하게 줄인다.

12.5 2030년까지 예방, 감축, 재활용 및 재사용을 통해 쓰레기 발생을 대폭 줄인다.

12.6 기업, 특히 대기업 및 다국적기업이 지속가능한 실천 계획을 그들의 보고 체계에 채택하고 지속가능성에 대한 정보를 통합하도록 장려한다.

12.7 2030년까지 국가의 정책과 전략에 따라 지속가능한 공공조달 시행을 확대한다.

12.8 2030년까지 모든 사람이 지속가능한 발전과 자연과의 조화를 이루는 생활양식에 대해 인지하고 필요한 정보를 가질 수 있도록 보장한다.

12.a 지속가능한 소비 및 생산 패턴 구축을 위한 개발도상국의 과학기술 역량 강화를 지원한다.

12.b 일자리를 창출하고 지역의 고유문화와 특산품을 알리는 지속가

능한 관광이 지속가능발전에 미치는 영향을 모니터할 수 있는 수단을 개발하고 이행한다.

12.c 개발도상국의 특수한 필요와 여건을 충분히 고려하고, 빈곤층과 영향을 받는 지역 공동체를 보호하는 방식으로 개발도상국의 발전에 미칠 악영향을 최소화하면서 조세 제도를 개혁하고, 해로운 보조금이 존재하는 경우 그에 따른 환경 영향을 반영하기 위해 이를 단계적으로 폐지하는 등의 방법으로 국가별 상황에 따라 시장 왜곡을 제거함으로써 낭비를 조장하는 비효율적인 화석연료 보조금 제도를 합리적으로 개선한다.

지속가능발전목표 12의 실천 사례

1. 개인 및 지역사회의 실천 사례

(1) 일회용품 사용 줄이기 및 다회용품 사용 장려

많은 카페와 레스토랑에서는 플라스틱 컵 사용을 줄이기 위해 개인 컵 사용을 장려하고 있다. 이러한 조치는 환경에 대한 의식이 높아진 소비자의 요구에 부응하는 것이기도 하다. 예를 들어, 소비자가 자신의 컵을 가져오면 음료 가격에서 할인을 제공하는 등의 방법으로 개인 컵 사용을 장려하고 있다. 이는 플라스틱 사용을 줄이고 재활용을 촉진하는 데 크게 기여하고 있다.

(2) 제로웨이스트 상점 운영

서울 망원동의 '알맹상점'은 포장 없이 물건을 판매하며, 소비자가 직접 용기를 가져와 필요한 만큼만 구매할 수 있도록 지원한다. 이는 불필요한 포장 폐기물을 줄이고 자원 효율성을 높이는 데 기여한다.

2. 기업의 지속가능한 생산 및 소비 촉진 사례

(1) 일렉트로룩스의 'Vac from the Sea' 프로젝트

일렉트로룩스는 해양 플라스틱 쓰레기를 수거하여 진공청소기를 제작하는 프로젝트를 진행했다. 이를 통해 해양오염 문제의 심각성을 알리고, 재생 플라스틱 사용을 확대하여 자원 효율성을 높였다.

(2) 효성의 친환경 섬유 개발

효성은 폐페트병을 재활용하여 '리젠regen®'이라는 친환경 섬유를 개발했다. 이는 자원 재활용을 통한 천연자원 사용 감소와 폐기물 문제 해결에 기여하고 있다.

3. 교육 및 인식 제고를 통한 지속가능한 소비 확산

(1) 환경 교육 프로그램 운영

경기도 수원시 기후변화체험교육관은 아동을 대상으로 기후위기의 중요성을 일깨워주는 상설 전시와 교육 프로그램을 진행하고 있다. 이를 통해 아동의 환경 감수성을 높이고, 지속가능한 소비와 생활양식을 체득하게 한다.

(2) 지속가능발전목표 13

지속가능발전목표 13은 "기후변화와 그로 인한 영향에 맞서기 위한 긴급 대응을 시행한다"이며, 5개의 세부 목표는 다음과 같다.

13.1   모든 국가에서 기후와 관련한 위험 및 자연재해에 대한 복원력과 적응 능력을 강화한다.

13.2   기후변화에 대한 조치를 국가 정책, 전략, 계획에 통합한다.

13.3   기후변화 완화, 적응, 영향 감소, 조기 경보 등에 관한 교육, 인식 제고, 인적·제도적 역량을 강화한다.

13.a   기후변화 완화 조치와 이행의 투명성에 관한 개도국의 요구에 따라 유엔기후변화협약United Nations Framework Convention on Climate Change: UNFCCC 선진 당사국이 공동으로 매년 1천억 달러를 동원하겠다는 목표를 2020년까지 완전히 이행하며, 가능한 한 빠른 시일 내에 출자를 통해 녹색기후기금GCF의 완전한 운용을 시작한다.

13.b   여성, 청년, 지역 공동체 및 소외된 공동체에 초점을 맞추는 것을 포함해 최빈국과 군소 도서 개도국에서의 기후변화와 관련한 효과적인 계획과 관리 역량 개발을 위한 메커니즘을 증진한다.

지속가능발전목표 13의 실천 사례

1. 기업의 기후변화 대응 노력

(1) 현대자동차: 수소 생태계 조성 및 탄소 저감 기술 개발

현대자동차는 차량 연비 개선, 차량 경량화 기술 고도화, 태양광 패널 기술 개발 등 자동차의 탄소 저감을 위한 연구개발에 힘쓰고 있다. 또한, 수소 생태계 조성을 위해 울산시와 협약을 맺고 수소연료전지를 개발하고 있으며, 지역 에너지 업체들과 협업해 가정으로 수소 전기를 공급하는 시범사업을 계획 중이다.

(2) LG유플러스: 부문별 온실가스 저감 노력

LG유플러스는 통신장비의 막대한 전력 사용으로 인한 온실가스 배출을 줄이기 위해 부문별로 환경담당자를 배치하여 중장기 에너지관리 목표를 달성하기 위해 배출량 등 관련 데이터를 모니터링하고 취합하는 에너지 관리협의체를 운영하고 있다. 또한, 에너지 효율이 높은 장비 개발과 온실가스 저배출 사업 확대 등 근본적인 저감 대책에도 힘쓰고 있다.

(3) 삼성엔지니어링: 기후변화 리스크 관리 및 비즈니스 적용

삼성엔지니어링은 기후변화로 인한 리스크 및 기회요인을 파악하여 기업의 의사결정에 반영하고 있다. 사업 수행 과정과 공급망 내에서 발생하는 온실가스를 산정하여 관리하며, 온실가스 저감을 위해 플랜트 운영 시 신공법과 신기술을 적용하고, 협력사에도 건설장비 온실가스 배출량 산정 기술을 제공하여 온실가스 저감 가이드라인을 배포하고 있다.

2. 지역사회의 기후변화 대응 활동

(1) 샤먼항공: UN 지속가능발전목표 홍보 및 친환경 운영

샤먼항공은 전 세계 유일의 공식 UN 특수 도장기를 도입하여 UN 지속가능발전목표를 홍보하고 있다. 또한, 친환경 운영을 위해 에너지 절감과 오염물질 배출 저감 업무를 전개하며, 젊은 항공기 보유로 연료 효율성을 높이고 있다.

(2) 개인과 단체의 일상 속 실천
에너지 절약, 물 절약, 일회용 플라스틱 사용 줄이기, 재활용 가능한 제품 선택 등 개인과 단체의 작은 실천이 모여 지속가능발전목표 13 달성에 기여하고 있다. 이러한 일상 속 행동은 지구의 자원을 보호하고 지속가능한 미래를 만드는 데 중요한 역할을 한다.

2) 기업의 ESG 경영과 사회적 책임

최근 전 세계적으로 ESG Environmental, Social, Governance 경영에 대한 관심이 증가하고 있다. 기업의 지속가능성이 중시되면서 ESG는 더 이상 선택이 아닌 필수가 되었다. ESG는 환경 Environmental, 사회 Social, 지배구조 Governance 분야에서 기업이 수행하는 활동과 전략을 평가하는 기준이다. 환경 측면에서는 기후변화 대응, 에너지 효율성, 폐기물 관리 등이 포함되며, 사회 측면에서는 인권보호, 노동환경 개선, 지역사회 발전을 포함한다. 지배구조 측면에서는 투명한 경영, 윤리적 리더십, 책임 있는 의사결정 구조가 중요하다.

세계적으로 ESG 투자 규모가 빠르게 성장 중이며, 글로벌 ESG 투자시장은 2022년 기준 약 40조 달러 규모에 달한다. 블랙록 BlackRock, 골드만삭스 Goldman Sachs 등 글로벌 투자 기관들이 ESG를 주요 투자 기준으로 채택했다. 국내 주요 대기업과 금융기관들도 ESG 위원회를 설치하고 지속가능경영 보고서를 발간하는 등 ESG 경영을 강화하고 있으며 삼성전자, SK, LG 등 국내 주요 기업들은 ESG 경영을 위한 중장기 전략 발표 및 실행 중이다. 한국거래소에서는 ESG 공시 의무화를 단계적으로 추진 중이며, 환경부 및 금융위원회 중심으로 ESG 평가 체계 구축 및 ESG 활성화 정책 지원을 확대하고 있다.

한편, 기업의 사회적 책임에 대한 관심 또한 높아지고 있는데, 기업의 사회적 책임CSR이란 기업이 자발적으로 사회적 가치를 창출하기 위한 활동을 의미한다. CSR은 주로 자선활동, 지역사회 봉사, 이해관계자와의 적극적 소통 등 기업의 도덕적이고 윤리적인 책임을 강조한다.

ESG와 CSR은 모두 기업의 지속가능한 성장을 목표로 한다는 공통점이 있다. 하지만 CSR이 주로 자발적이고 정성적인 사회공헌 활동에 초점을 맞추는 반면, ESG는 환경, 사회, 지배구조 전반에 걸쳐 기업의 활동을 정량적인 지표로 평가하고 관리하는 더욱 구조적이고 전략적인 접근방법이다. ESG 경영은 기업의 모든 경영활동을 지속가능성의 관점에서 점검하고 개선하도록 유도함으로써 기업의 책임을 더욱 체계적·실질적으로 이행하게 한다.

기업이 ESG 경영을 도입하고 실천하는 이유는 다음과 같다. 첫째, 투자자들은 ESG 성과가 뛰어난 기업에 더욱 높은 가치를 부여하고 있으며, 이는 기업의 자금 조달과 직결된다. 둘째, ESG는 기업의 평판을 개선하여 소비자 및 이해관계자의 신뢰를 확보하게 한다. 마지막으로, ESG는 규제 리스크를 낮추고 장기적으로 경영 효율성을 향상시켜 기업의 지속가능성을 높인다. 예컨대, 글로벌 기업인 애플과 테슬라는 적극적인 ESG 정책을 도입하여 환경친화적인 제품을 생산하고, 투명한 지배구조와 공정한 노동 관행을 통해 시장의 신뢰를 얻고 있다.

　ESG 경영과 사회적 책임CSR은 이제 기업의 생존과 지속가능한 발전을 위한 필수 요소가 되었다. 앞으로 기업들은 ESG와 CSR 활동을 통해 단순한 경제적 이익 창출을 넘어 환경과 사회에 긍정적인 영향을 미치는 책임 있는 주체로서 자리매김해야 한다. 기업의 적극적인 ESG 경영 실천이 곧 기업과 사회의 상생과 발전을 가져오는 선순환 구조를 형성할 수 있을 것이기 때문이다.

ESG 경영 우수사례: 글로벌 기업

1. 파타고니아 Patagonia

환경Environmental 부문에서는 친환경 소재 및 재활용 원단 사용 확대, 매출의 1%를 환경보호에 기부하는 '1% for the Planet' 캠페인 진행, 중고 의류 거래 및 수선 서비스를 통해 지속가능한 소비 촉진 등을 실천하고 있으며, 사회Social 부문에서는 공급망 내 공정거래 및 노동 환경 개선 노력, 직원 복지(육아휴직, 유연근무, 직원 참여형 운영) 등을 실천하고 있으며, 지배구조Governance 부문에서는 기업 지분 전량을 환경보호 및 비영리 기후대응기금으로 이전(2022년 창립자 이본 쉬나드 결정), 투명한 기업 정보공개 및 윤리적 경영을 추진하고 있다.

2. 유니레버 Unilever

환경E 부문에서는 지속가능한 원료 사용 비율을 늘리고(친환경 인증 팜오일 사용 비중 100%), 2039년까지 탄소중립Net Zero 목표를 제시했으며, 사회S 부문에서는 여성 임원 비율 확대 등 다양성과 포용성 D&I 적극 추구, 공정한 임금 정책과 글로벌 빈곤퇴치 지원 캠페인 추진 등을 실천하고 있으며, 지배구조G 부문에서는 ESG 경영성과를 임원 평가 및 보상과 직접 연결하여 투명한 지배구조와 적극적인 정보공개로 신뢰성 확보 등의 노력을 하고 있다.

3. 마이크로소프트 Microsoft

환경E 부문에서는 2030년까지 탄소 마이너스carbon negative 목표 선언, 데이터센터에 재생 가능 에너지 100% 사용 추진 등을 실천하고 있으며, 사회S 부문에서는 직원의 다양성Diversity 및 포용성 Inclusion 정책 강화, 직원 교육 투자 및 기술격차 해소를 위한 프로그램(Linkedin 교육 지원 등)을 운영하고 있고, 지배구조G 부문에서는 ESG 책임 부서를 운영하여 구체적인 성과 지표로 관리하고 있으며, 투명한 ESG 보고서 발행과 투자자 소통을 강화하고 있다.

ESG 경영 우수사례: 국내 기업

1. SK그룹(SK이노베이션, SK하이닉스 등)

환경E 부문에서는 국내 최초 "RE100" 캠페인 참여(재생에너지 100% 사용 목표), 폐플라스틱 재활용, 친환경 배터리 개발 등 지속가능성 기술 투자 등을 실천하고 있으며, 사회S 부문에서는 사회적기업

육성과 일자리 창출 적극 지원, 행복나눔재단 등을 통한 사회적 가치 창출과 지역사회 발전 등을 실천하고 있으며, 지배구조G 부문에서는 CEO 평가 시 ESG 성과를 주요 기준으로 포함하고 그룹 차원의 ESG 위원회 설립 및 전문 조직을 통해 적극 추진하고 있다.

2. LG전자

환경E 부문에서는 전 세계 생산시설의 친환경적 전환 추진, 2030년까지 탄소중립 목표 선언 및 친환경 제품 개발 가속화(가전제품 탄소 발자국 감축) 등을 실천하고 있으며, 사회S 부문에서는 협력사 공정거래 및 상생 협력 지원 확대, ESG 평가 및 공급망 내 노동환경을 개선하기 위한 글로벌 규정 엄격 적용 등을 실천하고 있으며, 지배구조G 부문에서는 ESG 전담 조직을 통해 전략적으로 관리하고 글로벌 기준에 맞춘 투명한 정보공개와 주주 친화적 정책을 시행하고 있다.

3. 아모레퍼시픽

환경E 부문에서는 제품 포장재의 지속가능한 소재 전환, 국내외 환경 인증 적극 획득(지속가능한 산림 인증 FSC 등) 등을 실천하고 있으며, 사회S 부문에서는 여성 리더십 강화 및 양성평등 추진, 지역 농가 상생 및 협력 프로그램 운영(제주 녹차농장 등) 등을 실천하고 있으며, 지배구조G 부문에서는 ESG위원회를 중심으로 경영 투명성 강화, 지속가능경영 보고서를 통한 이해관계자와의 소통을 강화하고 있다.

3) 소비자의 윤리적 소비 실천

소비윤리가 소비행위에 대한 개념적이고 이론적인 윤리적 판단 기준을 의미하는 개념이라면, 윤리적 소비는 일상 소비생활에서 소비윤리를 실천하는 소비자의 소비행동을 의미하는 개념이다. 1990년에 등장한 '윤리적 소비' 개념은 1970년대부터 친환경적 소비, 사회적 의식이 있는 소비로 소개되었으며, 개인의 욕구 충족만이 아닌 환경과 사회를 고려하여 사회적 책임을 다하는 행동을 뜻한다. 이때 사회적 책임이란 경제적 책임, 법적 책임, 지속가능한 소비의 책임, 동시대 인류를 위한 책임으로 구분할 수 있으며, 소비행동을 구매행동뿐 아니라 자원의 배분, 구매, 사용, 처분에 이르기까지 넓은 의미로 확대할 수 있는 개념이다.

결론적으로 윤리적 소비는 소비의 전 과정과 다양한 일상 소비생활에서 소비자 자신의 소비행위가 자신을 포함하여 자신을 둘러싼 인간, 환경, 사회에 미칠 영향을 고려하여 개별적·도덕적 신념에 따라 사회적 책임을 실천하는 소비행동이다. 따라서 윤리적 소비는 소비윤리의 내용을 실천하는 소비행동으로, 이는 궁극적으로 소비자 개인의 행복한 삶을 영위하는 소비 실천행동일 뿐 아니라 인간, 환경, 사회의 지속가능성을 구현하는 소비 실천행동이다. 즉 윤리적 소비는 소비의 전 과정과 다양한 일상 소비생활의 경제적·법적·생태환경적·사회적 영역에서 안전 및 건강, 환경, 인권, 동물복지, 지역 공동체의 핵심 가치와 종적 차원, 횡적 차원, 상거래 차원, 시장경제 차원을 고려한 개별적·도덕적 신념에 따라 사회적 책임을 실천하는 소비행위다(천경희 외, 2023).

이러한 윤리적 소비는 인간, 사회, 환경에 대한 사회적 책임을 실천하는 소비행동으로서 소비윤리의 차원에 따라, 그리고 구매, 사용, 처분 및 자원 배분의 전 소비과정에 따라 다양한 방식으로 실천할 수 있다. 즉 경제적 책임 차원에서는 합리적 소비행동을, 법적 책임 차원에서는 상거래상 소비윤리를, 지속가능한 소비에 대한 책임 차원에서는 녹색소비, 소비절제, 자발적 간소화, 불매운동, 구매운동, 로컬소비, 윤리적 투자 등을, 동시대 인류를 위한 책임 차원에서는 공정무역, 공정여행, 공동체화폐운동, 기부와 나눔 등을 실천할 수 있다. 지속가능발전목표 12와 13을 실천하기 위한 노력 또는 방법으로서 윤리적 소비 각 실천 영역의 내용이 무엇인지 구체적으로 살펴보고, 각 실천 영역에서 운영되고 있는 사례를 살펴보고자 한다.

(1) 상거래 소비윤리 실천

상거래 소비윤리는 상거래에서 이루어지는 소비에 대한 옳고 그름의 판단 기준을 의미하며, 소비자가 지켜야 하는 계약관계 이행 의무, 주의 의무, 법적 소비자 책임을 뜻한다. 닷지 외(Dodge et al., 1996)는 "소비자가 구매행동을 할 때 잘못된 행동에 대비되는 올바른 행동"이라고 했다. 먼시와 비텔 Muncy & Vitell, 1992은 "소비자가 재화와 서비스를 구입·사용·처분할 때 소비자의 행동을 지도하는 도덕적 원천이나 기준"이라고 했다. 송인숙(2006)은 "소비자가 사업자와 상거래를 할 때 판매자에게 적극적으로나 소극적으로 손해를 입히는 행동을 하지 말아야 할 뿐 아니라 사용자로서 필요한 주의 의무를 다해야 하고, 거래 시에 다른 소비자에게도 피해를 입히지 않는 소비윤리"라고 했다.

상거래 소비윤리를 실천하기 위해서는 제품을 사용할 때 사용설명서를 잘 읽고 제품을 올바르게 사용해서 자원을 절약해야 하며, 환경친화적인 소비행동을 실천함으로써 가능한 한 오랜 기간 사용하는 것이 중요하다. 사업자와의 계약을 이행하고 권리를 남용하지 않음으로써 노쇼 또는 블랙컨슈머가 되지 않도록 하는 것도 필요하다. 특히 대학생의 경우 과제나 시험 등과 같은 학습현장에서 인터넷을 통한 과제물 판매, 대행 사이트를 이용하거나 출처를 밝히지 않는 행동은 지양해야 할 것이다. 또한 디지털 콘텐츠를 시공간적인 제약 없이 이용하면서 저작권을 침해하는 행동을 하지 않는 것도 상거래 소비윤리를 실천하는 것이라고 할 수 있다.

기업의 상거래 소비윤리 실천 사례

1. 파타고니아 Patagonia: 윤리적 생산과 지속가능한 소비 촉진

친환경 및 공정무역 인증 원단 사용, 지속가능한 생산 방식 도입, 소비자에게 "필요한 것만 사고 오래 사용하라"는 메시지를 전하며, 제품 수선 서비스를 제공하고 있다. 또한 윤리적 노동 관행을 준수하고, 직원들의 근로환경 개선을 위해 노력하고 있다.

2. 스타벅스 Starbucks: 공정무역 원두 사용 및 친환경 정책

공정무역 커피 원두를 사용하여 농가와 생산자에게 정당한 보상을 지급하고, 리유저블 컵 사용을 장려(개인 컵 사용 시 할인 혜택 제공)하고 있다. 전 세계 매장에서 친환경 소재를 사용하고, 플라스틱 빨대 사용을 줄이는 정책을 시행하고 있다.

3. 유니클로: 사회적기업과 협력한 윤리적 소비 캠페인

지역사회의 사회적기업과 협력하여 로컬 제품을 사은품으로 제공(예: 대구지역 수제 잼, 광명지역 전통 떡 등)하고 있으며, 지속가능한 패션을 위해 재활용 소재를 사용한 의류 제작 및 'RE.UNICLO' 재활용 캠페인을 진행하고 있다.

소비자의 상거래 소비윤리 실천 사례

정품 구매 및 위조품 불매운동

소비자가 위조품 및 불법 복제품 구매를 자제하여 정품 시장을 보호하고 있으며, 기업들도 가품과의 전쟁을 선포하고 정품 인증 시스템을 강화하는 등으로 대응하고 있다.

지역사회 및 정부 차원의 윤리적 소비 실천

1. 한국 '제로웨이스트 상점' 증가

서울, 부산, 제주 등에서 포장 없는 제품을 판매하는 '제로웨이스트' 매장이 증가하고 있으며, '알맹상점' 같은 매장은 소비자가 직접 용기를 가져와 필요한 만큼만 구매하도록 유도하고 있다.

2. EU의 윤리적 소비 정책

탄소국경세 도입: 윤리적이고 지속가능한 방식으로 생산된 제품이 글로벌 시장에서 우위를 차지하도록 지원하고 있으며, 환경 및 노동권 보호가 미흡한 제품의 수입을 제한하고 있다.

3. 일본의 '에코포인트' 제도

일본 정부는 친환경 제품 구매 시 포인트를 제공하는 방식으로 소비자들이 지속가능한 소비를 실천하도록 유도하고 있다.

(2) 구매운동 실천

구매운동이란 녹색상품, 공정무역 상품 등과 같은 윤리적 제품을 적극적으로 구매하는 행동을 의미하며, 소비자의 화폐로 바람직한 제품에 투표하는 것을 뜻한다. 소비자가 윤리적 제품, 즉 친환경 제품이나 공정무역 제품, 나아가 로컬 제품, 사회적기업 제품을 적극적으로 구매함으로써 윤리적 소비를 실천하는 것을 의미한다. 소비자가 소비행위를 권력화해 기업이 지켜야 할 사회적·윤리적 기준을 요구하는 것이다(김용섭·전은경, 2008: 234). 구매운동을 실천하기 위해서는 사회적 책임경영, 즉 ESG 경영을 수행하는 기업의 제품을 구입하거나 사회적 목적으로 기업을 경영하는 사회적기업의 제품을 구매하기 위해 노력하는 것이 필요하다.

구매운동 실천 사례

1. 공정무역 인증 제품 구매운동(스타벅스, 더바디샵 등)

소비자가 공정무역 인증을 받은 커피 및 초콜릿을 의식적으로 선택하면서, 대기업들도 공급망에서 인권과 공정성을 준수하도록 영향력을 행사하고 있다.

- **성과**: 스타벅스, 더바디샵 등 주요 글로벌 브랜드가 공정무역 인증 제품 라인을 확대하며 공급망 투명성을 개선하고 있다.

2. 동물복지 인증 제품 구매운동(케이지 프리 계란)

동물복지 기준을 충족하는 축산물을 소비자가 적극적으로 선택함으로써 기업이 농장 동물의 복지를 개선하도록 하고 있다.

- **성과**: 맥도날드, 네슬레, 이케아 등 글로벌 기업들이 '케이지 프리 Cage-Free' 달걀 사용을 공식 선언하고 관련 산업의 변화를 이끌어 내고 있다.

3. 사회적책임 이행 기업 제품 구매운동(톰스 슈즈, 파타고니아)

사회적 가치를 실현하는 기업 제품을 적극 구매하여 기업의 사회적 책임 이행을 촉진한다.

- **성과**: 신발 한 켤레를 구매하면 한 켤레를 기부하는 톰스 슈즈 TOMS Shoes의 사회공헌 사업 모델이 확산되고, 파타고니아 같은 친환경 사회적책임 이행 기업이 글로벌 소비자의 지지를 받으며 성장하고 있다.

(3) 불매운동 실천

불매운동이란 사업자에 대한 소비자의 의견 전달 방법으로 특정 회사나 제품, 서비스의 구매·사용을 중단하는 자발적인 소비행동이다. 불매운동이라는 용어는 19세기 말엽 아일랜드 북동부에 경작지 재산 관리인으로 부임한 찰스 커닝햄 보이콧Charles Cunningham Boycott이라는 영국인으로부터 유래했다. 보이콧은 대기근 이후 소작인들이 소작료를 내릴 것을 요구했으나 이를 무시하고 주인의 뜻대로 소작료를 걷었다. 결국 소작인들이 단결하여 보이콧을 고립시켜 마을을 떠나게 했는데, 이 사건이 불매운동의 유래가 되었다(김종철, 2009). 비윤리적인 제품 판매 기업이나 환경오염을 일으키는 기업을 대상으로 불매운동을 하거나 전쟁을 후원하는 기업 또는 동물실험 기업 제품, 노동 착취 기업의 제품에 대한 불매운동 등을 실천할 수 있다.

불매운동 실천 사례

1. 2019년 일본 제품 불매운동('노재팬' 운동)

일본 정부가 한국을 화이트 리스트에서 제외하고 수출 규제를 단행하자 한국 소비자가 일본 제품 구매와 여행을 자발적으로 거부했다. 유니클로, ABC마트, 무인양품 등 일본 브랜드 매출이 급감했으며, 일본 맥주 수입량이 전년 대비 99% 감소, 일본 관광객 급감(도쿄행 항공권 취소 사례 증가)했다. 일본 기업들의 한국 시장 매출에 상당한 타격을 입혔고, 장기적으로도 일본 브랜드 이미지 손상과 한국 내 국산 대체

상품 활성화 효과가 발생했다.

2. 남양유업 불매운동(2013년~현재)
남양유업 대리점 갑질 및 영업 강압 행위 녹취록 유출로 소비자가 자발적으로 불매운동에 참여했는데, 온라인 커뮤니티를 중심으로 불매운동이 확산되었다. 남양유업 우유, 분유 등 매출 급감, 지속적인 브랜드 이미지 악화와 장기적인 판매 저하 현상이 유지되었으며, 남양유업의 시장점유율 급락, 유제품 시장의 경쟁 구도 변화로 이어졌다.

(4) 녹색소비 실천

녹색소비란 자신의 소비행동 결과가 개인의 욕구 충족뿐 아니라 환경에 미치는 영향을 고려한 행동을 의미하며 환경친화적 소비, 지속가능한 소비 등 다양한 용어로 사용된다(손상희 외, 2010). 이러한 개념은 미래세대의 소비 기반에 피해를 주지 않으면서 현 세대의 소비를 충족시키는 체계를 의미한다. 녹색소비 실천은 친환경상품을 구매하거나 반환경적 생산업체의 제품을 구매하지 않음으로써 가능하며, 재활용recycleing, 업사이클링upcycling, 재사용reusing 행동, 소비절제 행동, 탄소발자국을 계산하는 그린스타트, 탄소 저감 제품 구입 등을 통해 자원과 에너지 사용을 줄이고 환경에 미치는 부정적 영향을 줄일 수 있는 소비가 필요하다. 녹색소비는 구매 단계, 사용 단계, 처분 단계 등 각 단계에 따라 실천이 가능하며 대학에서 그린캠퍼스 운동, 생태도시 운동 등을 통해서도 실천할 수 있다.

녹색소비 실천 사례

1. 다회용 제품 사용

텀블러, 에코백, 스테인리스 빨대, 일회용 플라스틱 컵 대신 다회용 컵 사용

2. 친환경 제품 구매

FSC 인증(지속가능한 산림경영) 종이 제품, 유기농·친환경 인증 식품 구매, 미세플라스틱 없는 천연 화장품 사용

3. 중고 및 리퍼 제품 이용

중고 의류 거래 플랫폼(예: 번개장터, 당근마켓) 활용, 리퍼브Refurbished 가전제품 구매

4. 로컬푸드 소비

장거리 운송을 줄이기 위해 지역 농산물 소비, 제철 식재료 위주의 소비

5. 에너지 절약 및 친환경 교통 이용

전기차, 하이브리드 차량, 대중교통, 자전거, 대기전력 차단 멀티탭 사용

(5) 로컬소비 실천

로컬소비란 세계화의 문제점을 극복하기 위해 소비생활을 통해 삶의 양식 변화를 도모하는 로컬운동으로 지역 내에서 생산·판

매되는 제품과 서비스를 소비하는 행동을 뜻한다. 로컬이란 '특정 장소' 혹은 '국부'를 지칭하는가 하면, 삶의 공간에서 살아가는 사람들을 뜻하기도 하는 상대적 개념이다. 또한 로컬은 그 지역, 지역적인 것, 지역의 정체성 또는 지역민으로 해석할 수 있어 로컬local과 정체성identity을 결합하여 로컬리티locality라는 의미로 사용되기도 한다 (배윤기, 2008). 로컬소비는 로컬푸드운동, 즉 농민 시장, 공동체 지원 농업, 농산물 직매장, 로컬푸드 학교급식 등을 통해 실천할 수 있으며, 지역 상권 살리기 운동, 즉 재래시장이나 전통시장을 이용함으로써 실천할 수 있다.

로컬소비 실천 사례

1. 로컬푸드 직매장

농협 및 지자체에서 운영하는 로컬푸드 직매장은 지역 농산물을 소비자와 직접 연결해주는 유통 구조로, 유통 단계를 줄이고 신선한 제품을 공급할 수 있는 시스템이다. 전라북도 완주의 로컬푸드 직매장이 성공 사례로 꼽힌다.

2. 전통시장 활성화 프로젝트

정부와 지자체가 함께 진행하는 '전통시장 활성화 사업'을 통해 지역 소상공인이 만든 제품을 쉽게 접할 수 있도록 지원하고 있으며, 지역화폐를 활용해 로컬소비를 촉진한다.

3. 지역 특산물을 활용한 카페

강릉(커피), 제주(녹차, 감귤), 전주(한옥 카페) 등 지역 특산물을 활용한 카페들이 인기를 끌고 있으며, 로컬 브랜드 커피와 차를 선호하는 트렌드가 확산되고 있다.

4. 업사이클링 패션 브랜드

최근 로컬 디자이너들이 제작하는 친환경 패션 브랜드가 인기를 얻고 있으며, 지역에서 생산된 천연 원단과 전통 방식의 염색 기법을 활용하는 사례가 늘어나고 있다.

(6) 공정무역 실천

공정무역은 국제무역에서 대화, 투명성, 상호존중의 토대 아래 이루어지는 거래 방법으로 생산자에게 공정한 값, 즉 대가를 지불하고자 하는 운동을 의미한다. 세계공정무역기구WFTO의 '공정무역'에 대한 정의를 보면 "특히 남반구에 사는 주변부 생산자, 노동자들에게 더 좋은 무역조건을 제공하고 이들의 권리를 보호함으로써 지속가능한 발전에 기여한다"라고 정리하고 있다(알렉스 니콜스, 샬롯 오팔, 한국공정무역연합 역, 2010: 59). 공정무역은 세계화와 자유무역을 기본으로 하는 현재의 경제 시스템으로 인해 제3세계의 자원과 노동을 착취하고 그들의 삶과 환경이 더 심각하게 파괴되는 문제를 극복하기 위한 대안적인 실천운동이다. 공정무역은 친환경 무역으로 친환경 농법, 자연 소재를 이용한 전통 기술을 장려하여 사람과 자연이 공존하는 대안적 발전을 추구하고 있다(천경희 외, 2023). 현재 국내에서 유통되고 있는 공정무역 제품은 식품류로는 커피, 초콜릿, 바나나, 설탕, 올리브유, 포도주 등이 있고, 의류 및 패션 제품과 스포츠 공, 공정무역 금 등이 있다. 공정무역 제품을 구매함으로써 공정무역 운동에 참여하고 실천할 수 있다. 이 밖에도 지속가능한 생태환경이 이루어지는 공정여행을 통해서도 공정무역을 실천할 수 있다.

공정무역 실천 사례

1. 스타벅스 Starbucks: 공정무역 커피 프로그램

스타벅스는 2000년대 초부터 공정무역 인증 Fairtrade Certified 커피를 도입하여 전 세계의 소규모 농가를 지원하고 있다. 'C.A.F.E. Practices(윤리적 원두 구매 프로그램)'를 통해 농민들에게 공정한 가격을 지급하고, 환경보호 및 지속가능한 농업 실천을 장려한다. 2020년 기준, 스타벅스의 커피 원두 99%가 윤리적 소싱을 통해 공급되었다.

2. 디바인 초콜릿 Divine Chocolate: 농부가 주인이 되는 기업

가나의 'Kuapa Kokoo'라는 카카오 농민 협동조합이 45%의 지분을 보유한 기업으로, 농부들이 직접 경영에 참여한다. 수익 일부를 농부들에게 직접 배분하며, 교육, 의료, 지역사회 개발을 지원한다. 이는 공정무역의 대표적인 '농민 주도형 모델'로 평가받고 있다.

3. 페어폰Fairphone: 윤리적 스마트폰 제조

네덜란드의 스타트업 '페어폰'은 공정한 노동환경과 지속가능한 자원 채굴을 목표로 하는 스마트폰 브랜드다. 광물(코발트, 주석, 텅스텐 등) 채굴 과정에서 아동 노동을 방지하고, 공정한 임금을 제공하는 공급망을 구축하고 있다. 모듈형 디자인을 통해 제품 수명을 연장하고 전자 폐기물을 줄이는 혁신적인 접근 방식을 취하고 있다.

(7) 공동체운동 실천

공동체운동은 당대의 문제를 해결하거나 대체함으로써 대안사회를 모색하고자 하는 인간의 실제적이고 의지적인 활동이며 실험이다. 현재 공동체운동은 현실사회에 대한 비판과 동시에 의도적이고 계획적으로 대안적인 삶의 공간인 공동체를 형성해가는 사회운동의 형태로 나타나고 있다(정희연, 2008). 『꿈의 도시 꾸리찌바』의 저자이기도 한 박용남 소장은 "세계화는 기후 파괴, 공동체 파괴, 환경 파괴라는 재앙을 던지고 있다"면서 지역화의 필요성은 갈수록 커지고 있으며, 공동체운동은 이 목표의 구체적인 수단이라고 강조했다. 윤리적 소비를 실천하고자 하는 공동체운동으로는 협동조합운동, 마을공동체운동, 공유경제운동, 공동체화폐운동, 타임뱅크운동 등을 꼽을 수 있다. 공동체화폐운동은 지역공동체 안에 가입되어 있는 모든 사람과 서로 교환할 수 있는 공동체화폐를 매개로 노동력과 물품을 거래할 수 있도록 체계화한 시스템을 의미한다. 공동체운동을 통해 고독사나 고령화의 대비책을 마련할 수 있을 뿐 아니라 사회현상의 해결책을 제시할 수 있다. 사회적으로 심각해지고 있는 빈부격차 확대와 양극화 문제 또한 해결책을 마련할 수 있다.

> **공동체운동 실천 사례**
>
> **1. 두레생협(한국)**
> 생태적이고 윤리적인 소비를 촉진하기 위해 조직된 생활협동조합으로, 유기농 제품을 중심으로 회원들에게 안정적인 식품 공급
>
> **2. 수목원마을(한국, 충남 홍성)**
> 농촌 지역에서 지속가능한 농업과 생태공동체 형성을 목적으로 한 마을. 친환경 농업, 자연순환형 에너지 시스템 등 적용
>
> **3. 성미산마을(한국, 서울 마포구)**
> 주민이 직접 교육, 문화, 협동조합을 조직하며 공동체 문화 활성화. 지역 주민이 운영하는 대안학교, 마을극장, 공동 육아 시스템 등
>
> **4. 쏘카(SOCAR, 한국)/우버(Uber, 글로벌)**
> 자동차 공유경제 모델로, 개인 차량을 효율적으로 활용하여 교통 문제 해결. 지역사회 내에서 교통 자원을 공유하는 방식으로 공동체 기반의 경제 활성화에 기여

5. 화폐 없이 물물교환을 장려하는 '한살림'(한국)
친환경 농산물과 생활재를 지역에서 생산하고 소비하는 방식으로 로컬경제 활성화

6. 공동육아협동조합(한국)
부모들이 직접 어린이집을 운영하는 형태로, 아이들의 교육과 돌봄을 협력하여 실천

(8) 절제와 자발적인 간소한 삶 실천

절제와 자발적인 간소한 삶이란 단순한 소비절제를 넘어 일상생활을 최대한 조절하여 소비 의존도를 낮추고 목적 있는 삶을 사는 것을 의미한다. 대중 소비사회의 문제가 심각해짐에 따라 관심과 실천이 증가하고 있으며, 시장 의존도를 낮추기 위한 행동으로 즐거운 불편을 감수하고자 하는 노력이다. 사람들은 절제와 간소한 삶을 통해 내적으로 풍요롭고 평화로운 삶, 자아와 삶에 대해 깨닫고 행복하고 만족스러운 삶을 영위하고자 한다. 간소한 삶은 개인의 삶 전체가 변화에 이르는 것이므로 윤리적 소비의 실천 영역 중 높은 차원의 행동이라고 할 수 있다. 간소한 삶에 내포되어 있는 근본적인 가치는 물질적 간소화(비소비 지향 사용 패턴), 인간중심 척도(소규모 제도와 기술을 원함), 자기 스스로의 결정 방식, 환경 인식(인간과 자연 간의 상호의존 인식), 인격적인 성장(내적 생활의 탐색과 개발)이라고 할 수 있다(송인숙, 1999).

절제와 간소한 삶 실천 사례

1. 유명인의 간소한 삶 실천 사례

(1) 레오 바바우타 Leo Babauta**: 미니멀리즘 전도사, 블로그 'Zen Habits' 운영자**

모든 소유물을 50개 이하로 줄이고, 가족과 함께 하와이에서 소박한 생활, 자동차 없이 자전거로 이동, 디지털 미니멀리즘 실천, 이메일을 최소한으로 사용하고, 하루 3~4시간만 일하며 삶의 균형 유지

(2) 헨리 데이비드 소로 Henry David Thoreau**: 월든 호숫가의 삶**

『월든』의 저자, 자연 속에서 간소한 삶을 실천한 대표적인 인물, 불필요한 사회적 관습에서 벗어나 작은 오두막에서 자급자족하며 생활, "간소하게 살수록 더 깊이 생각하고 자유를 누릴 수 있다"는 철학 전파

(3) 마크 저커버그 Mark Zuckerberg**: 간소한 옷차림**

페이스북 창업자, 의사결정 피로도를 줄이기 위해 동일한 회색 티셔츠와 청바지 반복 착용, "의미 있는 일에 집중하려면 불필요한 선택을 줄여야 한다"는 미니멀리즘 철학 실천

2. 직장인 및 일반인의 간소한 삶 실천 사례

(1) IT업계 프리랜서 김민수(가명): 디지털 미니멀리즘 실천

하루 2시간 이상 SNS를 사용하던 습관을 바꿔 스마트폰 앱 최소화, 노트북과 스마트폰의 알람을 끄고 하루 2~3번만 이메일 확인, 업무 집중력이 높아지면서 짧은 시간에 높은 생산성 달성

(2) 1년간 '새 옷 안 사기' 챌린지 성공한 주부 이영희(가명)

소비 습관을 점검하고, 불필요한 쇼핑 줄이기 프로젝트 시작, '옷 30벌

> 로 1년 살기' 실천, 패스트패션 대신 중고 거래와 수선 활용, 결과적으로 생활비 절약 + 환경보호 기여

(9) 기부와 나눔 실천

기부와 나눔은 다른 사람을 돕기 위해 내가 가진 것을 다른 사람에게 대가 없이 기꺼이 주거나 함께 공유하는 행동이다. 현대사회는 전례 없는 전반적인 풍요에도 불구하고 여전히 대다수 사람은 권리가 박탈되고 궁핍하고 억압된 세상에서 살고 있다. 빈곤한 나라에서뿐만 아니라 부유한 나라 역시 빈곤인구가 있고, 기초 생필품이 부족하여 기아에 시달린다. 또한 기본적인 정치적 자유가 보장되지 않으며, 여성의 이익과 행위를 소홀히 하는 등의 문제와 더불어 환경적·경제적·사회적 생활의 지속가능성에 대한 위협이 증대되고 있다(아마티아 센, 김원기 역, 2013: 31). 현대사회에서 나타나는 이러한 문제를 해결하기 위한 다양한 노력 중의 하나가 기부와 나눔의 실천이다. 기부와 나눔은 전 세계적인 불평등을 해소함으로써 행복한 삶을 보장하고, 공동의 선을 추구하여 지속가능한 사회를 실현할 수 있기 때문이다(천경희, 2023). 기부와 나눔을 통해 윤리적 소비의 가장 높은 수준의 실천을 할 수 있다.

기부와 나눔 실천 사례

1. 개인 기부 사례

- 유재석(한국 방송인): 지속적인 기부로 유명, 저소득층 아동·청소년과 재난 피해자 지원, 2023년 튀르키예·시리아 지진 피해 지원금 1억 원 기부
- BTS & 아미 팬덤: BTS 멤버들의 기부를 본받아 팬들도 적극적인 기부문화 형성
- RM: 국립현대미술관에 1억 원 기부
- 아미: 'Black Lives Matter' 운동에 BTS가 기부한 100만 달러에 맞춰 팬들도 같은 금액 기부

2. 기업의 사회공헌 사례

- 삼성전자: 저소득층 아동 교육 지원을 위한 '삼성 드림클래스' 운영, 재난 피해 복구 지원 및 환경보호 프로젝트 진행
- 카카오: '같이 가치 with Kakao' 플랫폼 운영, 사용자 참여형 기부문화 조성, 카카오톡 이모티콘 수익 일부를 기부하는 캠페인 진행

3. 단체 및 기관 사례

대한적십자사 & 사랑의 열매: 한국 내 대표적인 기부 및 사회복지 단체, 긴급재난 지원, 독거노인 및 저소득층 돕기 캠페인 진행

4. 크라우드펀딩 & 소액 기부문화 확산

- 트위터·유튜브·인스타그램 활용: '돈쭐 내기'(선한 영향력을 행사

하는 가게 찾아 기부) 문화 확산, SNS에서 기부 챌린지, 기부 바자회 홍보
- 국내 텀블벅 & 와디즈: 예술가, 사회적기업, 환경보호 프로젝트 등을 위한 크라우드펀딩 활성화

3. 결론

지구온난화 여파로 2024년 지구의 평균온도가 산업화 이전(1850~1900)에 비해 1.55℃ 상승했다고 한다. 2015년 파리기후협약 당시 지구의 평균온도 상승 폭을 산업화 이전보다 1.5℃ 이상 높이지 말자고 설정했던 마지노선을 처음 넘어선 것이다. 이산화탄소 농도나 해양 온난화 속도 등 기후변화 관련 핵심 지표들이 심각한 수준에 도달했다는 경고가 아닐 수 없다(한웅희, 2025). 지구온난화는 우리 삶 전체에 영향을 준다. 전 세계 곳곳에서 나타나고 있는 이상고온, 태풍, 장마와 홍수뿐 아니라 폭염 및 산불로 인해 전 지구가 몸살을 앓고 있다. 지구온난화로 인해 현대인의 '한 잔의 여유'도 사라질 위기에 처했다. 극심한 가뭄, 폭우, 홍수 등 이상기후 현상으로 커피 원두 가격이 급등하고 있기 때문이다. 한국농수산식품유통공사aT에 따르면, 커피(아라비카)의 국제 원료 가격은 전날 기준 1파운드당 3.9215달러로 올해 들어 20% 상승한 것으로 나타났다(윤솔,

2025).

영국의 기후학자 에드 호킨스는 산업혁명 이후 연도별 지구의 평균온도 변화를 그래픽으로 표시해서 온난화 줄무늬Warming Strips를 작성했는데, 2000년대 전후로 지구 온도가 급격히 올라가고 있는 것을 알 수 있다.

지구온난화는 기후위기와 환경파괴 등으로 인해 그 자체로도 인류에게 위협적이지만, 그로 인해 나타나는 사회경제적 불평등 또한 문제다. 이는 단지 자연의 문제가 아니라 우리의 삶 전반을 위협하는 구조적인 위기이며, 그 중심에는 무분별한 소비문화와 대량생산 중심의 산업 구조가 자리하고 있다. 오랜 시간 축적된 이러한 시스템은 자원 고갈과 생태계 파괴, 지구온난화 같은 기후재난으로 이어지고 있으며, 특히 사회적 취약계층과 개발도상국에 더욱 심각한 영향을 미치고 있다. 이러한 문제에 대응하기 위해 국제사회는 지속가능발전목표SDGs를 중심으로 협력하고 있으며, 특히 '지속가능한 소비와 생산SDGs 12'과 '기후변화 대응SDGs 13'은 소비자와 생산자 모두의 실천과 참여를 전제로 한 핵심 목표로 떠오르고 있다. 이제 기업은 단순한 경제 주체를 넘어 환경과 사회, 그리고 미래세대까지 고려한 책임 있는 주체로 나아가야 한다. ESGEnvironmental, Social, Governance 경영은 이러한 흐름 속에서 필수 전략으로 자리 잡았다. 파타고니아는 과잉소비를 경고하고 제품 수선과 재사용을 장려하는 캠페인을 통해 윤리적 생산과 소비를 동시에 실천하고 있으며, 유니레버는 전 세계 공급망에서 친환경 원료 사용과 탄소중립을 실천하고 있다. 국내에서는 SK이노베이션이 재생에너지 100% 전환을 목표로 'RE100'에 참여하고 있고, LG전자는 협력사의 노동환경까지 고려한 ESG 평가를 진행하는 등 선도 기업들이 지속가능성을 경영의 중심 가치로 내세우고 있다. 그러나 기업만의 노력으로는 충분하지 않다. 소비자 역시 자신의 소비행위가 사회와 환경에 미치는 영향을 자각하고, 윤리적이고 지속가능한 선택을 실천해야 한다. 서울 망원동의 '알맹상점'처럼 소비자가 포장 없는 제품을 직접 용기에 담아 구입하는 제로웨이스트 매장은 환경문제에 대한 소비자의 인식을 행동으로 전환하는 공간이 되고 있다. 공정무역 커피와 초콜릿을 선택하는 소비자가 늘어나면서, 소비는 더 이상 개인의 만족에 그치지 않고 사회적 책임과 연결되고 있다. 중고 거래 플랫폼을 통해 자원을 순환시키고, '새 옷 안 사기 챌린지'에 참여하는 시민의 실천은 소비문화의 전환 가능성을 보여주는 긍정적 신호라고 할 수 있다. 이렇게 소비자와 생산자가 각자의 위치에서 책임을 다하며 서로를 지지할 때, 진정한 의미의 지속가능한 사회로 나아갈 수 있다. 예를 들어, 스타벅스는 소비자의 개인 컵 사용을 장려하면서도 친환경 매장 운영과 공정무역 원두 사용을 확대하고 있는데, 이는 소비자와 기업이 '지속가능성'이라는 공통 목표를 향해 연대하고 있음을 보여준다. 또한 이러한 흐름을 제도적으로 뒷받침하는 정부 정책과 시민사회의 활동 역시 이 연대를 더욱 공고히 만든다. 탄소중립 실천 포인트, 지역화폐를 통한 로컬소비 장려, ESG 공시 의무화 같은 제도는 소비자와 생산자가 지속가능한 선택을 할 수 있도록 유도하고 있다. 궁극적으로 우리가 지향해야 할 사회는 더 많이 소유하는 사회가 아니라, 더 책임 있게 선택하고 더 조화롭게 살아가는 사회다. 그리고 그 변화는 오늘 우리가 어떤 제품을 사고, 어떤 브랜드를 지지하며, 어떤 가치를 실천할 것인가를 고민하는 삶의 태도에서 시작된다고 할 수 있다. 소비자와 생산자가 함께 만들어가는 이러한 책임 있는 연대는 단지 이상적인 개념이 아니라, 우리가 살아갈 미래를 지키는 가장 현실적이고 실천적인 길이다. 우리의 작은 선택의 힘이 모여 거대한 변화를 이룰 수 있으며, 이러한 변화의 출발점은 바로 지금 우리의 일상적인 삶에서부터 비롯된다. 그러므로 이제 우리는 소비의 순간마다 한 걸음 멈춰서서 생각하고 행동해야 한다. 이 선택이 지구에, 사회에, 그리고 미래에 어떤 영향을 미칠지 숙고해야 한다. 바로 이 질문에 대한 정직한 성찰과 실천이야말로 진정한 지속가능한 삶의 출발점이 될 것이다.

참고문헌

김용섭·전은경. 『소비자가 진화한다』. 김영사, 2008.

김종철. 「희망을 위한 보이콧」. 『녹색평론』 104, 2009.

박찬용. "'윤리적 금시계'를 아십니까". 조선일보. 2025.3.5. https://www.chosun.com/YB366ZBMXVAZNMN2MBU2WMTCKA/

배윤기. 「전지구화 시대 로컬의 탄생과 로컬 시선의 모색」. 『미국학논집』 40(3), 2008: 69-97.

삼정KPMG 경제연구원. 「Business Focus CES 2025로 본 미래 산업트렌드」. 삼정KPMG, 2025.1.

서인덕·배성현. 『기업윤리』. 경문사, 2011.

손상희·김경자·나종연·유현정. 「녹색소비역량의 구성체계와 측정지표에 관한 연구」. 『소비자정책교육연구』 6(3), 2011: 95-119.

송인숙. 「자발적으로 간소화하는 생활방식에 관한 연구」. 『대한가정학회지』 37(11), 1999: 85-95.

____. 「소비윤리의 내용과 차원 정립을 위한 연구」. 『소비자학연구』 16(2), 2005: 37-55.

심영. 「소비자의 사회적 책임에 관한 연구」. 『소비자학연구』 20(2), 2009: 81-119.

아마티아 센. 『자유로서의 발전』. 김원기 역. 갈라파고스, 2013.

알렉스 니콜스, 샬롯 오팔, 휘트니 토마스. 『공정무역: 시장이 이끄는 윤리적 소비』. 한국공정무역연합 역. 책으로 보는 세상, 2010.

앨리슨 헤인스. 『디드로 딜레마』. 정나리아 역. 용오름, 2009.

윤솔. "커피 한 잔의 여유? 가격 보니 잠이 깨네". 세계일보, 2025.3.23. https://www.segye.com/newsView/20250321513096?OutUrl=naver

이설. "서울디자인어워드, 전 세계 프로젝트 공모, 총 상금 1억 5000만원". 뉴스1, 2025.3.16. https://www.news1.kr/society/general-society/5719908

정희연. 「탈현대사회 대안공동체운동의 이론과 실천: 독일의 ZEGG 사례연구」. 경희대학교 NGO 대학원 글로벌거버넌스 전공 석사학위논문, 2008.

천경희. "왜 지금, 윤리적 소비인가". 김수학. 『공통국어 1, 2』. 천재교과서, 2025:

180-183.

천경희 외.『윤리적 소비 행복한 소비』. 시그마프레스, 2023.

한웅희. "2024년, 기후위기 '마지노선' 1.5도 넘긴 첫해". 국민일보, 2025.3.20. https://n.news.naver.com/article/005/0001764227?type=journalists

홍연금·송인숙.「윤리적 소비에 대한 개념 논의와 실천영역 연구」.『소비자정책교육 연구』6(4), 2010: 91-110.

H. 로버트 닷지, 엘리자베스 A. 에드워드, 샘 플러튼.「시장에서의 소비자 범죄: 소비자의 관점」. *Pwycholoty & Marketing*, 1992.

KoFID, KOICA.『알기 쉬운 지속가능발전목표 SDGs』. 국제개발협력시민사회포럼, 2016.

Muncy, J. A. & S. J. Vitell.「소비자윤리: 최종 소비자의 윤리적 신념에 대한 조사」. *Journal of Business Research*, 24, 1992: 297-311.

채경진

국가유산정책연구원 정책연구실장

성장과 지속가능성의 균형 : 세계유산 가치 수호를 위한 방어

insight 3

　터널공사는 절반 정도 진행된 상태였다. 500억 원이 넘는 예산이 이미 투입되었고, 이제 몇 년만 더 지나면 A시와 B시는 더욱 원활하게 연결될 예정이었다. 하지만 터널 한가운데서 예상치 못한 것이 발견되었다.
　"고대 국가의 유적지. 그것도 국내 최대 규모."
　국가유산청 조사 결과, 해당 유적은 당시 그 나라의 최전성기에 조성된 핵심 지역이었다.
　뉴스는 연일 이 발견에 대해 대서특필했고, 여론은 급격히 둘로 나뉘었다.

 뉴스
NEWS
+ 구독

- 당연히 보존해야지!
  이런 유적의 가치는 돈으로 환산할 수 없어.
- 이거 그냥 역사책에 한 문단 추가되는 수준 아냐?
- 고가도로를 건설하는 대안은 없을까?
- 솔직히 돌도끼랑 토기 보려고 관광객이 올까?
  연구자들이나 좋아할 일이지.
- A시 인구가 몇 명인데!
  터널 없으면 매일같이 출퇴근길 지옥이다.

나는 한숨을 쉬며 서류를 다시 들여다봤다. 유적을 보존해야 한다는 논리는 분명했다. 도시의 역사를 품은 장소를 보호하는 것은 가치 있는 일이다. 하지만 터널이 필요하다는 것도 부정할 수 없는 사실이었다. 이 구간은 만성적인 정체로 악명이 높았고, 사고도 자주 발생했다. 터널이 계획된 이유가 있었다. 회의는 반복되었고, 의견은 엇갈렸다. 예산 문제, 대체 노선, 유적지 보존을 위한 기술적 방안 등. 다양한 논의가 오갔지만, 명확한 결론은 쉽게 나오지 않았다. 게다가 주민의 불만도 점차 커지고 있었다. "이러다 진짜 우리 동네만 도태되는 거 아냐?"라는 불안한 목소리도 들려왔다.

문화의 지속가능성과 일상의 지속가능성이 충돌하는 이 상황. 무엇을 선택하든 누군가에게는 상실이 따를 수밖에 없다. 환경과 유산을 보존하는 것이 지속가능성을 위한 길일까? 수많은 시민의 일상을 지연하고 낭비하지 않는 것이 지속가능성을 위한 길일까?

이제 터널과 유적지의 딜레마는 그 자체로 우리가 어떤 사회를 만들어가고 싶은지를 묻는 것으로 느껴졌다.

나는 다시 서류를 정리했다. 답은 아직 나오지 않았다. 하지만 한 가지는 분명했다.

'과거'와 '현재'를 둘 다 지키는 방식이 무엇인지 찾아야 한다는 것.

지속가능성은 결국 시간과 공간을 넘어 공존할 방법을 고민하는 과정이 아닐까?

1. 세계유산과 SDGs

한국의 국가유산 정책은 1962년 「문화재보호법」이 제정되면서부터 시작되었다.[1] 당시에는 국가유산을 보호의 대상으로 여기면서 강력한 보존 중심의 규제정책을 시행해왔고, 그러한 기조가 기본적인 유산정책의 근간으로 지속 유지되어왔다. 하지만 한국 사회의 급속한 도시화와 개발 움직임으로 인해 국가유산은 개발행위를 제한하는 존재라는 인식이 해당 지역주민을 중심으로 확산되었다. 이는 국가유산의 공공적 자산으로서의 가치와 함께 사유재산권이라는 두 가지 가치가 충돌되면서 발생한 것으로, 도시개발이 지속적으로 이뤄지고 있는 한국에서는 언제든지 나타날 수 있는 잠재된 갈등 상황으로 이해될 수 있다. 최근 사회적으로 이슈가 되었던 김포 장릉 아파트 사례는 세계유산인 장릉(조선왕릉)의 보존과 아파트 개발(경관 훼손)과의 충돌을 통해 위와 같은 갈등 상황을 잘 반영하고 있다. 특히 세계유산의 경우 인류 보편적 가치를 가진 유산이기에 국제적 기준에 맞게 인류 공동 자산으로 보존하고 활용해야 할 대상이다.

한편 최근의 경복궁 담벼락 낙서 사례의 경우 국가유산에 직접적으로 가해한 훼손 사례로 사유재산권 침해와 관련된 앞선 상황과는 결이 다르다. 2023년 말 경복궁 서십자각 터 주변 담장과 영추문에 스프레이를 뿌려 훼손이 이뤄졌고, 불법 공유사이트(1차)와 가수 앨범홍보(2차)를 이유로 총 두 차례 이뤄졌다. 이미 전 국민을 충격에 빠뜨렸던 국보 숭례문 화재 사건을 통한 경험, 그리고 세계유산은 아니지만 한국을 대표하는 문화유산이자 관광지인 경복궁에서 일어난 사건이라는 점에서 그 충격은 컸으리라 생각된다. 특히 모든 유산이 마찬가지겠지만, 한번 훼손되면 원형을 회복하기 어렵고 대체 불가능하며 장기간 막대한 자원이 투입되기 때문에 일어나서는 안 되는 사건이었다.

이 장에서 다루고자 하는 지속가능발전목표Sustainable Development Goals, SDGs는 크게 세 가지다. 이 목표들은 모두 세계유산의 인류 보편적 가치 수호를 강화하거나 위협하는 요소들로 이뤄져 있다. 먼저 한국은 UN의 지속가능발전목표SDGs를 연계하되 국내 여건을 반영·보완한 '한국형 지속가능발전목표K-SDGs 2021-2040'을 발표한 바 있는데, 이 목표 중 "[목표 11] 도시와 주거지를 포용적이며 안전하고 복원력 있고 지속가능하게 보장한다"의 세부 목표 가운데 하나로 '세계유산의 보호와 보존'이 소개되고 있다.[2] 앞서 살펴본 사례에서처럼 세계유산의 보호·보존과 관련된 사례를 통해 이에 어떻게 접근하고 해결해야 할지 고민해보고자 한다.

다음으로, 두 번째로 다루고자 하는 SDGs는 기후변화 위기를 다룬 "[목표 13] 기후변화와 그로 인한 영향에 맞서기 위한 긴급 대응을 시행한다"와 연관되어 있다. 앞서 인간의 이익이나 이기심과 관련된 사례와 달리 기후변화 위기는 인간의 힘으로 통제할 수 없는 영역에서 피해가 일어나기에 세계유산에 막대한 훼손을 초래하게 된다. 세계유산 리포트World Heritage Reports 22에 따르면, 기후변화에 영향을 받는 대상지는 자연유산이 71%, 문화유산이 46%, 복합유산이 8%로 나타났고, 해수면 상승(20%), 빙하 감소(19%), 생물종 다양성 피해(17%), 종 감소(12%), 강우 변화 및 침수(11%) 등이 위협요인이 된다고 설명하고 있다.[3] 한국의 경우, 2022년 태풍 힌남노, 2023년 집중호우로 인해 세계유산이 막대한 피해를 입었다. 특히 기후변화 위기가 예측하기 어렵고 대형화되는 추세를 보여 이를 해결하기 위한 국내외적인 노력이 요구된다.

세 번째로 다루고자 하는 SDGs는 국제협력을 다룬 "[목표 17] 이행 수단을 강화하고 지속가능발전을 위한 글로벌 파트너십을 활성화한다"와 관련되어 있다. 앞선 두 가지 목표가 가치를 위협하는 요인을 극복하기 위한 역량이 필요하다면, 이 목표는 조금 다른 방향에서 세계유산을 국제적 차원에서 공동으로 가치를 증진시키기 위한 노력과 관련되어 있다. 한국의 경우 개발도상국을 대상으로 산림녹화나 농업기술 등에 한정되어 있던 기존의 영역이 최근에는 문화적 영역이나 세계유산 보존기술 전파 등으로 더욱 확장되고 있다. 이는 경제적 이익처럼 자국 중심주의적 측면에서는 추진하지 않는 것이 이득일 수 있겠지만, 국제사회에서의 기여나 한국의 위상 측면에서는 좋은 영향력을 전파할 기회로 볼 수 있어 이를 활용하기 위한 접근방안 모색이 필요하다.

2. 세계유산의 가치와 위협요인

유네스코UNESCO는 인류 보편적 가치를 지닌 문화유산 및 자연유산을 발굴하고 보호하기 위해 1972년 세계문화 및 자연유산 보호 협약Convention concerning the Protection of the World Cultural and Natural Heritage을 채택했다. 이에 따라 유네스코 세계유산위원회는 인류 전체를 위해 보호되어야 할 '탁월한 보편적 가치Outstanding Universal Value: OUV'를 가진 부동산 유산을 세계유산 목록에 등재하고 있으며, 이렇게 등재된 유산을 '세계유산'이라 부른다.[4] 세계유산world heritage은 문화유산cultural heritage, 자연유산natural heritage, 복합유산mixed heritage[5]으로 분류되며, 세계유산으로 등재하기 위해서는 공통적으로 유산의 가치를 보여줄 수 있는 충분한 제반 요소를 보유해야 하는 완전성integrity과 함께, 기본적으로 재질이나 기법 등에서 진정성authenticity을 보유하고 있어야 한다. 또한, 가치평가 기준에 부합해야 하며 그와 동시에 법적·제도적 관리 정책이 수립되어 있어야만 세계유산으로 등재될 수 있다. 유네스코 세계유산 해당 등재 기준에 따르면, 문화유산은 (I)~(VI)의 여섯 가지 기준 중 해당 기준을 충족하면 되고, 자연유산은 (VII)~(X)의 네 가지 기준 중 해당 기준을 충족하면 된다. 복합유산의 경우에는 문화유산과 자연유산의 해당 기준을 동시에 충족시키면 된다.

표 1. 유네스코 세계유산 해당 등재기준[6]

구분	기준	해당 등재기준
문화유산	I	인간의 창의성으로 빚어진 걸작을 대표할 것
	II	오랜 세월에 걸쳐 또는 세계의 일정 문화권 내에서 건축이나 기술 발전, 기념물 제작, 도시 계획이나 조경 디자인에 있어 인간 가치의 중요한 교환 반영
	III	현존하거나 이미 사라진 문화적 전통이나 문명의 독보적 또는 적어도 특출한 증거일 것
	IV	인류 역사에 있어 중요 단계를 예증하는 건물, 건축이나 기술의 총체, 경관 유형의 대표적 사례일 것
	V	특히 번복할 수 없는 변화의 영향으로 취약해졌을 때 환경이나 인간의 상호작용이나 문화를 대변하는 전통적 정주지나 육지, 바다의 사용을 예증하는 대표 사례
	VI	사건이나 실존하는 전통, 사상이나 신조, 보편적 중요성이 탁월한 예술 및 문학작품과 직접 또는 가시적으로 연관될 것
공통		• 모든 문화유산은 진정성(authenticity; 재질, 기법 등에서 원래 가치 보유) 필요
자연유산	VII	최상의 자연 현상이나 뛰어난 자연미와 미학적 중요성을 지닌 지역을 포함할 것
	VIII	생명의 기록이나 지형 발전상의 지질학적 주요 진행 과정, 지형학이나 자연지리학적 측면의 중요 특징을 포함해 지구 역사상 주요 단계를 입증하는 대표적 사례
	IX	육상, 민물, 해안 및 해양 생태계와 동·식물 군락의 진화 및 발전에 있어 생태학적·생물학적 주요 진행 과정을 입증하는 대표적 사례일 것
	X	과학이나 보존 관점에서 볼 때 보편적 가치가 탁월하고 현재 멸종위기에 처한 종을 포함한 생물학적 다양성의 현장 보존을 위해 가장 중요하고 의미가 큰 자연 서식지 포괄
공통		• 완전성(integrity): 유산의 가치를 충분히 보여줄 수 있는 충분한 제반 요소 보유 • 보호 및 관리체계: 법적·행정적 보호 제도, 완충지역(buffer zone) 설정 등

이러한 기준에 따라 한국의 세계유산은 1995년 석굴암과 불국사, 해인사 장경판전, 종묘 등 세 건을 동시에 첫 등재한 이후 2023년 가야고분군까지 총 16건을 등재했다. 세계유산 유형으로 볼 때 문화유산이 14건, 자연유산이 2건 등재되었고, 복합유산은 한 건도 등재되지 않았다. 특히 최근에는 '백제역사유적지구'(3곳), '산사, 한국의 산지승원'(7곳), '한국의 서원'(9곳), '한국의 갯벌'(4곳), '가야고분군'(7곳)처럼 세계유산이 두 개 이상의 시·도에 속해있는 연속유산 형태로 등재되는 추세를 보여 개별 건수로 볼 때 적지 않은 숫자라고 할 수 있다(최근 5년간 30개 지역에 분포).[7]

표 2. 우리나라 세계유산 등재 현황[8]

연번	등재 목록	등재일	구분
1	석굴암과 불국사	1995.12.09.	문화유산
2	해인사 장경판전		
3	종묘		
4	창덕궁	1997.12.06.	
5	화성		
6	경주역사유적지구	2000.12.02.	
7	고창, 화순, 강화의 고인돌 유적		
8	제주 화산섬과 용암동굴	2007.07.02.	자연유산
9	조선왕릉	2009.06.30.	문화유산
10	한국의 역사마을: 하회와 양동	2010.07.31.	

연번	등재 목록	등재일	구분
11	남한산성	2014.06.22.	문화유산
12	백제역사 유적지구	2015.07.08.	
13	산사, 한국의 산지승원	2018.06.30.	
14	한국의 서원	2019.07.06.	
15	한국의 갯벌	2021.07.26.	자연유산
16	가야고분군	2023.09.24.	문화유산

　이렇듯 세계유산은 국경을 넘어선 탁월한 보편적 가치OUV가 있는 유산으로서 해당 국가에는 문화강국으로서의 자부심과 위상을 높이고, 해당 유산을 보유하고 있는 지역에는 홍보효과가 발생해 문화관광, 경제적 측면에서 파급효과를 가져왔다. 주로 저개발국의 경우, 세계유산기금 및 세계유산센터 국제기념물유적협의회ICOMOS 등 관련 기구를 통해 유산 보호에 필요한 재정 및 기술 지원을 받을 수 있고, 국제적인 지명도가 높아지면서 관광객 증가와 이에 따른 고용기회 수입 증가 등을 기대할 수 있다. 또한, 세계유산이 소재한 지역주민의 공동체 및 국가적 자긍심이 고취되고 자신들이 보유한 유산의 가치를 재인식함으로써 더 이상 유산이 훼손되는 것을 막고 가능한 한 원 상태로 보존하는 데 크게 기여할 수 있다.9 한국의 경우 세계유산 방문객은 코로나19 팬데믹 기간을 제외하면 매년 2천만 명 이상이 방문할 정도로 문화관광 측면에서의 영향력이 크다. 따라서 세계유산 등재를 통한 국가적·지역적 기회를 잘 활용하려면 이

의 보존관리에 힘써야 한다. 이 말은 곧 인간에 의해 세계유산의 가치를 훼손시킬 수 있는 여러 갈등적 상황이나 자연적 요인에 따라 피해에 노출되는 상황이 지속적으로 나타나는 상황에서 세계유산을 위협하는 요인들을 잘 관리해야 한다는 말로 귀결된다. 실제 개발로 인해 세계유산 목록에서 탈락한 독일의 드레스덴, 최근 러시아-우크라이나 전쟁으로 인해 파괴된 우크라이나 오데사 역사지구/성당, 지진으로 파괴된 네팔 9층탑 등 인위적이거나 자연적 요인에 따라 세계유산이 피해를 입거나 가치가 훼손되는 사례는 어렵지 않게 발견할 수 있다.

한국의 세계유산 역시 그동안 인위적 요인이 OUV를 위협하는 요소로 작용해왔으나, 최근에는 자연적 요인에 따른 위협이 늘어나는 상황이다. 인위적 요인의 경우 대체로 주변 지역의 대규모 개발(아파트 단지 등)과 연관되어 있고, 세계유산 구역 내 건축물을 추가하거나 이전하는 등의 행위와 관련되어 있다. 또한, 문화관광적 수요가 늘어나면서 이를 관람 환경 조성 측면에서 서비스 운영과 관련된 시설을 추가하거나 늘어나는 관람객의 위험행동을 통제하는 일 또한 주요한 문제로 볼 수 있다. 무엇보다 세계유산 등재 이후 보존관리의 중요성에 대한 지역주민의 인식이 부족하거나 대규모 개발 행위에 있어서 사전에 세계유산의 가치를 인지하지 않고 진행할 경우, 위협은 곧 가치의 훼손이나 피해로 직결될 가능성이 훨씬 커진다. 이와 함께 최근 기후변화로 인해 지진, 풍수해 등이 대형화되고 잦아지고 있어 세계유산을 위협하는 요인들은 지속적으로 늘어나는 추세다. 이에 유네스코는 세계유산을 위협하는 세부 요인을 다음과 같이 분류하고 있다.

표 3. 세계유산을 위협하는 요인[10]

구분	세부 요인	14개 위협요인 기본그룹	한국 사례
인위적 요인	유형 시설 개발 및 운영	건축물 및 개발	• 조선왕릉 주변 지역의 대규모 건설사업 • 산사 건축물 건립 (마곡사, 대흥사, 통도사) 및 이전(법주사)
		교통시설	• 공주 제2금강교 건립
		다목적 시설 및 서비스 시설	• 하회마을 전동카트 운행
	무형적 체제 (사회적 코드 및 시스템)	유산의 사회적·문화적 활용	• 민속마을 거주민 불편
		관리 및 제도적 요인	• 선릉, 하회마을 낙서 • 병산서원 못질
	인위적 활동이 환경에 미치는 영향	오염	
	자원 추출, 생산, 활용	생물자원의 활용 및 변형	
		유형 자원 추출	
	기타	기타 인간 활동	
인위적 요인 + 자연적 요인	인위적 요인에 의한 생물종의 변화 및 영향	침입/외래종 칩입 및 과도한 개체 수 증가	
	비인위적 요인에 의한 생물종의 변화 및 영향		

구분	세부 요인	14개 위협요인 기본그룹	한국 사례
자연적 요인		지역 조건이 물리적 형태에 미치는 영향	
		기후변화 및 심각한 기상이변	• 공주 공산성 침수 • 남한산성, 가야고분군, 대흥사 등 피해
		갑작스러운 생태적·지질학적 이변	
기타		기타 요인	

결국 인위적 요인이나 자연적 요인에서의 위협요인을 극복하기 위한 방안으로 세계유산의 가치 증진을 위해 국제적 보존관리 협력체계를 갖추고 공동대응 강화를 검토할 수 있다.

아래에서는 세계유산의 보존과 인간의 권리가 충돌하는 사례, 기후변화 위기에 대응하는 사례, 국제협력체계 구축을 통해 인류 보편적 가치를 수호하는 사례를 통해 SDGs 목표를 달성하기 위한 노력을 살펴보고자 한다.

3. 사례

1) 세계유산의 보존과 인간의 권리 간 충돌과 조화

한국에서 세계유산 보존관리 및 활용이 체계화된 것은 2020년

「세계유산의 보존·관리 및 활용에 관한 특별법」이 제정되면서부터다. 동 법 제1조(목적)에서는 "국민의 문화적 자긍심을 높이고, 인류 공동의 자산을 보존하기 위한 국제협력의 증진에 이바지함"을 목적으로 하고 있다.[11] 즉, 세계유산을 통해 문화적 자긍심을 누리고, 국제적 자산으로의 공동보존에 힘써야 함을 의미한다고 볼 수 있다. 하지만 세계유산은 문화유산이나 자연유산처럼 세계유산 구역이나 세계유산 완충구역 buffer zone을 설정해 규제하도록 하고 있다. 이는 곧 세계유산 구역이나 완충구역에 거주하는 주민이나 소유자의 인위적 행위에 제한을 가한다는 의미이기도 하다. 따라서 사유재산권 행사를 위한 행위를 추진할 경우 세계유산 보존과의 충돌이 불가피하며, 이는 곧 갈등 상황으로 나타나게 된다.

최근 사회적 이슈였던 김포 장릉 주변 아파트 건설에서 보듯 세계유산 구역에서의 사유재산권 행사는 필연적으로 갈등이 수반된다. 세계유산인 조선왕릉은 서울 및 경기, 그리고 북한에 소재해 있고, 2009년 그 가치를 인정받아 세계유산으로 등재되었다. 그중 장릉은 원종과 인헌왕후의 무덤이 쌍릉 형태로 조성된 능으로, 경기도 김포시 장릉로에 위치해 있다. 조선왕릉은 세계유산 등재 시 선정기준 III, IV, VI을 충족했는데, 이 중 IV는 경관과 연관되어 있다. 실제 등재심사 시 주변 자연환경에 대응한 독특한 왕릉이며 제례의 전통이 건물과 구성요소를 통해 표현되어있다고 인정받았는데, 주변 아파트 건설로 인해 경관의 훼손을 가져왔다. 이 사례는 건축행위 허가뿐만 아니라 사전 가이드라인이나 개발 지침 마련, 건축 행위 진행 시 모니터링이나 지속적 관리가 필요함을 시사했다. 사회적으로 크게 이슈가 되지 않았지만, 태릉 인근 아파트 건설 계획 역시 유사한 맥락에서 이해할 수 있다. 물론 산사처럼 세계유산 구역이 특정 소유 단체가 관리하는 경우 건축물 건립에 대한 갈등이 크게 나타나지 않을 수 있다. 하지만 이것이 주민의 이해관계와 직결된 경우에는 더 큰 갈등 상황으로 나타난다.

또 다른 사례인 공주 공산성은 2015년 세계유산으로 등재된 백제역사유적지구에 포함되어 있고, 갈등을 조화롭게 풀어낸 사례로 꼽을 수 있다. 공주시의 기존 금강교는 교통혼잡 문제가 늘 부각되었고, 지역주민 및 정치인의 이 지역 숙원사업 중 하나가 제2금강교 건설을 통한 교통문제 해결이었다. 물론 2004년 독일의 드레스덴 엘베계곡Dresden Elbe Valley의 다리 건설로 인해 세계유산 목록에서 삭제된 사례가 있었기에 더욱 신중함이 요구됐다. 드레스덴의 경우 세계유산 등재 신청 이전부터 다리 건설을 추진했고, 2005년 기반 공사를 시작하면서 등재된 지 2년 만에 '위험에 처한 세계유산World Heritage in Danger'에 오르게 된다. 결국 드레스덴 엘베계곡에 심각하게 부정적인 시각적 영향을 준다는 이유로 2009년 세계유산 목록에서 삭제되었다.[12] 공주시의 제2금강교는 국내 문화유산위원회 심의에서는 부결되었지만, 유산영향평가Heritage Impact Assessment: HIA를 통해 부정적 영향을 최소한으로 줄이는 권고사항을 전제로 조건부 가결되었다. 이는 세계유산의 경관보호가 절대적인 기준이라기보다 인간과 조화로움을 추구하는 규범으로 역할을 했다는 점에서 시사하는 바가 크다.

　세계유산은 아니지만 자연유산 보호와 향유권 간 충돌로 인한 사례는 설악산 케이블카 설치 사례에서도 발견할 수 있다. 당시 문화재위원회는 공사 및 운행 등으로 인해 자연유산에 미치는 영향이 클 것으로 판단하여 동 사안을 부결시켰지만, 양양군은 이에 불복하여 중앙행정심판위원회에 행정심판을 청구했고 2017년 받아들여졌다(2017-5546 문화재 현상변경허가 거부처분 취소청구 재결). 이 판결문에는 신체적 약자 등 등산로를 따라 탐방할 수 없는 계층에게 아름다운 경관을 향유하게 할 수 있다면 이 또한 경관의 가치를 높이는 것이고, 장애인·노인·아동 등 신체적 약자의 공원 이용을 제한하고 이들이 천연기념물을 이용할 수 있는 향유권을 박탈함으로써 이들의 헌법상 보장된 행복추구권과 평등권 등을 침해한다고 했다. 이에 따라 국가유산 보호는 국민의 문화향유권 신장과 삶의 질 향상이라는 다른 가치와도 조화를 이루어야 할 것이므로 법령의 범위 내에서 상충하는 가치들의 바람직한 조화방안을 모색할 필요가 있다고 강조했다.[13] 세계유산의 보호 역시 인간의 권리행사와 조화로움을 찾아 공존하는 것을 지향함을 목표로 삼고 있다.

　한편, 권리와는 다른 시각에서 경제적 이익이나 개인의 욕심에 따라 인위적 행동이 발생하여 세계유산에 직접적인 훼손이 일어난 경우, 이에 대한 책임은 반드시 수반되어야 한다. 2019년 세계유산에 등재된 '한국의 서원' 9곳 중 하나인 병산서원은 경상북도 안동에 위치하고 있다. 최근 한 드라마 촬영을 위해 방송사가 서원에 못질을 하면서 사회적 이슈가 된 사례다. 비단 세계유산의 훼손은 최근에만 발생한 것은 아니다. 하회마을은 관람객의 이동을 원활하게 하고 새로운 체험을 위해 전동카트를 운행하다가 담벼락을 훼손한 전력이 있고 낙서로 몸살을 앓고 있다. 또한 조선왕릉 중 선릉은 한 여성의 의도적 훼손행위로 인해 곤욕을 치렀다. 이러한 행위는 세계유산에 대한 가치를 고려하지 않고, 오직 드라마 촬영이나 개인적 욕심의 충족이라는 목적에 충실했기 때문일 것이다. 일반 국민의 분노를 불러일으킨 부분은 사건이 이슈화된 초반에 제작진이 세계유산 훼손에 대해 큰 죄의식이 없는 태도를 취했다는 점일 것이다. KBS는 촬영분을 전량 폐기하는 강수를 두었지만, 법에 의한 처분은 달게 받아야 할 것이다.

위의 사례들을 통해 세계유산의 가치를 훼손하는 행위를 사전에 방지하는 것, 인간의 권리행사와의 조화로운 균형을 찾는 것이 무엇보다 중요하다. 이를 위한 해결방안으로 세계유산영향평가제도를 체계적으로 설계하고 적용하는 방안을 고려할 수 있다. 세계유산영향평가제도는 유네스코의 유산영향평가HIA와 동일한 제도로 이해할 수 있다. 이 제도의 궁극적 목표는 세계유산의 보호 및 지속가능한 개발에 대한 관리를 강화하는 데 있다.[14] ICOMOS가 2011년에 지침을 발표한 이후로 2016년까지 유네스코는 100개 이상의 세계유산에 대한 유산영향평가를 요청했고, 전 세계 모든 세계유산에 대해 주변 환경 개발이나 변화가 일어날 시 평가할 것을 권고했다 (Patiwael et al., 2019).[15]

「세계유산의 보존·관리 및 활용에 관한 특별법」 제11조의2에서는 세계유산영향평가를 실시함에 있어 세계유산의 탁월한 보편적 가치OUV에 부정적 영향을 미칠 우려가 있는 건축물 또는 시설물을 설치·증설하는 사업을 필수로 포함하도록 규정하고 있다.[16] 즉, 세계유산지구에서의 각종 개발이나 건설을 하는 것이 세계유산의 OUV에 어떻게 영향을 미치는가를 파악하는 것이 핵심이라 할 수 있다. 이렇게 나타난 부정적 영향을 어떻게 회피·축소·회복·보상하는가를 고민해 최소화하는 것이 세계유산영향평가의 본질이다. 따라서 세계유산영향평가를 통해 행위를 제한하는 것이 아닌 인간의 재산권 행사권리를 함께 고려해 최적의 대안을 찾아가는 과정으로 이해할 수 있다. 왜냐하면, 이미 구축되어 있는 경관 역시 인위적 행위에 의해 형성되었을 가능성이 상당히 크고, 새로운 행위가 경관의 가치를 더 증진시킬 수도 있기 때문이다.

다음으로, 병산서원, 하회마을, 선릉 등에서 발견된 각종 훼손 사례는 세계유산에 직접적인 피해를 입힌 행위가 있었기에 근본적 대책이 필요하다. 한국은 숭례문 화재 사건 이후 문화유산 화재에 대한 진압 훈련을 정기적으로 실시하고 있고, 안전경비원을 배치해 상시 모니터링하고 있으며, CCTV나 소화기 배치 등 방재인프라를 구축해 재난안전 기능을 강화하고 있다. 하지만 이보다 더 중요한 것은 세계유산 교육이나 활용을 통해 애호도를 기르고, 세계유산의 가치를 알고 배움으로써 부정적인 행동으로 이어지지 않도록 학습과정을 의무화하는 것도 방법일 것이다. 이와 함께 홍보나 캠페인을 통해 주기적으로 세계유산을 알리고 가치를 공유할 기회를 확대하는 것이 필요하다.

한편, 제31차 세계유산위원회2007는 세계유산협약 이행을 위한 기본적인 전략체계a fundamental framework를 수립했는데, 신뢰성이 다른 4개의 주요 요건Cs과 연계하여 우선순위로 여겨졌던 세계유산의 등재 중심의 정책 방향보다는 유산의 보존conservation, 역량강화capacity-building, 지역사회와의 소통communication and community involvement 등을 통한 유산의 보호 및 활용, 공유하도록 장려하는 것이 특징이다. 이 중 소통communication을 통해 지역주민이나 일반인을 대상으로 세계유산에 대한 인식 제고를 위한 전략 개발과 함께, 세계유산 지역주민을 포함한 모든 관계자가 세계유산의 보존관리 정책 결정 과정에 참여할 수 있도록 참여 프로세스를 보장하고 역량강화 프로그램을 통해 커뮤니티community 구축 및 참여를 확대하는 것이 중요하다고 강조한다.[17]

2) 기후변화로 인한 위협에 대응하기 위한 노력

최근의 전 지구적인 기후변화는 기후재난을 지속적으로 발생시키는 결과를 가져오고 있다. 2008년부터 2023년까지 국가유산 재난피해는 풍수해 885건, 지진 64건, 화재 52건 등이며, 최근 기후변화로 풍수해(집중호우, 태풍, 강풍)가 빈번하게 발생함에 따라 다양한 피해가 발생하고 있다. 특히 2022년에는 최근 들어 가장 많은 154건의 재난피해가 발생(태풍 힌남노 등)했고, 그중 풍수해(집중호우, 태풍) 피해가 가장 많았다(112건, 72.7%).[18] 세계유산의 경우 2023년 폭우로 인해 공주 공산성이 침수되었고, 남한산성, 가야고분군, 대흥사 등의 피해가 보고된 바 있다.

이러한 위기에 대응하고자 한국 정부는 범부처 차원에서 2021년 「기후위기 대응을 위한 탄소중립·녹색성장 기본법」을 제정하고, 2023년부터 10년간 적용되는 '제1차 기후변화대응 기술개발 기본계획'을 수립했다. 이 계획에서 자연 및 문화유산 보존관리 분야의 경우 재해영향 분석 및 피해저감 연구를 주요 내용으로 포함했다.[19] 2024년 5월 시행된 「국가유산기본법」에서는 그동안 다루지 않았던 기후변화 대응에 관한 조항을 규정함으로써 이에 대한 중요성을 강조했는데, 여기서는 기후변화가 국가유산에 미치는 영향과 그에 따른 국가유산의 취약성을 지속적으로 조사·진단·대응할 수 있는 방안을 정부가 모색해야 한다고 규정했다. 국제사회 역시 UN기후변화협약(1992), 교토의정서(1997), 파리협정(2016) 발표 이후 유산보호를 위한 국제사회의 대응을 가속화하고 있고, 세계유산의 경우 범지구적 차원에서 기후위기의 심각성을 인식하고 유네스코 등을 필두로 다양한 자문기구에서 관련 연구를 추진 중이다. 유네스코 세계유산위원회는 제16차 세계유산총회에서 2007년 「기후변화가 세계유산에 미치는 영향에 관한 정책문서」를 채택했고, 국제기념물유적협의회ICOMOS에서 2017년 파리협약 관련 기후행동 결의안 채택 및 기후위기 워킹그룹을 창설했다.[20]

2021년 7월 로마에서 열린 G20 문화장관회의에서 영국은 문화부DCMS 장관의 기조연설을 통해 영국 문화 분야에서 기후변화 대응을 위해 실행하고 있는 대표적 정책으로 첫째, 문화보호기금 Cultural Protection Fund 중 재난 및 기후변화 완화 기금the Disaster and Climate Change Mitigation Fund 조성 및 운영, 둘째, 기후변화와 관련한 예술, 과학, 디지털 테크놀로지 분야 활동 지원을 골자로 한 크리에이티브 커미션The Creative Commissions, 셋째, 지속가능한 예술문화보고서Sustaining Great Art and Culture: Environmental Report 발간을 꼽았다. 이 중 재난 및 기후변화 완화 기금은 중동, 북아프리카 등 분쟁지역에서 훼손된 문화유산을 보호하기 위한 지원을 시작해 2020년부터 자연재해와 기후변화 대응으로 기금 사용범위를 확대하고 있는 점이 특징이다.[21]

이러한 환경변화에 대응하고자 한국의 국가유산청은 2023년 7월 세계유산을 포함한 '국가유산 기후변화 대응 종합계획(2023~2027)'을 수립했다. 이 계획에서는 향후 5년간 '기후위기 속 지속가능한 국가유산의 가치 보호'라는 비전하에 선제적·능동적 대응으로 국가유산 피해 저감, 국가유산 보호를 통한 탄소중립 실현 기여를 정책목표로 설정했다. 이를 달성하기 위해 선제적 기후위기 대응 역량 강화, 국가유산 보존관리의 기후탄력 체계 구현, 국가유산의 촘촘한 기후위기 안전망 구축과 함께 국제협력이나 거버넌스, 교육 등이 포함된 기반 강화를 주요 정책 방향으로 삼고 있다. 특히 세계유산의 경우 범지구적 측면에서 국제 네트워크를 강화하는 것과 함께 ODA 확대, 국제공동연구 등의 강화를 통해 대응하고자 하는 것이 중요하다.

3) 인류 보편적 가치 수호를 위한 글로벌 파트너십 형성

대한민국 ODA 백서에 따르면, 공적개발원조Official Development Assistance: ODA란 "정부를 비롯한 공공기관이 개발도상국의 경제발전과 사회복지 증진을 목표로 제공하는 원조"를 의미한다. 이러한 맥락에서 문화유산 보존 및 복원 ODA사업은 "수원국의 유·무형 문화유산의 복원과 보존처리, 관련 장비나 기술의 지원, 발굴 및 조사 사업 등을 주요 내용으로 하는 ODA사업"을 의미한다.[22] 세계유산 관련 기구와의 협력이나 한국의 문화적 위상이 높아짐에 따라 세계유산 보존관리의 선도국으로서 개발도상국의 세계유산 보존 및 복원에 기여해야 할 공적 책무 또한 높아지고 있다. 특히, 세계유산 분야의 ODA사업은 문화유산 보존·복원 중심의 ODA를 무형·자연유산 및 글로벌 이슈를 포함하고 수원국의 역량과 자립도를 강화하는 방향으로 확대하고, 국제사회에서 상대적으로 우위를 가진 세계유산 등재·관리, 조사·연구, 보존·복원, 지식·교육, 방재 분야를 중심으로 수원국의 상황에 맞는 호혜적 사업을 발굴하는 것이 필요하다.[23]

세계유산의 경우 유산 자체의 복원이나 보존관리가 주된 목적이지만, ODA사업의 취지를 살펴볼 때 경제발전이나 주민의 삶의 질 증진을 위한 활동 역시 중요한 목적 중 하나다. 따라서 세계유산만이 가진 관광적 측면에서의 체계화된 계획을 수립한다든지, 지역 환경 개선을 함께 추진해 주민의 삶의 질을 향상시키는 등의 공간 단위 종합추진계획으로 접근하는 것이 바람직하다. 이석원(2021)은 "문화유산 ODA사업의 장기적 효과는 지역의 환경 개선, 관광인프라, 주변 지역의 새로운 문화유산 복원, 국제적 인지도 향상을 통해 관광객 증가와 산업 창출, 지역의 소득증가를 가져오고 이것이 지역 경제개발 및 빈곤 감소로 이어져야 한다"고 강조한다.

따라서 한국 입장에서는 세계유산보존·활용 기술의 국제사회 전파를 통해 국가적 위상을 제고하고 국제사회에서의 선도적 지위를 가져올 수 있지만, 궁극적으로 기후변화 대응이나 재난관리 등의 범지구적 이슈를 통해 전 세계적인 위기임을 인식하고 함께 협력해야 한다. 이를 통해 세계유산의 보존관리에 긍정적 기여를 할 수 있음은 물론 수원국의 경제발전이나 빈곤퇴치에도 기여할 수 있음을 명심하고 더욱 높은 국제적 책무를 지녀야 한다. 이에 따라 한국은 그동안 개발도상국의 세계유산 보존을 위한 국제적 협력 노력을 꾸준히 진행해왔고, 이에 대한 예산 규모 역시 증가 추세에 있다. 협력국의 경우 그동안 라오스 세계유산 왓푸-홍낭시다 유적 복원·보존, 파키스탄 간다라 관광자원 개발, 캄보디아 앙코르와트 보수정비 등 아시아 중심으로 ODA사업이 이뤄져왔지만, 최근 들어 키르기스스탄 전통공예센터 조성 및 디지털 마케팅 지원, 우즈베키스탄 사마르칸트 관광자원 개발, 이집트 라메세움 탑문 복원·설계 등 아프리카·중남미·CIS 등 신흥시장으로 진출하고 있는 추세다. 이러한 수요는 증가세에 있으며 아프리카의 DR콩고, 에티오피아, 중남미의 페루, 콜롬비아 등으로 확대될 예정이다.[24]

4. 결론

지금까지 세계유산 사례를 통해 SDGs와의 연계, 그리고 해결방안에 대해 살펴보았다. 세계유산은 인류 보편적 가치를 가진 유산으로서 모든 인류가 보호하고 누려야 할 대상이다. 그렇기 때문에 SDGs와도 연계성이 높고 이를 통해 지속가능한 발전을 이루는 것이 무엇보다 중요하다. 이상의 논의를 통해 세계유산과 SDGs를 정리하면 〈표 4〉와 같다.

먼저, [목표 11] "도시와 주거지를 포용적이며 안전하고 복원력 있고 지속가능하게 보장한다"와 관련해서는 세계유산과 인간 권리와의 충돌, 세계유산의 인위적 훼손 문제를 살펴보았고, 이의 해결방안으로 세계유산영향평가, 교육, 활용사업, 소통 및 커뮤니티를 제시했다. 다음으로, [목표 13] "기후변화와 그로 인한 영향에 맞서기 위한 긴급 대응을 시행한다"와 관련하여 재난 유형의 다양화·대형화로 세계유산의 피해가 증가하는 상황에서 '국가유산 기후변화 대응 종합계획' 중 국제 네트워크를 강화하는 것을 해결방안으로 강조했다. 마지막으로, [목표 17] "이행 수단을 강화하고 지속가능발전을

표 4. 세계유산과 SDGs

구분	세계유산 이슈	해결방안
[목표 11] 도시와 주거지를 포용적이며 안전하고 복원력 있고 지속가능하게 보장한다.	• 인간의 권리와 충돌 • 인위적 훼손 문제	• 세계유산영향평가 • 교육, 활용 • 소통, 커뮤니티
[목표 13] 기후변화와 그로 인한 영향에 맞서기 위한 긴급 대응을 시행한다.	• 재난 유형의 다양화·대형화로 피해 증가	• 종합계획 실현 • 국제 네트워크 강화
[목표 17] 이행 수단을 강화하고 지속가능발전을 위한 글로벌 파트너십을 활성화한다.	• 세계유산 ODA만의 특성 반영 필요	• 보존·복원 + 경제개발 및 빈곤퇴치 방향

위한 글로벌 파트너십을 활성화한다"와 관련하여 세계유산 ODA사업이 단지 세계유산을 복원·보존하는 것에 한정된 것이 아니기에 이것의 특성을 반영할 필요성이 이슈로 제기되었고, 이를 위해 세계유산의 보존·복원뿐만 아니라 수원국의 경제개발을 통한 빈곤퇴치 방향으로 강화되어야 한다고 제안했다. 이러한 움직임을 통해 SDGs를 실현하는 데 세계유산이 선한 영향력을 발휘하기를 기대한다.

주

1   한국은 2024년 5월 17일 시행된 「국가유산기본법」에 따라 기존의 '문화재'라는 용어가 '국가유산'이라는 용어로 대체되었기에 이 장에서는 '국가유산'이라는 용어를 사용하기로 한다. 동 법 제3조(정의)에 따르면, 국가유산은 "인위적이거나 자연적으로 형성된 국가적·민족적 또는 세계적 유산으로서 역사적·예술적·학술적 또는 경관적 가치가 큰 문화유산·자연유산·무형유산"을 의미한다.

2   관계부처 합동, "제4차 지속가능발전 기본계획 2021-2040", 2021. https://ncsd.go.kr/notice?post=2466

3   UNESCO, World Heritage Reports n°22 - Climate Change and World Heritage, 2007. https://whc.unesco.org/en/documents/123048

4   유네스코와 유산 누리집, https://heritage.unesco.or.kr

5   복합유산은 문화유산과 자연유산의 특징을 동시에 충족하는 유산을 말하며, 대표적으로 페루의 마추픽추가 있다.

6   유네스코와 유산 누리집. https://heritage.unesco.or.kr/유산등재/등재기준

7   2024년 말 기준 한국은 세계유산 외에도 인류무형유산 23건, 세계기록유산 18건을 등재시켰다.

8   문화재청, 「통계로 보는 국가유산 2023」, 2024. https://www.khs.go.kr/

9   유네스코와 유산 누리집. https://heritage.unesco.or.kr

10 UNESCO World Heritage Convention Homepage, State of Conservation information system(SOC). https://whc.unesco.org/en/soc를 바탕으로 한국 사례를 추가했다.

11 법제처 국가법령정보센터. https://www.law.go.kr/(검색일: 2025.1.28)

12 이상열·이경진·안지현, 「문화영향평가 관련 국외 동향 및 사례 연구」, 한국문화관광연구원, 2018.

13 채경진, 「문화유산」, 박광국 편저, 『문화와 국민행복: 문화국가 만들기』, 대영문화사, 2019.

14 한국문화재정책연구원, 「세계유산 보존·관리 및 활용 종합계획 수립연구(2022-2026)」, 2021.

15	Patiwael, P., Groote, P., & F. Vancly, Improving heritage impact assessment: an analytical critique of the ICOMOS guidelines, *International Journal of Heritage Studies*, 25(4), 2019: 333-347. https://doi.org/10.1080/13527258.2018.1477057
16	법제처 국가법령정보센터. https://www.law.go.kr/(검색일: 2025.1.28)
17	UNESCO World Heritage Convention. https://whc.unesco.org/archive/2011/whc11-18ga-11-en.pdf
18	국가유산청, "주요업무 추진계획", 2025. https://www.khs.go.kr
19	문화재청, "국가유산 기후변화 대응 종합계획(2023~2027)", 2023. https://www.khs.go.kr
20	위의 자료.
21	변영건, 「영국의 문화를 통한 기후위기 대응 정책 방향: Addressing the Climate Crisis through Culture」, 문화예술지식정보시스템, 『정책새소식』 9, 한국문화관광연구원, 2021.
22	이석원, 문화재 행정 60년 국제사회 기여 사례 및 향후 방안, 제5회 문화재 행정 60년, 미래전략 토론회, 2021.
23	문화재청, "국가유산 미래비전 선포식", 2023.12.
24	국가유산청, "주요업무 추진계획", 2025. https://www.khs.go.kr

임학순

가톨릭대학교 미디어기술콘텐츠학과 교수

지속가능발전을 위한 문화정책의 역할

insight 4

지역 축제를 소개하는 블로그를 운영한 지 올해로 5년째다. 매년 봄이 되면 꽃·과일 축제, 여름이면 바다, 가을이면 단풍, 겨울이면 눈꽃 축제까지, 전국을 다니며 다양한 축제를 찾아다녔다. 축제 현장을 담은 영상으로 유튜브 채널도 운영하면서, 축제를 소개하는 일이 단순한 취미를 넘어 삶의 일부가 됐다. 사람들은 그런 나에게 종종 묻곤 한다.

"매년 비슷한 축제들 다니면서 안 지겨워요?"

그럴 때마다 나는 웃으면서 대답했다.

"하나도 안 지겨워요. 매번 새롭거든요."

그런데 지난 주말 축제 현장에서 우연히 사람들의 대화를 듣고 나서, 처음으로 내 축제 사랑을 돌아보게 되었다.

 근데 지난주에 갔다 온 다른 축제랑 비슷하지 않아? 음식 파는 것도 비슷하고….

 아까 우리가 먹은 거, 사실 지난주 축제에서도 팔았던 거야.

 아, 진짜? 대박 웃기다. 근데 진짜로 우리 지난주는 꽃 축제 갔다 왔고, 오늘은 과일 축제인데 다 비슷한 느낌이야.

 그러니까. 지난주도 포토 스폿 있고 공연하는 팀도 비슷한 거 같고…. 아, 근데 오늘 쓰레기는 지난주 거기보단 덜한 듯? 지난주는 어후, 너무 심하더라.

 맞아, 진짜 놀러왔는데 좀 그렇더라. 근데 왜 우리 매번 비슷한데 계속 오냐?

 우리 일정상 이때 아니면 밖에 돌아다니면서 놀기 쉽지 않으니까 그렇지 뭐.

옆에서 웃으며 농담처럼 주고받는 대화였지만, 문득 생각이 복잡해졌다. 나는 각 축제가 모두 다르게 느껴졌는데, 내가 특별히 축제에 애정이 많아서였을까? 생각해보니, 여러 축제가 매번 비슷한 콘텐츠와 유행 아이템들을 돌려쓰고 있는 것도 사실이었다. 푸드트럭, 지역 특산물 판매 부스, 사진을 찍기 위한 포토존과 비슷한 공연 무대까지. 큰 틀에서 본다면 차이점을 찾기 어려울 만큼 유사한 구성이 반복되고 있었다. 그런 와중에 매번 비슷한 쓰레기 문제까지. 오늘은 지난주 갔던 축제보단 쓰레기가 덜하긴 했지만, 이것도 사실 시간문제일 것이다. 사실 환경문제는 축제에서 언제나 빠지지 않는 뉴스거리였다. 매번 지역 축제 관련 환경문제들은 매체들에서 화제가 되었지만, 근본적 해결책은 나오지 않고 축제는 계속 진행됐다. 축제가 계속 열리는 건 반가운 일이지만, 과연 이런 방식으로 축제가 지속되는 게 맞는 걸까?

돌아오는 길, 깊은 고민에 빠졌다. 사람들이 축제를 찾는 이유는 무엇일까? 단지 사진을 찍기 위해? 아니면 맛있는 음식을 먹으러? 물론 그런 이유도 있겠지만, 결국엔 잠시나마 일상을 벗어나 새로운 경험을 하고 싶기 때문이 아닐까. 그렇다면 축제가 계속 반복적이고 일회성 콘텐츠로만 채워진다면, 언젠가는 그 관심마저 시들해지지 않을까 하는 걱정이 들었다.

나는 축제가 단지 소비되는 이벤트가 아니라 문화를 담고, 그 지역의 주민이 함께 만들고 즐기는 공간이 되어야 지속가능하다고 생각한다. 각 지역만의 고유한 이야기를 담아내고, 문화적·사회적 가치를 고민하는 축제가 되어야 하지 않을까? 단순히 유행을 따르는 것이 아니라 오래도록 사람들에게 기억되고, 또다시 찾고 싶어지는 축제. 그런 축제를 즐기고 알리는 것이 내가 진짜 원하는 일이었다.

앞으로 축제를 소개할 때는 좀 더 깊은 이야기를 담으려 한다. 그 축제가 어떤 고민 끝에 만들어졌는지, 어떤 지역의 이야기가 담겨있는지. 그렇게 소개된 축제가 결국 사람들에게도 더 의미 있는 경험을 주고 오래갈 수 있지 않을까?

1. 서론

문화정책은 정부와 공공부문이 국가유산, 문화예술, 문화적 삶, 문화창조산업 등 문화와 예술 부문에 참여하여 지원하는 정책 활동 체계를 의미한다. 이러한 문화정책은 문화발전뿐 아니라 환경발전, 사회발전, 경제발전을 총체적으로 추구하고 있다는 점에서 지속가능발전과 밀접하게 연관되어 있다. 문화정책에서는 인간과 사회의 다양한 문제를 문화적 차원에서 이해하고, 문화정책을 통해 어떻게 문제들을 해결할 수 있는가에 대해 고민하고 있다. 문화적 차원에서 이해한다는 것은 인간 존재와 행복, 문화의 특성과 가치 측면에서 문제를 해석하고, 해결하는 것을 의미한다. 기후변화 위기 문제, 노인 문제, 1인 가구의 사회적 관계 문제, 정신건강 문제, 고독감 문제, 지역소멸 문제, 사회 양극화 문제, 세대 갈등 문제, 다문화사회 문제, 일과 삶의 균형 문제, 공동체 문제 등 다양한 사회문제가 문화정책에서 다루어지고 있다. 또한 문화도시, 창조도시, 문화적 지역재생, 창조적 장소 만들기, 커뮤니티 아트, 커뮤니티 참여 기반 문화 프로젝트, 문화관광, 로컬 크리에이터 등이 도시문화정책의 중심 주제로 부각되고 있다.

이 장은 문화와 지속가능발전의 관계 맥락에서 문화정책의 역할을 탐색하는 데 초점을 두고 있다. 이를 위해 다음 네 가지 사항을 살펴보았다.

첫째, 유네스코의 문화발전에 관한 논의를 중심으로 문화발전과 지속가능발전의 관계를 살펴보았다. 둘째, 문화의 가치와 지속가능발전의 관계를 문화적 가치, 사회적 가치, 경제적 가치 측면에서 살펴보았다. 셋째, 지속가능발전과 연관된 문화정책 사례로 기후위기와 문화정책, 문화다양성 정책, 문화예술교육 정책, 문화도시 정책, 문화영향평가제도 등을 살펴보았다. 넷째, 지속가능발전을 위한 문화정책의 역할에 대해 살펴보았다.

2. 문화발전과 지속가능발전의 관계

1) 유네스코의 문화발전 논의

유네스코(UNESCO, 유엔교육과학문화기구)는 문화발전이 그 자체로 환경·사회·경제 발전과 함께 지속가능발전의 핵심축을 형성하고 있으며, 지속가능발전 목표를 달성하기 위한 기반을 제공할 수 있다고 주장해왔다. 유네스코는 발전에 관한 논의를 경제발전 차원에서 문화발전 차원으로 확대하고, 문화발전이 지속가능발전의 중요한 동력이라는 점을 강조해왔다. 유네스코는 1982년 멕시코시티 세계문화정책회의The World Conference on Cultural Policies에서 발전이 문화적 차원cultural dimension을 포함해야 한다고 제안했다. 1995년 유네스코 세계문화발전위원회World Commission on Culture and Development: WCCD는 "창의적 다양성Our Creative Diversity"을 발표했는데, 문화는 그 자체로 바람직한 발전 목표이며, 경제발전, 생태발전 등 지속가능발전의 수단이 될 수 있다고 제시하고 있다. 또한 유네스코는 1998년 "세계 문화발전 10년The World Decade for Cultural Development 1988~1997"과 "발전을 위한 문화정책 정부 간 회의Intergovernmental conference on cultural policies for development in Stockholm를 통해 발전에서 문화적 차원을 중요하게 고려할 필요가 있다는 점을 강조했다.

　이러한 유네스코의 문화발전에 관한 논의는 2000년대에 들어와서 지속가능발전 논의로 확대되었다. 유네스코(2012)는 문화를 지속가능발전을 이끌어가는 동력driver이자 지속가능발전을 가능하게 하는 지원 요인enabler으로 이해하고 있다. 문화발전은 지속가능발전 차원에서 목적이면서 수단으로 작용한다. 이러한 유네스코의 관점은 2022년에 발표된 「창의성을 위한 정책 재형성: 글로벌 공공재로서의 문화」 보고서에서도 나타나고 있다. 유네스코는 이 보고서에서 문화적 측면과 경제적 측면의 상호 보완성, 다양한 문화적 표현, 문화자원 분포의 평등성, 문화자원에 대한 포용적 접근, 도시발전과 문화발전의 연계, 문화교육을 통한 사회통합, 지속가능한 문화생산과 문화소비 체계 구축 등을 강조하고 있다. 또한 유네스코는 이 보고서를 통해 기후행동(기후행동과 환경 지속성을 위한 창조성 투자), 모두를 위한 문화(포용적이고 평등한 문화참여 지원), 혁신(지속가능한 경제성장과 노동환경 개선을 위한 창의성과 혁신 촉진), 지속가능목표 달성(총체적인 정책과 파트너십 개발) 등을 제안하고 있다.

2) 문화의 가치와 지속가능발전

문화와 지속가능발전의 관계는 기본적으로 문화의 특성과 가치에 바탕을 두고 있다. 「문화기본법」 제3조(정의)에 따르면 문화란 문화예술, 생활양식, 공동체적 삶의 방식, 가치체계, 전통 및 신념 등을 포함하는 사회나 사회구성원의 고유한 정신적·물질적·지적·감성적 특성의 총체를 말한다. 이러한 문화의 개념 속에는 생활양식, 정체성, 신념체계, 쾌락, 창의적 표현과 소통, 사회적 관계와 공동체, 상징적 의미체계, 열망 등의 특성이 내포되어 있다. 이러한 문화의 특성들은 인간의 행복한 삶, 가치 있는 사회, 소통과 관계 회복, 신뢰 회복, 정체성과 문화적 다양성, 공생의 생활문화, 도시의 창조산업 등과 밀접하게 연관되어 있다. 로센슈타인(Rosenstein, 2018)은 쾌락 pleasure, 정체성identity, 열망aspiration 등의 문화 특성이 문화정책의 기초를 형성하고 있다고 본다. 이러한 문화의 특성은 〈표 1〉에 나타난 바와 같이 문화적·사회적·경제적 가치를 창조함으로써 지속가능발전의 중요한 토대가 될 수 있다.

첫째, 문화적 가치는 문화예술의 보호, 창작, 소비가 문화예술 발전 및 문화적 삶에 미치는 영향을 의미한다. 문화유산 보호, 문화정체성 확립, 문화다양성 증진, 문화예술 창작 활성화, 문화복지 증진 등이 이러한 문화적 가치의 범주에 포함된다. 이러한 문화적 가치는 지속가능발전목표 중 건강, 행복, 지속가능한 소비와 생산 등과 연결될 수 있다.

둘째, 사회적 가치는 문화예술이 인간과 사회문제 해결에 미치는 영향을 의미한다. 정보람·윤소영·노영순(2022)은 문화예술 접촉이 개인의 변화, 집단의 변화, 사회혁신에 연결되는 경로를 제시하고 있다. 문화예술 접촉이 내재적 변화(자기정체성, 자부심, 자아존중감, 자신감, 건강 및 웰빙, 문제해결 능력, 공감 능력), 집단의 변화(커뮤니티 접촉, 지역 도시 활력, 지역개발), 사회문제 완화(정신건강 문제, 문화적 갈등, 세대 갈등, 지역 갈등, 가족 갈등, 장애인 편견 및 차별) 등에 영향을 미칠 수 있다. 그리고 정보람·윤소영·노영순(2022)은 문화예술이 심리적 차원(건강 및 웰빙, 공감 능력, 자기정체성, 자부심, 자아존중감, 자신감), 사회적 차원(사회적 결속, 공동체 형성, 지역정체성 형성, 커뮤니티 참여, 협업 활성화), 경제적 차원(관광객 유입, 지역 소득 증가 등)에서 사회문제 해결에 기여하고 있다고 제시하고 있다.

〈표 1〉은 문화의 사회적 가치를 개인 차원(자존감 회복, 우울증 완화, 사회적 관계 증진, 미래의 꿈과 희망 형성), 지역 차원(지역정체성 혁성, 공동체 회복, 정주환경 개선), 국가 차원(사회적 포용성, 사회적 갈등 해소)으로 구분하여 정리하고, 이러한 문화의 사회적 가치가 양질의 교육, 건강과 복지, 성평등, 불평등 해소, 지속가능한 도시와 공동체, 평화·정의·강력한 제도 등의 지속가능발전목표들과 연관될 수 있다는 것을 나타낸다.

셋째, 경제적 가치는 문화예술이 경제 활성화에 미치는 영향을 의미한다. 문화예술 인력은 창조인력으로 창조산업의 핵심 자원이라고 할 수 있다. 지역의 문화와 예술은 관광자원으로 활용될 수 있

표 1. 문화의 가치와 지속가능발전 연계

문화의 가치	개념	문화의 가치 영역	지속가능발전목표와의 연계
문화적 가치	문화예술의 창작과 소비가 문화예술 발전 및 문화적 삶에 미치는 영향	• 개인 차원 　- 문화 체험, 참여, 생산 　- 문화적 삶 　- 가치관 변화 • 지역 차원 　- 지역문화 보호·활용 　- 지역문화 발전 • 국가 차원 　- 문화정체성 　- 문화유산 보호·활용 　- 문화다양성	건강, 행복, 지속가능한 소비와 생산
사회적 가치	문화예술이 인간과 사회문제 해결에 미치는 영향	• 개인 차원 　- 자존감 회복 　- 사회적 관계성 　- 가치관 변화 • 지역 차원 　- 정체성, 공동체 회복 　- 정주환경 개선 • 국가 차원 　- 사회적 포용성 　- 사회적 갈등 해소	양질의 교육, 건강과 복지, 성평등, 불평등 해소, 지속가능한 도시와 공동체, 평화·정의·강력한 제도
경제적 가치	문화예술이 경제 활성화에 미치는 영향	• 개인 차원 　- 문화자본 　- 사회자본 　- 가치관 변화 • 지역 차원 　- 창조산업, 관광산업 　- 문화도시 브랜딩 • 국가 차원 　- 창의성, 혁신 역량 　- 문화와 경제 시너지	좋은 일자리와 경제 성장, 산업·혁신·인프라

으며, 브랜드자산이 될 수 있다. 문화경제, 체험경제, 상징경제, 문화산업, 창조산업, 문화도시, 콘텐츠산업 등의 용어들은 문화의 경제적 가치를 나타내는 키워드라고 할 수 있다. 특히 문화의 경제적 가치는 기존의 공업도시·산업도시가 문화도시·창조도시로 전환되면서 그 중요성이 한층 더 부각되고 있다. 이러한 문화의 경제적 가치는 좋은 일자리와 경제성장, 산업·혁신·인프라 등의 지속가능발전 목표들과 연관될 수 있다.

3. 사례

1) 기후변화 위기와 문화정책

문화정책은 기후변화 위기 문제를 문화정책의 중요한 문제로 설정하고 있다. 영국의 잉글랜드예술위원회 Arts Council England 는 2006년부터 환경 지속발전 전략을 문화정책의 과제로 설정하고, 2012년에는 비영리단체 줄리스 바이시클 Julie's Bicycle 과 함께 환경 행동계획을 제시했다. 잉글랜드예술위원회는 2019년 "창조하자 Let's Create" 비전을 통해 환경 책임성 Environmental Responsibility 을 문화정책의 원칙으로 설정했다. 또한 잉글랜드예술위원회는 예술과 숲을 연결함으로써 생물다양성, 기후변화 대응, 사람과 자연의 연결, 정신건강과 행복을 추구하는 정책사업을 추진하고 있다. 영국 스코

틀랜드의 예술정책을 담당하고 있는 크리에이티브 스코틀랜드Creative Scotland는 2011년부터 환경정책을 추진하고 있으며, 환경영향 감소, 환경적응, 환경 지속가능성을 위한 행동계획을 운영하고 있다. 캐나다예술위원회Canada Council for the Arts도 "2021-26 전략 계획: 지금, 그 어느 때보다 중요한 예술2021-26 Strategic Plan: Art, now more than ever"을 통해 예술영역의 포용성, 형평성, 회복탄력성, 지속가능성을 강화하고, 예술과 사회, 예술과 환경의 관계를 중요하게 고려하고 있다.

이러한 문화정책은 기후변화 위기를 어떻게 이해하고 해결할 수 있을까? 이와 관련하여 다음 세 가지 측면을 고려할 필요가 있다.

첫째, 문화정책은 문화예술을 활용하여 기후변화 위기에 대한 인간의 태도와 가치관에 영향을 줄 수 있다. 기후변화에 대한 정부간 협의체 IPCCIntergovernmental Panel on Climate Change, 2014, 2023는 기후변화 보고서를 통해 인간 활동이 기후변화의 주된 원인이라고 지적하고 있다. 따라서 기후변화 위기 문제를 해결하기 위해서는 인간의 태도와 가치관이 변화해야 한다. 문화예술은 환경문제에 대한 성찰 경험을 제공함으로써 환경문제에 대한 인식, 태도, 행동의 변화를 가져오는 데 긍정적으로 작용할 수 있다. 예술은 기후변화 위기, 환경문제를 예술적으로 표현하고, 이를 시민과 소통·공유함으로써 시민으로 하여금 기후변화 위기와 환경문제의 본질이 무엇이고, 왜 문제가 되고 있으며, 앞으로 어떻게 해결할 것인가에 대해 깊게 생각할 수 있게 한다. 이러한 깊은 성찰은 시민으로 하여금 환경문제의 중요성을 인식하게 하고, 환경문제를 해결하기 위한 실천행동을 수행하도록 촉진할 수 있다.

둘째, 문화정책은 문화와 예술의 생산, 유통, 소비 등 문화와 예술의 가치사슬 체계에서 탄소배출을 축소할 필요가 있다. 이것은 문화와 예술 자체가 친환경 안전지대가 아니라, 탄소배출 및 환경문제를 발생시킬 수 있다는 문제 인식에 바탕을 둔 것이다. 문화예술 분야의 대표적인 환경실천 사례로는 '줄리스 바이시클' 사례를 들 수 있다. 2007년 설립된 줄리스 바이시클은 기후위기, 생태위기에 대한 행동을 실천하기 위해 문화예술 분야에서 활동하고 있다. 줄리스 바이시클은 문화예술 분야를 중심으로 탄소중립 실천과 자연 회복, 기후와 생태에 대한 공공행동 제안, 환경 정의와 형평성 촉진 등을 추구하고 하고 있다. 줄리스 바이시클은 영국의 잉글랜드예술위원회Arts Council England와 협력하여 환경 프로그램도 운영하고 있다. 환경 프로그램의 주요 내용으로는 기후행동 및 탄소중립 활동 지원, 지식 공유, 교육 및 멘토링 등을 들 수 있다. 또한 줄리스 바이시클은 창조적 기후 리더십creative climate leadership 교육 프로그램을 운영하여 예술가와 문화전문가들의 기후변화 및 생태위기 대응 역량을 강화하고 있다.

셋째, 문화정책은 지역 정체성을 보호·유지함으로써 기후변화 위기와 환경문제로 인해 훼손될 수 있는 문화자산을 보호·발전시킬 필요가 있다. 전통 문화유산은 인간과 자연의 조화와 균형을 통해 지속가능발전의 경험과 철학을 알려주기도 한다. 문화유산 전통에서 환경문제를 해결하기 위한 해법을 찾기도 한다. 문화자원 보존 자체가 지속발전 달성을 위한 실천 활동이라고 할 수 있다.

2) 문화다양성 정책

문화다양성cultural diversity 정책이란 문화다양성을 보호하고 증진하기 위한 문화정책을 의미한다. 「문화다양성의 보호와 증진에 관한 법률」 제2조(정의)에 따르면, "문화다양성이란 집단과 사회의 문화가 집단과 사회 간 그리고 집단과 사회 내에 전하여지는 다양한 방식으로 표현되는 것"을 말하며, 그 수단과 기법에 관계 없이 인류의 문화유산이 표현·진흥·전달되는 데 사용되는 방법의 다양성과 예술적 창작, 생산, 보급, 유통, 향유 방식 등에서의 다양성을 포함한다.

문화다양성에 관한 논의는 유네스코를 중심으로 이루어졌다. 유네스코는 2001년 세계 문화다양성 선언Universal Declaration on Cultural Diversity을 통해 문화다양성이 발전의 중요한 요소임을 제시하고 있다. 이어서 유네스코는 2005년 "문화적 표현의 다양성 보호와 증진을 위한 협약Convention on the Protection and Promotion of the Diversity of Cultural Expressions"을 선언하고, 문화다양성 원칙을 제시했다. 협약에서 제시된 문화다양성 원칙으로는 인권과 기본적 자유 존중의 원칙, 주권의 원칙, 모든 문화의 동등한 존엄성과 존중의 원칙, 국제적 연대 및 협력의 원칙, 개발에서 경제적 측면과 문화적 측면의 상호 보완 원칙, 지속가능개발 원칙, 평등한 접근의 원칙, 개방성과 균형의 원칙 등이 있다.

우리나라는 2010년 유네스코 문화다양성 협약을 비준하고, 2014년 「문화다양성 보호와 진흥에 관한 법률」을 제정하면서 문화다양성 정책을 적극적으로 추진하고 있다. 문화체육관광부는 2021년 5월 제1차 문화다양성 보호 및 증진 기본계획(2021~2024)을 수립하고, 핵심 과제로 문화의 다양성 보호 및 확대, 소수자의 문화참여와 접근성 보장, 문화다양성 가치 확산과 공존 기반 형성 등을 설정하고 있다.

문화체육관광부가 2012년부터 매년 추진하고 있는 '무지개다리사업'이 대표적인 문화다양성 정책 사례다. 무지개다리사업은 문화예술을 기반으로 하는 다양한 문화주체 간의 문화 소통 및 문화예술 교류 기회를 제공하기 위한 것이다. 무지개다리사업은 다양한 소수 문화계층의 문화적 표현 기회를 확대하는 것을 중요하게 여긴다. 해외 이주민의 문화 활동 참여 환경, 해외 이주민과 지역주민의 공동체 형성 또한 무지개다리사업에 중요하게 고려되고 있다. 무지개다리사업 유형으로는 지역사회 내 문화다양성 관점의 사업 개발 및 자원 발굴 사업, 지역사회 문화다양성 보호와 증진을 위한 맞춤형 문화예술프로그램 개발 운영 사업, 지역사회 내 문화다양성 인식 제고를 위한 소통 교류 확대 사업 등을 들 수 있다.

3) 문화예술교육정책

　문화예술교육정책이란 문화예술을 교육내용으로 하거나 교육과정에 활용하는 문화정책을 의미한다. 문화예술교육은 문화예술교육 참여자들의 주체적·예술적 경험 과정을 강조함으로써 기존의 문화예술기법을 교육하는 문화강좌형 교육과는 차이가 있다. 문화예술교육은 문화예술이 창의성, 자존감, 가치관, 사회적 관계성, 로컬 공동체, 사회통합, 세계 시민의식에 영향을 미치는 사회적 가치를 갖고 있다는 인식에 바탕을 두고 있다. 따라서 문화예술교육에서는 환경문제, 문화다양성 문제, 공동체 회복 문제, 사회복지 문제, 지역재생 문제, 가족해체 문제, 노인 문제 등 지역사회의 다양한 문제가 다루어지고 있다. 이런 측면에서 문화예술교육은 문화예술의 사회적 가치 실천 프로젝트라고 할 수 있다. 이러한 문화예술교육 프로그램에 참여하는 문화예술교육 전문 인력을 '예술교육가 Teaching Artist'라고 한다.

　문화예술교육정책이 본격적으로 추진된 것은 2005년 「문화예술교육지원법」이 제정되고, 한국문화예술교육진흥원이 설립되면서부터다. 문화예술교육 프로그램은 학교와 지역사회에서 다양한 형태로 개발·진행되었다. 산업단지, 마을, 군부대, 교도소, 생활문화공간, 예술공간, 숲, 사회복지기관, 노인복지관, 도서관, 박물관, 문학관 등 다양한 공간에서 다양한 유형의 문화예술교육 프로그램이 운영되고 있다. 문화체육관광부는 2018년 "삶과 함께하는 문화예술교육" 비전을 담은 제1차 문화예술교육종합계획(2018~2022)을 발표했다. 문화체육관광부는 2023년 "누구나, 더 가까이, 더 깊게 누리는 K-문화예술교육" 비전을 담은 제2차 문화예술교육종합계획(2023~2027)을 발표했다.

 2024년 문화체육관광부와 한국문화예술교육진흥원은 '예술로 어울림 사업'이라는 문화예술교육정책 사업을 추진했다. 예술로 어울림 사업은 수요 맞춤형 사업과 특화 선도형 사업으로 구분된다. 수요 맞춤형 사업은 문화취약지역(산업단지, 농산어촌 등) 주민의 문화예술교육 참여 기회를 확대하여 지역 간 문화 격차를 완화하고, 정주 여건을 향상시키는 데 초점을 두고 있다. 특화 선도형 사업은 지역 문화자원과 특성을 반영한 사업으로 문화예술교육 시설인 지역의 '꿈꾸는 예술터'를 중심으로 운영되었다. 특화 선도형 사업에 참여한 전주문화재단은 전주팔복예술공장의 '팔복 꿈꾸는 예술터'에서 예술로 어울림 사업을 추진했다. 전주팔복예술공장은 카세트테이프 제조 공장을 문화공간으로 재생한 공간이다. 문화체육관광부는 전주팔복예술공장에 꿈꾸는 예술터를 조성하여 문화예술교육 공간으로 활용할 수 있도록 했다. 전주문화재단은 팔복 꿈꾸는 예술터를 예술놀이art play 공간으로 조성하여 예술교육가와 시민이 함께 하는 예술놀이형 문화예술교육 프로그램을 운영하고 있다.

4) 문화도시와 문화정책

　문화도시는 도시의 문화, 예술, 역사문화유산, 창조 환경 등이 시민의 행복한 삶을 증진하는 중요한 요소로 작용할 뿐 아니라 도시의 사회 및 경제발전의 기반으로 작용한다는 인식에 바탕을 두고 있다. 문화도시는 경제도시, 산업도시에 대한 성찰과 새로운 도시 활성화 전략을 탐색하는 과정에서 제기되었다. 문화도시는 산업도시에 대한 대안 도시로서 의미를 갖고 있을 뿐 아니라 지속가능 도시의 중요한 모델로 제시되고 있다. 문화도시 전략에는 재생, 다양성, 포용성, 창조성, 정체성, 커뮤니티, 문화발전, 창조적 장소 만들기, 문화계획cultural planning 등의 키워드가 내포되어 있다. 이러한 문화도시 전략은 문화, 환경, 사회, 경제발전을 총체적으로 추구한다는 점에서 지속가능발전 전략이라고 할 수 있다.

　세계도시와 지방정부 UCLG United Cities and Local Government 는 2015년 "문화 2: 지속가능도시에서 문화의 역할 행동Culture 2: Actions, Commitments on the Role of Culture in Sustainable Cities"을 통해 문화를 지속가능도시의 중요한 요소로 설정하고, 문화다양성 증진(다양한 문화 표현의 가치 인식, 문화 간 대화), 문화기반 강화(접근성, 포용적 지속발전inclusive sustainable), 문화산업 지원(문화산업 성장, 기업가 정신과 혁신 촉진), 문화참여 촉진cultural participation and engagement, 문화와 도시계획의 통합(integrating culture into urban planning: 도시계획 및 의사결정과정에서 문화적으로 고려하는 것의 중요성) 등을 강조하고 있다.

창조적 장소 만들기creative placemaking 전략 또한 문화도시 조성 유형 중의 하나다. 창조적 장소 만들기 전략은 장소를 상징적·사회적 공간 관점에서 바라보고, 문화와 예술을 통해 장소와 사람, 사람과 사람의 사회적 상호작용을 촉진하는 것을 의미하며, 효율성을 추구하는 도시발전 전략에 대한 비판적 대안으로 제시된 것이다. 커뮤니티 아트community art, 공공예술public arts, 커뮤니티 인게이지먼트community engagement, 마을 기반 예술 프로젝트 등이 이러한 창조적 장소 만들기 전략의 범주에 포함된다. 미국의 예술진흥기구 NEA National Endowment for the Arts는 'Our Town'이라는 창조적 장소 만들기 지원사업을 통해 예술과 커뮤니티를 연결하여 지역의 경제적·물리적·사회적 효과를 창출하고 있다. 영국의 ACE Arts Council England는 2012년부터 'Creative People and Places' 사업을 통해 취약지역에 대한 지원사업을 수행하고 있다. 앞으로 예술과 지역사회 연결 프로젝트는 사회적 가치 차원에서 환경적 가치 차원으로 확대될 필요가 있다. 레다엘리Redaelli, 2018는 예술을 활용하여 지역사회 문제를 해결하기 위한 '창조적 장소 만들기creative placemaking' 전략을 예술의 사회적 실천 차원에서 접근하고 있다. 이러한 창조적 장소 만들기 전략은 예술을 지역사회를 변화시키는 사회적 실천social practice으로 이해하고, 장소의 사회적 상호작용성, 예술가와 지역주민의 소통과 협력, 공간의 포용성, 사람들의 이야기 발굴 및 표현 등을 강조한다.

문화체육관광부는 2018년 '문화도시 추진계획'을 발표하고,

「지역문화진흥법」 제15조에 근거하여 2019년부터 법정 문화도시 조성사업을 추진하고 있다. 법정 문화도시는 2019년 1차로 7개가 지정된 이후 4차에 걸쳐 2023년 현재 24개에 이르고 있다. 여기서 '문화도시'는 지역별로 고유한 문화자원을 효과적으로 활용하여 문화 창조력을 강화할 수 있도록 「지역문화진흥법」에 따라 지정된 도시를 의미한다. 「지역문화진흥법」 제15조(문화도시의 지정) 제1항은 "문화체육관광부 장관은 지역의 문화자원을 활용한 지역발전을 촉진하기 위하여 문화도시를 지정할 수 있다"고 규정하고 있다. 이와 같이 문화도시 조성사업은 도시의 문화발전뿐 아니라 지역의 문화자원을 활용하여 사회발전, 경제발전, 환경발전 등 지역발전을 총체적으로 추구하고 있다고 볼 수 있다.

문화체육관광부(2022)는 문화도시 조성사업의 정책 목표로 ① 문화를 통한 지역의 지속가능한 발전, ② 문화를 통한 지역사회 문제 해결, ③ 지역주민 문화향유 확대, ④ 지역문화 기반 조성 및 역량 강화 등을 제시하고 있다. 이러한 정책 목표는 문화와 예술의 문화적 가치, 사회적 가치, 경제적 가치를 바탕으로 지역의 문화발전, 지역사회 문제 해결, 지속가능발전을 추구하고 있다고 볼 수 있다. 또한 문화도시 사업은 지역 내에서의 문화 격차, 지역 간 문화 격차를 해소하는 성과를 기대하고 있다는 점에서 지역의 균형발전과 밀접하게 연관되어 있다. 문화도시 조성사업 유형으로는 문화자치의 기반과 거버넌스 체계 구축, 지역주민의 문화참여 환경 조성사업, 문화자원과 지역자원의 창조적 연계사업, 문화를 통한 지역사회 문제를 해결하기 위한 사업 등을 들 수 있다.

　문화체육관광부(2022)는 문화도시 조성사업을 1단계(2018~2022)와 2단계(2023~2027)로 구분하고, 1단계의 '문화도시 조성사업'을 2단계에서는 '대한민국 문화도시 사업'으로 변경했다. 1단계 사업에서는 ① 문화자치 기반 조성, ② 주민 참여 거버넌스 구축, ③ 지역발전 기틀 마련 등에 초점을 두고 있다. 2단계 사업에서는 ① 지역 문화자치 확대, ② 누구나 누리는 문화, ③ 협력네트워크로 동반성장, ④ 도시 경쟁력 강화 등을 중점 전략으로 제시하고, 권역별 문화도시를 집중 육성하여 문화도시들의 연계 및 네트워킹을 통해 문화균형 발전을 선도하는 '대한민국 문화도시' 모델 구축을 강조하고 있다.

　문화체육관광부는 2021년부터 문화도시 조성사업에 대해 성과평가 가이드라인을 발표하고, 「지역문화진흥법」에 따라 성과평가를 시행하고 있다. 문화체육부(2023)의 문화도시 조성사업 평가지표체계를 살펴보면, 사업수행 역량 및 지속가능성(사업관리 역량, 예산집행 역량, 사업지속 가능성), 추진성과 및 파급효과(문화적 성과 및 효과, 경제적 성과 및 효과, 사회적 성과 및 효과), 문화를 통한 균형발전 선도(문화도시 내 사업 간 연계 협력 성과, 문화도시와 주변 지역 간 연대 성과) 등으로 구성되어 있다. 이러한 성과지표체계는 문화도시 조성사업의 효과를 문화적·경제적·사회적 효과로 구분하여 제시하고 있다.

표 2. 2023년 문화도시 조성사업의 성과·효과 평가 체계

평가항목	세부 평가항목	평가지표
문화적 성과 및 효과	자유로운 문화누림 확대	• 문화도시 참여율 • 문화거점 공간 수 및 방문자 수 • 15분 문화생활권 구축
	지역 문화인력 양성 및 역량 강화	• 지역 문화인력 증가율, 참여율
	고유한 문화적 가치가 반영된 도시 브랜드 창출	• 문화도시 비전과 브랜드 적정성 • 문화도시 브랜드 인지도 및 영향력 • 문화도시 대표 로컬콘텐츠 창출
	지역 만족도 향상	• 문화도시 프로그램 참여 만족도 • 문화거점 공간 방문·참여 만족도 • 지역 정주·생활 만족도 및 자부심 향상
경제적 성과 및 효과	브랜드 및 문화콘텐츠의 경제적 가치 창출	• 문화도시 콘텐츠의 경제적 효과
	문화를 통한 경제성장 동력 창출	• 새로운 문화산업 및 문화경제 창출 효과 • 다른 산업군으로 경제적 파급효과 창출
	지역의 일자리, 일거리 창출	• 문화도시 사업으로 인해 창출된 직간접 고용 효과
사회적 성과 및 효과	문화를 통한 지역문제 해결 성과	• 문화도시 사업 추진으로 지역문제 해결 성과
	생활인구 확대 성과	• 생활인구 확대 성과 등
문화도시 내 사업 간 연계 협력 성과	문체부 사업 간 연계·협력 성과	• 문체부의 문화, 예술, 관광, 체육 등 관련 사업과의 연계를 통한 지역발전 성과
	타 부처 사업 간 연계·협력 성과	• 타 부처 사업과의 연계, 협력을 통한 지역발전 성과
	지자체 사업 간 연계·협력 성과	• 해당 지자체의 타 사업 간 연계를 통한 지역발전 성과

5) 문화영향평가제도

문화영향평가제도는 국가와 지방자치단체가 각종 계획과 정책을 수립할 때 문화적 관점에서 국민 삶의 질에 미치는 영향을 평가하는 것을 의미한다. 문화적 관점이란 문화의 특성과 가치에 바탕을 두고 있으며, 국민의 삶의 질 향상, 지속가능발전, 문화가치의 사회적 구현 효과를 창출하는 문화전략이라고 할 수 있다.「문화기본법」 제5조(국가와 지방자치단체의 책무) 5항에 따르면, 국가와 지방자치단체는 문화영향평가를 실시하여 문화적 가치가 사회적으로 확산될 수 있도록 해야 한다.

문화영향평가제도는 문화가 국민의 삶의 질과 국가 및 지역발전의 핵심 요소라는 인식에 바탕을 두고 있다. 이러한 문화영향평가제도는 국가와 지방자치단체의 각종 계획과 정책이 경제적 관점에 치중하여 문화적 관점을 고려하지 않는 개발 위주의 패러다임에 대한 비판적 성찰을 담고 있다. 문화영향평가제도는 한편으로는 계획과 정책이 문화에 미치는 부정적 영향을 방지하거나 완화하기 위한 대안을 모색하기 위한 것이지만, 다른 한편으로는 계획과 정책에서 문화적 관점을 적극적으로 담아낼 필요가 있다는 것을 제안하고 있다고 볼 수 있다.

문화체육관광부와 한국문화관광연구원은 2014년부터 문화영향평가제도를 실행하고 있다. 문화영향평가사업의 평가지표는 〈표 3〉에 나타난 바와 같이 문화기본권, 문화정체성, 문화발전 지표로 구분된다.

표 3. 문화영향평가제도의 평가지표

평가 영역	평가지표	고려사항
문화기본권	• 문화향유에 미치는 영향 • 표현 및 참여에 미치는 영향	문화향유권, 문화환경권, 문화참여권, 정보문화 향유권
문화정체성	• 문화유산에 미치는 영향 • 공동체에 미치는 영향	문화유산 보호, 문화유산 향유권, 지역 공동체, 갈등 발생 가능성, 사회적 협의
문화발전	• 문화다양성에 미치는 영향 • 창의성에 미치는 영향	문화다양성 권리, 문화평등권, 문화 격차, 창의성 발전, 미래지향성

4. 지속가능발전을 위한 문화정책 생태계 구축

문화정책은 문화와 예술 차원에 한정되지 않고 사회, 환경, 경제 등 지속가능발전 차원으로 확장되고 있다. 지속가능발전은 문화정책의 중요한 정책 가치로 설정되었으며, 문화정책에 새로운 역할을 부여하고 있다. 지속가능발전을 위한 문화정책의 새로운 역할은 다음 세 가지 측면으로 구분하여 살펴볼 수 있다.

첫째, 문화정책은 지속가능발전에 대한 국민의 인식 역량을 강화하여 지속가능한 삶이 무엇인가에 대해 생각하고, 실천할 수 있는 기반을 제공할 필요가 있다. 지속가능발전목표가 달성되기 위해서는 무엇보다 지속가능발전을 가능하게 하는 문화적 기반이 구축되어야 한다. 이와 관련하여 문화정책은 문화적 삶, 기후행동을 실천하는 삶, 정신적으로 건강한 삶, 문화다양성을 존중하는 삶, 행복한 삶이 무엇인가에 대해 생각할 수 있는 예술적 경험을 제공할 필요가 있다. 왜냐하면 예술적 경험은 사람들의 가치관, 세계관, 생활문화, 행동 등 생활양식 전반에 긍정적으로 작용할 수 있기 때문이다. 문화정책은 문화와 예술을 활용하여 지속가능발전과 기후변화에 대한 인식을 높이고, 이와 연관된 행동을 촉진할 필요가 있다. 덕스버리, 캉가스, 버클레어Duxbury, Kangas, Beukelaer, 2017는 지속가능발전을 위한 문화정책 역할과 관련하여 문화와 예술을 통해 지속가능성과 기후변화에 대한 인식 제고와 행동 촉진, 글로벌 이슈로 지속가능성을 인식하기 위한 글로벌 생태적 시민 양성 등을 제안하고 있다.

이런 측면에서 문화정책은 지속가능발전을 가능하게 하는 인식체계, 가치관, 생활양식 등 지속가능발전 문화를 만들어갈 필요가 있다. 문화는 근본적으로 인간과 사회의 존재와 방향에 대해 철학적 성찰을 제공하고, 미래 희망과 비전을 담아낼 수 있기 때문이다. 환경발전, 사회발전, 경제발전 등 지속가능발전이 어느 방향으로, 그리고 왜 가야 하는지에 대한 성찰적 기능을 문화가 제공할 수 있다. 또한 지속가능발전목표를 달성하기 위해서는 인간의 가치관, 태도, 행동의 변화가 뒷받침되어야 하는데, 이러한 가치관, 태도, 행동 등은 모두 문화를 구성하고 있다는 점에서 지속가능발전과 문화는 밀접하게 연관되어 있다고 볼 수 있다.

둘째, 지속가능발전 차원에서의 문화정책은 문화발전을 환경발전, 사회발전, 경제발전과 함께 발전의 중요한 축으로 설정하고, 환경발전, 사회발전, 경제발전을 문화적 관점에서 바라볼 필요가 있다. 이것은 문화발전이 지속가능발전의 핵심 요소라는 인식에 바탕을 둔 것이다. 이와 관련하여 국가 및 지방자치단체는 문화계획 수립, 국가유산의 보호 및 진흥, 문화예술 창작 활성화, 예술가의 권리와 복지 증진, 생활문화 진흥, 지역문화 활성화, 콘텐츠 산업 육성, 예술경영 발전, 국제문화교류와 협력 등 문화정책을 지속적으로 추진할 필요가 있다. 또한 문화영향평가제도에서 살펴본 바와 같이 국가 및 지방자치단체의 계획과 정책은 문화적 관점에서 평가·조정될 필요가 있다.

셋째, 지속가능발전 차원에서 문화정책은 문화의 특성과 가치를 환경·사회·경제 영역에서 창조적으로 활용하여 인간과 사회의 문제를 해결하는 방법을 탐색할 필요가 있다. 이는 문화예술의 문화적·사회적·경제적 가치를 구현하여 지속가능발전을 달성할 수 있다는 인식에 바탕을 둔 것이다. 이와 관련하여 문화정책은 문화·환경·사회·경제를 이해하고, 연결하여 새로운 가치를 창조할 수 있는 네트워크 체계를 갖출 필요가 있다.

문화정책이 이러한 지속가능발전 역할을 효과적으로 수행하기 위해서는 문화·환경·사회·경제 부문의 공동 가치창조 네트워크 체계를 구축할 필요가 있다. 문화와 예술의 가치사슬에 바탕을 둔 문화정책 생태계는 환경·사회·경제 영역으로 확대되어야 한다. 또한 문화정책 생태계는 문화·환경·사회·경제 네트워크와 협업체계를 구축하여 지식의 융합, 자원의 융합, 체계의 융합이 효과적으로 이루어질 수 있도록 해야 한다. 이러한 문화정책 생태계의 가치 네트워크 모델은 가치를 창조하기 위해 다양한 행위자의 상호작용, 조화, 통합을 필요로 한다. 국민과 지역주민 또한 가치 창조 네트워크에서 가치 공동 창작자로 참여할 필요가 있다.

참고문헌

노영순. 「UN 지속가능발전목표(SDGs)와 문화정책의 대응방안」. 2017.

문화체육관광부. 「2023년도 문화도시 조성사업 성과평가 가이드라인」. 2023.

정보람 · 윤소영 · 노영순. 「사회문제와 문화예술정책」. 한국문화관광연구원, 2022.

Arts Council England. 2023-26 Investment Programme.

_____. Let's Create. 2019.

Canada Council for the Arts. https://canadacouncil.ca

Creative Scotland. https://www.creativescotland.com

Duxbury, N., Kangas A., & Beukelaer C. D. Cultural policies for sustainable development: four strategic paths. *International Journal of Cultural Policy*, 23(2), 2017: 214-230.

IPCC. Climate Change 2014: AR 5 synthesis report. 2014.

_____. Climate Change 2023: AR 6 systhesis report. 2023.

Julie's Bicycle. https://juliesbicycle.com

_____. IFACCA, The Arts and Environmental Sustainability: An International Overview. 2014.

National Endowment for the Arts. https://www.arts.gov

Redaelli, E. *Connecting Arts and Place: Cultural Policy and American Cities*. Palgrave Macmillan, 2018, pp. 21-48.

Rosenstein C. *Understanding Cultural Policy*. Routledge, 2018, pp. 48-68.

UCLG. *Culture 2: Actions, Commitments on the Role of Culture in Sustainable Cities*. 2015.

UNESCO. *Culture: A Driver and Enabler of Sustainable Development*. Paris, 2012.

_____. *Reshaping Policies for Creativity: addressing culture as a global public good*. 2022.

김숙향

고려대학교 중국학연구소 연구교수

예술을 통한 도시 비평: 뱅크시의 작품세계와 지속가능한 도시의 미래

insight 5

　이사를 해야 한다. 원래 살던 집의 계약이 끝나가고 있었고, 이제 새로운 공간을 찾아야 했다. 처음에는 단순히 가격과 거리만 따졌다.

　출근하려면 A구가 가장 이상적이지만, 내 통장 잔고는 그곳을 쉽게 허락하지 않았다. B구는 비교적 안전하고 마트도 가까웠지만, 역시나 월세가 부담스러웠다. C 동네는 상대적으로 저렴했지만, 골목길이 어두워 귀가할 때마다 긴장해야 할 것 같았다. 옥탑방은 가격이 괜찮지만, 여름 폭염과 장마철의 습기를 버틸 자신이 없었다.

　이사를 고민하는 동안 SNS에서는 깔끔하고 세련된 인테리어를 자랑하는 게시물이 끊임없이 떴다. TV에서는 셀러브리티들의 화려한 집들을 공개하는 예능 프로그램이 방영되고 있었다. 화사한 조명 아래 따뜻한 우드톤의 가구들이 놓여 있고, 테라스에서 노을을 바라보며 커피를 마시는 영상이 이어졌다. 그러면서 이어지는 자막은 "완벽한 라이프 스타일". 하지만 현실 속 나는 좁은 원룸과 주거비 사이에서 타협점을 찾아야 했다.

　'이 도시에서 나는 안전하게 살아갈 수 있을까?'

　안전하다는 것은 단순히 범죄가 없는 것만을 의미하지 않는다. 낯선 이웃과의 단절, 급격한 임대료 상승으로 언제든 떠나야 하는 불안, 공동체보다는 개인의 생존이 우선되는 환경에서 지속적으로 살아가는 것이 가능할까? 과연 이 도시는 나뿐만 아니라 많은 이들에게 안정적인 삶을 보장할 수 있을까?

　나의 안정적 발전을 바라고 이 도시에 왔는데, 도시의 발전은 오히려 나를 고립시키고 있었다. 주거비용 상승으로 인해 안정적인 거주지를 찾기 어려워지고, 이로 인한 짧은 계약기간은 공동체 형성을 방해한다. 높은 담장이 둘러싼 주거단지는 이웃과의 소통을 막고, 빠르게 변화하는 환경은 뿌리내릴 기회를 빼앗는다.

　이웃의 얼굴도 모른 채 지내는 도시, 잠시 머무르다 떠나는 사람들로 가득 찬

원룸촌. 이런 곳에서 인간적인 관계를 기대하는 건 너무 이상적인 걸까?

    오래 머물 수 있는 곳,
    이웃과 인사를 나누고 도움을 주고받을 수 있는 곳,
    불안 없이 내일을 계획할 수 있는 곳.
    내가 지속적으로 머물 수 있는 공간은 '인간으로서의 존엄성'이 바탕이 된 곳이었다.

다시 조건을 정리해본다. 가격, 위치, 안전. 하지만 이번에는 한 가지를 더 추가해야 할 것 같다.

    '이곳에서 나는 사람들과 함께 살아갈 수 있을까?'

이 질문을 마음속에 새긴 채, 나는 오늘도 방을 보러 간다. 완벽한 집은 없겠지만, 적어도 사람답게 살아갈 수 있는 곳은 찾을 수 있을지도 모른다.

1. 들어가며

1) 전염병이 지나간 도시

아무도 예상하지 못했던 코로나19 팬데믹은 우리 도시의 풍경을 완전히 뒤바꿔놓았다. 이제 사람들은 더 이상 일터를 찾아 도시로 몰려들지 않고, 도시 문화만을 향유하지 않으며, 도시로 모여 만남을 갖지 않는다. 그 대신 집이나 휴양지에서 일과 휴식을 접목한 워케이션worcation을 즐기며, 도시를 벗어나 자연 속에서 캠핑하고 새로운 문화를 만들어간다. 직접 얼굴을 보는 대면만남 대신 디지털 기술을 활용하여 온라인 소통과 SNS를 통해 관계를 이어가는 것이 작금의 새로운 일상이 되었다.

전염병이 한창 유행할 때는 재택근무가 일상이 되면서 도시의 교통량이 눈에 띄게 줄었다. 도시의 매연과 소음이 잦아들어 잠시나마 도시 오염도 줄어드는 것 같았다. 이제는 다시 팬데믹 이전으로 거의 회복한 상황이지만, 그사이 우리의 삶은 이미 많은 것이 변화되었다. 도시 곳곳에 디지털 기술이 유입되면서 스마트 시스템이 자리 잡았고, 일상의 대부분이 비대면 온라인으로 해결되면서 사람들은 시간적·물리적 여유를 갖게 되었다. 도시의 문화 역시 보건과 방역을 최우선에 두게 되었고, 도시민의 피로를 덜어줄 수 있는 푸른 녹지공간 조성에 힘을 쏟고 있다.

미국의 저명한 사회학자 루이스 워스Louis Wirth, 1887~1952는 도시의 본질을 세 가지로 정의했다. 대규모의 인구, 높은 인구밀도, 그리고 인구의 이질성이 바로 그것이다.[1] 여기에 도시지리학에서는 한 가지를 더한다. 농업·임업·수산업 등의 1차 산업 비중이 낮으면서 주변 지역에 재화와 용역을 제공해주는 중심지 역할을 한다는 점이다.[2] 결국 도시란 많은 사람이 모여 살면서 독특한 문화와 경제를 만들어내는 공간이라 할 수 있다. 그렇다면 코로나19를 겪은 오늘날의 도시는 어떠할까? 비대면 문화가 일상이 된 지금, 도시는 여전히 그 본질을 유지하고 있을까? 나아가 미래의 도시는 어떤 모습일까? 많은 인구와 경제, 문화의 중심지라는 정체성을 잃지 않고 인류의 삶의 터전으로서의 역할을 다할 수 있을까?

분명한 것은 모든 건 변한다는 것이다. 앞으로 또 새로운 전염병이 유행할 수도 있고, 도시가 노후되거나 쇠퇴할 수도 있다. 이러한 문제들이 SDGs의 목표 11 "지속가능한 도시와 공동체" 달성을 위협할 수도 있다. 도시의 변화는 외재적·내재적 요인에 의해 언제 어떻게 진행될지 모를 일이다. 앞으로 도시가 어떻게 변화하든 간에 우리는 여전히 도시의 지속가능한 발전을 고민해야 한다. 언제 어디서 발생할지 모를 재난에 대비해야 하고, 노후된 도시를 정비할 수 있어야 한다. 왜냐하면 도시는 단순한 물리적 공간이 아닌, 개인의 삶과 공동체의 가치가 공존하는 생태계이기 때문이다. 설령 도시가 제 기능을 완전히 잃고 소멸해도 우리는 도시를 대체하는, 인류 공동체의 지속가능한 미래를 위한 새로운 도시의 대체재를 모색해야 한다. 도시의 지속가능성을 고민하는 것은 곧 인류 문명의 미래와 개인의 삶의 질을 함께 고민하는 것이기 때문이다.

2) 도시의 경계

도시 공간을 나누어 생각해보면 크게 두 영역으로 구분된다. 모든 시민이 자유롭게 이용할 수 있는 '공적 공간 public space'과 개인의 사생활이 보장되는 '사적 공간 private space'이다. 공적 공간은 공원, 광장, 정류장, 도서관 등 시민 모두 평등하게 접근하고 지속가능한 방식으로 이용할 수 있는 공간이다. 사적 공간은 아파트, 주택, 사무실처럼 특정 개인이나 집단 활동을 보장하는 영역이다. 이 두 공간은 얼핏 대립적으로 보이지만, 실제 도시의 삶은 이 두 공간을 유기적으로 연결하며 공동체의 지속가능한 발전을 위한 터전이 된다. 이러한 공간들을 구분하는 동시에 연결하는 것, 두 공간을 존재하게 만드는 물리적인 것이 바로 '벽'이다. 도시의 벽은 물리적 경계를 넘어 공적 공간과 사적 공간의 특성을 정의하고, 도시 공동체의 정체성을 형성하는 매개체 역할을 한다. 벽만큼 확실한 시각적 효과가 또 있을까? 혹자는 도시에 존재하는 모든 공간은 벽에 의해 정의되고 그 성격이 결정된다고 했다.[3] 그러므로 도시에서 벽이 가지는 의미는 단지 시각적 요소에 그쳐서는 안 된다. 마치 도시의 광장처럼 개인과 공동체에 의미와 가치를 담은 장소로 기능해야 한다. 나아가 도시의 벽은 포용적이고 회복력 있는 도시의 발전을 위해 소통의 장으로 활용될 수도 있다. 지금부터 살펴볼 그래피티 아티스트 뱅크시

Banksy가 바로 그 대표적인 예시다.

3) 뱅크시

어둠이 깔린 영국의 어느 도시,
낡은 티셔츠와 청바지를 입은 한 백인 남성이 천천히 벽을
향해 다가선다.
벽을 마주하고 스프레이를 든 손을 재빠르게 움직이다가
순식간에 사라졌다.
다음날 아침,
그가 서 있던 자리에는 그림 한 폭이 완성되었다.

영국의 그래피티 아티스트라고 알려진 뱅크시는 베일에 싸인 인물이다. 이름, 출신, 얼굴 등 자신에 관한 구체적인 것을 드러내지 않는다. 심지어 작업 과정조차 정확하게 공개된 바 없다. 벽에 그림을 그리는 낙서예술은 불법이기에 그의 정체가 드러난다면 아마 그의 예술 활동도 끝날 것이다. 그래서 뱅크시는 모두가 잠든 도시의 한밤중에 작업을 시작해 서둘러 마무리한다. 사람들은 그의 신출귀몰한 행보를 두고 "예술계의 괴도 뤼팽", "얼굴 없는 아티스트", "거리로 뛰쳐나간 예술가", "아트 테러리스트", "품격 있는 파괴자quality vandal" 같은 수식어를 붙여왔다. 허가받지 않고 공공의 공간을 마치 개인의 캔버스처럼 사용하는 뱅크시는 도시의 벽이 지닌 상징성을

활용하여 그 의미와 기능을 극대화한 아티스트다. 또한 작품을 통해 지속가능한 도시와 공동체 건설의 중요성을 역설하며, 많은 사람에게 영감을 주었다. 그렇다면 뱅크시의 작품에 담긴 도시 비평은 무엇일까? 이를 알아보기에 앞서 도시가 직면한 문제들을 살펴보자.

2. 도시와 뱅크시

1) 도시가 직면한 지속가능성 문제

오늘날 우리가 사는 도시, 나아가 전 세계의 도시에는 어떤 문제가 있을까? UN의 지속가능발전목표SDGs 11은 "포용적이고 안전하며 탄력적이고 지속가능한 도시 만들기"다. 오늘날 전 세계 인구의 절반 이상이 도시에 살고 있고, 앞으로 2050년에 이르면 약 70% 이상이 도시에 거주할 것으로 전망된다. 이런 수치라면 도시는 존망을 걱정할 필요가 없을 것도 같다. 그러나 도시의 영향력이 확대될수록 도시의 생존과 번영을 위협하는 다양한 문제가 발생한다. 도시가 당면한 환경, 사회, 경제적 도전과제들을 해결하지 못한다면, 미래도시는 인류의 터전으로서 제 기능을 상실할 수 있다.

UN의 보고서에 따르면,[4] 도시는 전 세계 온실가스 배출량의 70%를 차지하고 있다. 이러한 도시 대기오염의 주요 원인은 교통, 산업, 발전, 폐기물 연소, 주거용 연료 연소 등이다. 2019년 한 해에

만 420만 명이 대기오염으로 목숨을 잃었는데, 그중 91%가 저소득 및 중간소득 국가에 집중되어 있었다. 안타깝게도 이런 상황은 더욱 악화되고 있다. 17개국 6천 개 이상 도시의 대기질을 조사한 결과, 2015년과 비교해 현재 오염도는 2배 이상 증가했다. 2015년에서 2030년 사이 전 세계적으로 연간 승객 수송량은 50% 증가할 것으로 예상되며, 도로 위의 차량 수는 현재의 2배에 이를 전망이다. 2021년 통계에 따르면, 세계 도시 인구의 99%가 세계보건기구WHO가 정한 새로운 대기질 지침을 초과하는 지역에 살고 있다고 한다. 이는 사실상 전 세계의 거의 모든 사람이 오염된 공기를 마시며 살아가고 있다는 것을 의미한다.

환경문제를 제외하고도 도시에는 많은 문제가 있다. 이러한 문제의 근간에는 도시의 불평등이 자리 잡고 있다. 전 세계적으로 11억 명에 달하는 사람들은 적절한 주거 공간을 보장받지 못하는 '주거 빈곤층'으로 살아가고 있다. 2022년을 기준으로 도시 인구의 24.8%가 빈민가나 빈민가와 유사한 환경에서 살고 있으며 여성, 특히 개발도상국의 도시 빈민가에 사는 여성들이 더 큰 불이익을 겪고 있다. 더욱 우려스러운 것은 코로나19 이후에도 상황이 나아지지 않는다는 점이다. 우리나라의 서울만 보아도 주거 빈곤의 형태는 다양하게 나타난다. 서울에 사는 1인 청년 가구 중 37%가 반지하나 옥탑방, 고시원 등 적정하지 않은 주거에 거주하는 것으로 조사되었다.[5] 서울의 주택 가격이 상승하면서 젊은 세대가 주거비를 부담하기 어려운 상황이 된 것이다. 주거 불평등은 삶의 전반적인 불평등으로 이어질 확률이 높다. 단지 주택을 소유하느냐의 문제를 넘어 거주자의 건강과 교육환경, 고용 등 삶의 질과 기회에도 직접적인 영향을 미치기 때문이다. 양질의 주거환경은 일상생활을 안정적으로 영위할 수 있게 하고, 교육의 기회와 건강한 사회관계를 형성하는 기반이 된다. 그러나 반대로 열악한 주거환경은 거주자의 신체적·정신적 건강을 위협할 뿐만 아니라 교육과 기회의 제한으로 이어져, 결국 소득의 격차까지 심화시킬 수 있다. 서울처럼 주거 빈곤층이 청년 계층에 몰려 있다면, 이는 장기적으로 사회 전반의 성장 동력에도 문제가 될 수 있다는 점에서 심각한 문제가 아닐 수 없다.

도시의 불평등은 주거 형태의 차이를 넘어 도시 서비스와 인프라에 대한 접근성의 격차에서도 나타난다. 예를 들면 대중교통이나 의료시설, 녹지공간이나 문화시설 같은 도시의 핵심적인 인프라는 지역에 따라 차이가 난다. 특히 소득이 낮은 지역에서는 이러한 도시 서비스가 부족한 경우가 많아 시민의 삶의 질이 더욱 악화된다. 마치 보이지 않는 벽처럼 도시의 공간적 분리는 곧 사회적 분리로 이어져 시간이 갈수록 불평등을 고착화하는 결과를 초래하고 있다.

지난 몇 해 동안 정체된 우리의 도시는 연속적인 위기와 심각한 불평등이라는 결과를 남겨놓았다. 병균의 유행은 멈췄지만 지금 도시의 상황은 결코 이전보다 나아지지 않았다. 도시가 다시 살아날 수 있는 구조를 만들어야 한다. 미래뿐 아니라 당장 오늘을 살아가는 우리를 위해 모든 시민이 함께 정확하게 문제를 인식해야 할 때다.

2) 뱅크시의 예술세계

　어느 쌀쌀한 새벽, 열여덟 살의 앳된 청년 뱅크시는 지하철역 음침한 구석 한켠에서 은색 스프레이로 "LATE AGAIN"이라는 글귀를 쓰고 있었다. 그의 섬세한 손놀림과 예술혼이 담긴 작업은 종일 이어졌다. 하지만 운명의 장난처럼 그날따라 순찰 중이던 경찰의 눈에 띄고 말았다. 숨 가쁜 추격전 끝에 그가 선택한 은신처는 다름 아닌 트럭의 밑바닥이었다. 그는 1시간이 넘도록 그곳에 웅크린 채 숨을 죽여야 했다. 다른 그래피티 작가들처럼 빠르게 작업하거나 이동 수단이 있었더라면, 이토록 긴 시간을 차가운 아스팔트 위에서 보내지 않아도 됐을 것이다. 하지만 인생이란 늘 알 수 없듯이, 이 우연한 시련은 뱅크시의 예술 인생에 결정적인 전환점이 되었다. 트럭 연료 탱크 밑에서 떨던 그 시간, 그는 작업 시간을 획기적으로 단축할 수 있는 스텐실stencil 기법을 떠올렸다. 스텐실이란 도안을 그리고 그 모양대로 오려낸 뒤 원하는 곳에 붙여 색을 입히는 방식이다. 한번 도안을 만들어두면 벽에 붙이고 스프레이를 뿌리기만 하면 되니, 작업 시간이 대폭 줄어들 뿐만 아니라 같은 도안으로 여러 작품을 남길 수도 있었다. 이 획기적인 방식 덕분에 더는 경찰의 눈치를 보지 않아도 되었고, 뱅크시의 예술작품은 영국의 거리 곳곳에 등장하게 되었다.

　도시의 회색 벽면을 캔버스 삼아 작품활동을 하는 베일에 싸인 예술가 뱅크시. 그의 작품세계는 실로 현대사회의 거울과도 같다.

맹목적으로 추구하는 자본주의와 소비의 굴레, 전쟁으로 인한 상처와 권력의 횡포 등이 그만의 독특한 시선을 거쳐 형상화된다. 때로는 날카로운 비판으로, 때로는 유머러스한 터치로 도시인의 내면에 도사린 탐욕과 위선, 부조리와 소외감을 표현해낸다. 특히 뱅크시 작품에서 재미있는 점은 바로 작품 속에 등장하는 동물들이다. 쥐나 원숭이가 마치 우리 인간처럼 행동하고 표정을 짓는 모습에서 현대인의 모습이 한층 더 날카롭게 담겨있다. 뱅크시의 작품에서 의인화된 동물들은 불편한 진실을 효과적으로 전달하는 매개체라고 할 수 있다.

 도시의 일상 속에는 낯설면서도 익숙한 모습으로 우리를 마주하는 동물들이 있다. 카메라를 들고 열심히 셔터를 누르는 쥐는 마치 진짜 포토그래퍼처럼 자연스럽다. 이 외에도 국회 본회의장에서 침팬지들이 국회의원처럼 진지하게 토론하는 장면이나, 힙합 가수처럼 굵은 체인 목걸이를 걸고 한 손에 라디오를 든 쥐를 묘사한 장면도 있다. 작품 속 동물들의 모습은 전혀 어색하지 않고 오히려 도시의 풍경 속에 자연스럽게 녹아든다. 특히 쥐는 뱅크시의 작품에 자주 등장하며, 인간을 대신해 도시를 살아가는 주인공으로 새로운 도시의 풍경을 보여주고 있다.

"그들은 허가 없이 존재한다.
그들은 미움을 받고 쫓기고 잡히고 학대당한다.
그들은 더럽고 불결하고, 조용한 절망 속에서 산다.

그렇지만 마음만 먹으면 완전한 문명을 자신들의 것으로
만들 수도 있다.
당신이 지저분하거나 존중받지 못하거나 사랑받지 못하고
있다면
당신의 궁극적인 롤모델은 바로 쥐다."[6]

도시의 음침한 곳에서 종종 마주치는 쥐. 더럽고 불쾌하다며 인간의 무시와 멸시를 받는 도시의 작은 생물이다. 어둡고 척박한 골목에서 살아가는 쥐의 모습은 어쩌면 우리 인간의 또 다른 자화상인지도 모른다. 인간도 저마다의 생존을 위해 도시의 어둡고 좁은 틈새를 비집고 살아가는 존재이기 때문이다. 쥐가 가진 놀라운 적응력과 민첩성은 고단한 삶 속에서도 끈질기게 버티는 도시인의 모습과 닮아있다. 그래서일까? 쥐를 롤모델로 삼으라는 마지막 문구에서 우리는 잠시 빠른 걸음을 멈추고 생각해보게 된다. 인간의 본질과 인간의 진정한 모습이 과연 무엇인지를 말이다.

뱅크시의 작품은 사회문제를 더욱 깊이 생각하고, 소외되거나 무시당하는 존재들도 주목하게 한다. 그는 화려하고 아름다우며 훌륭한 대상이 아닌, 쥐처럼 보잘것없는 생물에게 흡사 인간 같은 모습을 투영하여 인류가 직면한 근본적인 문제를 상징적으로 드러낸다. 뱅크시의 작품을 본 사람들은 인간의 행위와 다양한 사회적 이슈를 다른 시각으로 바라보고 타자화하여 새롭게 인식하게 된다. 뱅크시가 보여주는 예술 활동의 가치와 의미가 바로 여기에 있다.

뱅크시는 권위주의와 상업화로 물든 미술계를 비판하기도 했다. 2018년 세계 최대 경매회사 소더비스Sotheby's에서 일어난 놀라운 사건은 현대 미술계를 뒤흔들었다. 뱅크시가 그린 〈풍선을 든 소녀Girl with Balloon〉가 한화 약 15억 원에 낙찰된 바로 그 순간, 작품이 자동으로 분쇄되기 시작했다. 현장에서 그 모습을 지켜보던 사람들은 경악을 금치 못했다. 더욱 기이했던 것은 작품이 완전히 파괴되지 않고 절반만 잘린 채 남았다는 점이다. 다음 날, 뱅크시는 자신의 SNS에 파블로 피카소의 명언 "파괴의 욕구는 곧 창조의 욕구"라는 문구를 올렸다. 사실 이 기이한 상황은 뱅크시가 미리 계획한 일종의 퍼포먼스였다. 액자에 원격 분쇄 장치를 만들어놓고 자신의 그림이 낙찰된 순간 버튼을 조작하여 그림을 파쇄했는데, 분쇄기가 고장나 작품이 완전히 파쇄되지 않고 절반만 잘려 나간 것이다. 나중에 그는 유튜브를 통해 분쇄 리허설 영상을 공개하며 완벽하게 파쇄되지 않았음에 아쉬움을 표했다. 이러한 퍼포먼스를 통해 뱅크시는 자본주의에 함몰된 미술시장을 비판했다. 돈과 상업에 중심을 둔 미술시장이 얼마나 허무한지를 경매장의 퍼포먼스를 통해 보여준 것이다. 그러나 아이러니하게도 이 반쯤 잘린 작품은 2021년 〈사랑은 쓰레기통에Love is in the Bin〉라는 새로운 제목으로 다시 경매에 부쳐졌다. 이번에는 처음 낙찰가의 18배라는 천문학적인 가격에 낙찰되었다. 현대 미술시장의 모순적인 면모가 더욱 극명하게 드러난 결과다.

"우리가 보는 미술 작품은
선택된 소수 화가들의 작품만 보고 있는 것이다.
소수 그룹의 사람들이 전시를 기획하고 홍보하고 구입하며
미술 작품의 성공을 결정한다. 이 세상에 과연 얼마만큼의
사람들이 진실을 예기할 수 있을까.
갤러리에 간 당신은
단지 백만장자들의 장식장을 구경하는 관람객에 불과하다."[7]

뱅크시는 소더비스에서 벌인 유명한 퍼포먼스 외에도 특이하고 대담한 방식으로 미술계에 도전장을 내밀었다. 그는 여러 미술관에 은밀히 잠입해 자신의 작품을 마치 명화인 양 교묘하게 전시했다. 사전에 각 미술관의 특성과 분위기를 세밀히 파악하여 액자 스타일부터 작품 설명문에 이르기까지 완벽하게 모방했다. 명화를 보

러 미술관에 온 사람들이 뱅크시의 작품도 명화라고 생각하게끔 만든 것이다.

예술과 자본에 관한 또 다른 실험도 있었다. 뱅크시는 자신의 진짜 작품을 마치 모조품처럼 길거리에서 판매하는 퍼포먼스를 진행했다. 모든 작품에는 뱅크시의 서명이 담겨있었지만, 지나가는 사람들은 이를 알아차리지 못했다. 갤러리에서라면 수백만 달러의 가치를 지녔을 작품들이 길거리에서는 고작 60달러의 가치도 인정받지 못했다.

뱅크시는 이처럼 과감하고 도발적인 퍼포먼스를 통해 자본에 잠식된 현대 예술의 위선과 모순을 비판했다. 소수만이 향유하는 상업예술이 얼마나 가식적이고 무의미한지를 드러내며, 대중에게 예술의 진정한 가치와 자본주의적 평가 방식에 대한 깊은 고민을 남겨주었다.

3. 벽에 담은 도시의 민낯: 기후변화와 환경

오늘날 기후변화와 환경문제에 대한 심각성은 모두가 인지하고 있는 현실이 되었다. 지구온난화로 인한 기후변화와 무분별한 산림벌채, 대기와 수질 등으로 인한 자연파괴는 해마다 뜨거워지는 날씨로 우리 모두 직접 체감할 수 있는 변화다. 이제 기후변화와 환경문제는 단순히 경고나 먼 미래에 닥칠 위험이 아니다. 우리의 삶과 도시의 존속에 직접적인 영향을 미치는 현재 진행형의 위기가 되었다. 뱅크시는 이러한 문제를 간과하지 않았다. 그는 인간이 초래한 자연파괴에 대한 책임이 바로 우리에게 있음을 지적하며, 사회 구성원 모두 이 문제에 적극적인 관심을 가져야 한다고 강력히 촉구했다.

뱅크시가 그린 2002년 작품 〈저장 아니면 삭제Save or Delete〉는 그린피스Greenpeace와 협업하여 완성한 것이다. 작품 속에는 우리에게 친숙한 디즈니의 「정글북The Jungle Book」 캐릭터들이 등장하지만, 그들의 모습은 충격적이다. 정글의 소년 모글리는 맨발로 땅에 앉아 있고, 곰 발루는 무표정하게 뒤에 서 있으며, 호랑이 쉬어 칸과 원숭이 왕 루이, 코끼리 대령 하티도 모두 지친 표정이다. 이들은 모두 묶이고 눈이 가려져 있다. 가장 왼쪽에는 도끼를 들고 뒷모습을 보인 벌목꾼이 서 있는데, 그 앞에선 나무가 모두 잘려나가고 정글은 초토화된 상태다. 동물들은 이제 자신들이 살아가던 숲이 사라졌다는 사실 앞에 망연자실한 듯한 모습이다. 환상의 세계에서 튀어나온 캐릭터들이 현실의 자연파괴 앞에서 무력해진 모습이 인상적인 작품이다. 도끼를 든 자의 정체는 무엇일까? 그는 사람과 동물들을 묶고 눈을 가린 채 무엇을 베려는 것일까? 작가는 "전 세계의 고대 숲을 구할 마지막 기회A last chance to save the world's ancient forests"라는 문구를 포스터 하단에 새김으로써 산림벌채에 대한 자신의 비판적 메시지를 명확히 전달했다. 도끼를 든 자, 개발하려는 우리가 나무를 하나씩 베어나간다면 결국 숲은 사라질 것이다. 숲이 파괴된다는 건 상당히 심각한 문제다. 숲에서 서식하는 수많은 동식물이 보금자리를 빼앗기고 점차 멸종될 것이며, 자연이 오랫동안 만들어온 섬세한 생태계가 무너지는 결과로 이어지기 때문이다. 또한 나무들이 사라질 때마다 저장된 탄소가 대기 중으로 방출되어 기후변화도 가속화한다. 결국, 숲을 파괴하는 행위는 자연환경에 돌이킬 수 없는 영향을 끼치며 인류의 지속가능한 발전에도 심각한 걸림돌이 될 것이다.[8] 인간의 욕심이 만들어낸 이러한 위기 상황에서 뱅크시의 작품 〈저장 아니면 삭제〉는 우리에게 중요한 질문을 던진다. 우리는 과연 무엇을 '저장'하고 무엇을 '삭제'할 것인가? 이는 단순한 선택의 문제가 아닌, 우리와 미래세대의 생존이 걸린 시급한 과제다.

뱅크시의 작품 〈눈Snow〉은 2018년 자신의 인스타그램을 통해 처음 세상에 공개됐다. 작품이 그려진 곳은 영국 웨일스의 항구 도시 포트탤벗의 허름한 차고 벽이었다. 벽 한쪽에는 하늘을 향해 입을 벌리고 서 있는 한 소년이, 반대쪽 벽에는 굴뚝이 그려져 있다. 이 두 벽면은 ㄱ자 형태로 연결되어 있어 관찰자는 한눈에 두 이미지를 동시에 볼 수 있다. 작품은 흑백 스텐실 기법으로 그려졌으며, 벽면의 거칠고 오래된 질감이 그림과 어우러져 현실감을 더한다. 작품 속 소년은 순수한 동심 그 자체다. 하늘에서 내리는 눈송이를 받아먹으려 혀를 내밀고 있는 소년의 얼굴에는 기쁨이 가득하다. 짙은 회색 벽을 배경으로 한 이 흑백의 이미지 속에서 소년의 표정만은 유난히 생동감 있게 다가온다. 마치 우리의 어린 시절을 보는 듯한 이 순수한 모습은 보는 이의 마음을 따뜻하게 한다.

ⓒ FruitMonkey, CC BY-SA 4.0, Wikimedia

그런데 이 작품에는 예상치 못한 반전이 숨어 있다. 한쪽 벽면만 보면 하늘에서 내리는 눈을 맛보는 순수한 동심을 표현한 것처럼 보이지만, 벽면을 따라 시선을 옮기다 보면 충격적인 진실과 마주하게 된다. 아이가 입을 벌려 받아들이는 것은 순수한 눈이 아닌, 검은 연기를 내뿜는 불길에서 날아오는 하얀 잿가루였다.

ⓒ FruitMonkey, CC BY-SA 4.0, Wikimedia

　이 작품은 포트탤벗의 주민 개리 오웬이라는 남성의 요청으로 탄생했다. 그는 현지의 철강공장에서 매일같이 발생시키는 막대한 양의 먼지와 공해로 인해 주민이 겪는 고통을 호소했고, 뱅크시는 그런 현실을 예술로 승화시켜 공장의 대기오염 문제를 그림으로 표현했다. 세계보건기구 WHO의 조사에 따르면 포트탤벗은 영국에서 대기오염이 가장 심각한 도시다. 포트탤벗에는 영국 최대 규모의 타타철강 Tata Steel Plant이 자리 잡고 있지만, 공장 측은 이러한 환경문제와의 연관성을 계속해서 부정해왔다. 뱅크시의 작품 〈눈〉이 완성되자 수많은 언론이 이를 주목했고, 결과적으로 대기오염의 심각성에 대한 사회적 관심을 불러일으킬 수 있었다. 한 예술가의 날카로운 비판을 담은 작품으로 환경문제라는 무거운 사회적 이슈가 효과적으로 전달된 사례라고 할 수 있다.

4. 벽에 담은 도시의 민낯: 불평등과 소외계층

우리가 살아가는 도시는 마치 거대한 모자이크와 같다. 수많은 사람이 각자의 삶을 영위하며 하나의 그림을 만들어내지만, 그 속에는 우리가 쉽게 보지 못하는 어두운 면도 존재한다. 바로 다양한 형태의 불평등과 소외의 그림자가 그것이다. 매일 아침 북적이는 지하철과 번화가의 화려한 불빛 뒤에는 우리 사회의 소외된 이웃들이 있다. 생계를 위해 고군분투하는 사람들, 이동과 생활의 제약을 겪는 장애인, 점점 더 외로워지는 노인들, 낯선 땅에서 힘겹게 적응해가는 이민자들, 그리고 보호가 필요한 어린아이들까지. 이들은 종종 사회적 차별과 억압의 대상이 되며 우리가 당연하게 여기는 것들, 즉 교육받을 권리, 적절한 의료 서비스, 안정적인 주거 같은 기본적 권리조차 보장받지 못하는 상황에 직면하곤 한다. 도시의 소외계층 문제는 우리 사회에 만연한 불평등의 축소판이자, 우리가 반드시 해결해야 할 과제다. 왜냐하면 도시의 지속가능하고도 진정한 발전은 일부 계층의 선택 문제가 아닌, 모든 구성원이 함께 노력해야 얻을 수 있기 때문이다.

2010년, 로스앤젤레스의 삭막한 주차장 벽면에 한 작은 변화가 일어났다. 누군가가 그곳에 그네를 타는 소녀의 모습을 그려놓은 것이다. 벽에는 'PARKING'이라는 글자가 크게 적혀 있는데, 'ING'를 희미하게 지워 남은 'PARK'를 더욱 선명하게 강조했다. 그리고 앞 글자 'PARK' 옆에 그네를 탄 소녀를 그려놓았다. 소녀는 마치 단어에서 떨어져 나온 철자 'I'에 줄을 매달아 그네를 타는 듯한 모습이다. 이처럼 뱅크시의 작품은 언뜻 보면 그냥 낙서 같지만, 가만히 들여다보면 그 속에 날카로운 메시지를 담고 있다. 아이들의 웃음소리가 울려 퍼져야 할 공원PARK과 녹색 공간들이 주차PARKING하는 공간으로 변해가는 현실을 풍자한 것이다. 회색 콘크리트 벽면 위에 그려진 이 작은 소녀의 모습은 도시개발이라는 이름 아래 우리가 잃어가고 있는 것에 대한 서글픈 경고이자, 잊혀가는 도시의 본질적 가치를 일깨우는 메시지였다.

 2018년 프랑스 파리의 어느 여름날, 파리 북부에 자리 잡은 난민 임시수용 시설의 칙칙한 벽면이 한 소녀의 모습으로 생기를 띠기 시작했다. 검은 피부의 어린 소녀가 그려진 이 작품에서, 소녀는 나치의 악명 높은 상징인 하켄크로이츠Hakenkreuz 위를 분홍빛 꽃무늬 벽지로 정성스레 덮어가고 있다. 그 아래로는 난민의 일상을 상징하는 침낭이 놓여 있고, 아이다운 순수함을 담은 곰 인형도 함께 자리하고 있다. 소녀가 붙이는 벽지는 한쪽이 찢겨 벗겨지고 있는데, 그 벗겨진 부분에서 원래 벽의 모습이 드러나며, 무언가 감춰져 있다는 느낌을 준다. 소녀 옆에 서 있는 여성 관람객은 그 장면을 응시하고 있다. 이 그림이 세상에 처음 공개된 날은 세계 난민의 날이었다. 이날 파리의 거리 곳곳에서 뱅크시의 작품 여섯 점이 발견되었다. 뱅크시는 프랑스 정부의 난민정책 강화에 대한 강한 비판을 도시 전체를 하나의 캔버스로 삼아 표현한 것이다.

 밸런타인데이를 맞이하여 뱅크시가 공개한 〈밸런타인데이 마스카라Valentine's Day Mascara〉는 현대사회의 어두운 이면을 날카롭게 파헤친 작품이다. 1950년대를 연상시키는 복고풍 의상을 입은 한 여성의 모습이 그려져 있는데, 얼핏 보면 밝게 웃고 있는 것처럼 보이지만 자세히 들여다보면 미소 뒤에 감춰진 고통이 역력하다. 한쪽 눈은 제대로 뜨지 못하고 치아도 하나 빠져있어 여성이 겪었을 폭력의 흔적이 적나라하게 드러난다. 지금은 비닐로 벽을 덮었지만, 뱅

ⓒ Funk Dooby, CC BY-SA 2.0, Wikimedia

크시가 처음 작품을 완성했을 때는 여성의 두 손 방향으로 냉장고를 그렸고 남편으로 추정되는 남성이 그 속에 갇혀있는 광경이었다. 마치 피해 여성들이 느끼는 속박감을 가해자인 남성에게 되돌려주려 복수를 하는 것처럼 말이다. 뱅크시는 사랑과 로맨스의 상징인 밸런타인데이라는 날을 역설적으로 활용하여 겉으로는 행복해 보이는 가정 속에 숨겨진 폭력의 실체를 고발했다. 이 작품은 우리 사회에 만연한 가정폭력 문제를 환기시키며, 아름다움과 화려한 기념일의 이면에 존재하는 여성들의 고통스러운 현실을 직시하게 했다. 달콤한 초콜릿과 장미 대신 멍든 눈과 깨진 이빨을 그려냄으로써 진정한 사랑의 의미와 여성 인권에 대해 깊이 생각해보게 한다.

5. 벽에 담은 도시의 민낯: 경제와 소비문화

도시라는 단어의 한자 '도鄁'와 '시市'에 담긴 의미를 생각해보면, 도시라는 공간이 단지 사람들이 모여 사는 집합체가 아니라는 사실을 깨닫게 된다. 이 두 글자는 마치 동전의 양면처럼 행정적·사회적 기능과 경제적 역할을 동시에 가지고 있다. 특히 경제적인 측면은 도시의 심장과 같아서 도시에서 경제를 떼고 생각하는 건 마치 인간에게서 심장을 떼어내는 것만큼이나 불가능한 일일 것이다. 오늘날 도시의 경제와 소비문화는 눈부신 속도로 발전하고 있다. 하지만 이러한 발전의 이면에는 분명히 어두운 그림자도 드리워져 있다. 대량

생산 시스템과 첨단기술 도입으로 소비시장은 폭발적으로 성장했고, 이로부터 대중은 소비 욕구를 키워나갔다. 그 결과, 우리는 자원을 낭비하게 되고 감당하기 어려운 쓰레기를 양산했다. 그리고 더욱 깊어지는 빈부 격차라는 무거운 숙제를 안게 되었다. 또한 현대 도시의 상업주의로 인해 각 도시는 고유의 문화적 정체성을 잃고 있다. 끝없이 밀려오는 광고의 홍수와 기업들의 마케팅은 도시의 다양성과 독창성을 무너뜨리고, 시민을 끊임없는 소비의 굴레로 내몰고 있다. 이러한 현실 속에서 소비 여력이 있는 시민은 도시의 삶에 만족감을 느낄 테지만, 그렇지 못한 이들은 상대적 박탈감을 느낄 수밖에 없다.

> 도시를 경영하며 관리하는 사람들은 그래피티를 이해하지 못한다.
> 그들은 이윤을 내지 못하는 것이라면
> 그 어떤 것도 존재 가치가 없다고 생각하는 사람들이기 때문이다.
> (중략)
> 진정으로 우리 이웃들의 외관을 더럽히고 손상시키는 사람들은
> 자기들의 거대한 슬로건을 버스와 건물 사이에 되는 대로 마구 휘갈겨 쓰고는
> 마치 우리가 자기 회사의 물건을 사지 않으면
> 뭔가 부족한 것처럼 생각하게 만드는 회사들이다.[9]

과연 현대사회에서 순수하게 자유로운 소비가 가능할까? 매일 아침, 출근길에 마실 커피 한 잔을 고르는 순간부터 퇴근길에 저녁 식사를 위해 장보기를 하는 순간까지 우리의 모든 소비 행위는 보이지 않는 수많은 영향관계로 얽혀있다. 자본주의라는 거대한 시스템은 교묘하게 우리의 욕망을 자극하고, 기업들의 세련된 마케팅 전략은 끊임없이 새로운 필요를 만들어낸다. 따라서 현대인에게 소비는 생존을 위한 구매 행위를 넘어 더 큰 가치가 부여된다. 명품 가방 하나로 자신의 취향과 경제력을 드러내고, 특정한 브랜드의 제품을 선택함으로써 자신의 가치관과 사회적 지위를 표현하고자 한다. 이제 소비는 우리의 정체성을 구성하는 하나의 요소가 되어버렸다. 개인이 자신의 의지로 자유롭게 소비행위를 하는 것 같지만, 실상은 자본주의 시스템과 기업들이 만들어낸 틀 안에서 그들의 예상대로 소비하고 있다. 진정한 의미의 자유로운 소비는 어쩌면 현대 도시에서 달성하기 어려운 이상에 가까울지도 모른다.

런던의 한 상업 중심지 벽에 또 하나의 그래피티가 등장했다. 한 여성이 한 손은 쇼핑 카트를 붙잡은 채 건물에서 추락하는 모습이었다. "Shop till you drop(쓰러질 때까지 쇼핑한다)"라는 영어 관용구를 날카로운 풍자로 재해석한 이 작품은 흑백으로 처리되어 더욱 극적인 효과가 느껴진다. 자신의 목숨이 위태로운 순간에도 카트를 놓지 않으려는 여성의 모습은 우리 내면에 이미 굳어진 물질만능주의의 민낯을 적나라하게 드러낸다. 뱅크시는 이 작품을 통해 맹목적인 소비가 우리를 어떤 나락으로 이끌 수 있는지, 그 위험성을 날카

© QuentinUK, CC BY-SA 3.0, Wikimedia

롭게 경고하고 있다.

현대 소비사회의 아이러니를 날카롭게 포착한 뱅크시의 〈세일 종료Sale Ends〉는 우리에게 무거운 질문을 던진다. 마치 종교화처럼 보이는 구도 속에서 여러 인물이 'SALE ENDS TODAY(오늘 세일 종료)'라고 적힌 붉은 사각형 현수막을 향해 절박하게 손을 뻗고 있다. 그림 속 사람들은 마치 구세주를 향해 기도하는 듯한 모습으로, 무릎을 꿇거나 허리를 굽히며 이 문구를 중심으로 모여든다. 마치 신성한 의식을 치르듯 세일이 끝나가는 순간을 애도하고 있는 것이다. 그들의 슬픈 표정과 절박한 몸짓은 마치 종교적 숭배의 순간을 연상케 한다. 하

지만 그들이 갈망하는 대상은 더 이상 신성한 존재가 아닌, 할인된 가격표다.

뱅크시는 이처럼 맹목적으로 소비에 매몰된 현대인의 모습을 통해 자본주의가 어느새 우리의 새로운 신이 되어버린 현실을 비판한다. 우리는 과연 무엇을 위해 무릎을 꿇고 있는 걸까? 이 작품은 소비라는 새로운 종교 앞에 무기력하게 무릎 꿇은 현대인의 자화상을 보여주며, 우리 시대의 가치관을 날카롭게 꼬집는다.

6. 우리가 꿈꾸는 도시

　도시는 하나의 삶의 세계이자 공동체의 세계다. 또 공동체가 살아가는 삶의 무대이자 삶을 위한 장치이기도 하다.[10] 도시 속에서 우리는 각자의 삶을 영위하며 함께 살아가고 있다. 기존의 도시를 변화시키려면 고정된 생각과 틀을 깨고 새로운 시각과 창의적인 아이디어를 가져야 한다. 매일 같은 길을 걸으며 스쳐 지나던 풍경들, 귀에 익숙해진 도시의 소음, 무의식중에 반복하던 일상의 패턴들…. 이제는 이 모든 것을 다른 각도에서 바라보고 재해석해야 할 때다. 그리고 그 중심에는 올바른 가치관과 판단력이 자리 잡고 있어야 한다. 이러한 맥락에서 현대 예술가 뱅크시의 작품 세계는 우리에게 큰 영감을 준다. 그는 도시 전체를 하나의 캔버스로 삼아 차가운 콘크리트 벽면과 아무도 신경 쓰지 않는 구석진 골목길, 웅장한 건물들과 오래된 다리에 이르기까지 도시의 모든 공간에 생명력을 불어넣었다. 그의 작품 속에는 우리가 사는 지금 이 시대의 아픔이 고스란히 담겨있다. 사회적 불평등과 소외된 이웃들의 이야기, 점점 심각해지는 기후위기와 환경문제, 물질만능주의와 과잉소비문화, 그리고 전쟁의 참상과 난민의 고통, 정치적 억압과 권력의 남용 등. 이 모든 현실의 문제들을 예술이라는 언어로 재치 있고 기발하게 풀어내며, 보는 이의 마음에 강한 여운을 남긴다.

　뱅크시의 작품 중 가장 시의적절했던 〈게임 체인저Game Changer〉는 코로나19 팬데믹이라는 미증유의 위기 속에서 우리에게 진정

한 영웅이 누구인지를 일깨워주었다. 한 어린아이가 장난감을 고르는 순간을 포착한 이 작품에서 아이의 손에 들린 것은 흔히 볼 수 있는 로봇도, 배트맨이나 스파이더맨 같은 허구적 영웅도 아니다. 그 대신 평범한 간호사 인형이 그 자리를 대신하고 있다. 코로나19는 우리의 가치관을 뒤흔들어놓았다.

    화려한 액션과 특수효과로 채워진 할리우드 영화 속 슈퍼히어로가 아닌, 하얀 가운을 입고 마스크 자국이 선명한 얼굴로 밤낮없이 환자들을 돌보는 의료진이야말로 우리 시대의 진정한 영웅이었음을 깨닫게 된 것이다. 뱅크시는 이 작품을 영국 사우샘프턴의 한

종합병원에 기증하며, 비록 흑백의 단조로운 톤이지만 지친 의료진들에게 작은 위안이 되기를 바란다는 마음을 전했다. 그의 진심 어린 감사의 메시지는 전 세계 의료진들을 향한 우리 모두의 마음을 대변하는 것이었다.

"그래피티가 불법이 아니어서
모든 사람이 원하는 모든 곳에 그림을 그릴 수 있다고
상상해보자.
세상의 모든 도로가 수백만 개의 각기 다른 색들과 다른
문구로 도배될 것이다.
버스정거장에서 기다리는 것도 전혀 지루하지 않을 것이다.
부동산이나 큰 사업을 하는 귀족들만 초대되는 것이 아닌
모든 사람이 초청된 파티가 열리는 그런 도시가 되지 않을까.
그런 도시를 상상해보자."[11]

거리의 반항아이자 예술가인 뱅크시가 그리는 합법적 그래피티의 도시는 상상만 해도 자유롭다. 얼핏 보면 그의 작품들이 도시의 실질적 문제 해결과는 거리가 있어 보일지 모른다. 하지만 우리가 꿈꾸는 지속가능한 도시 발전과 더불어 사는 공동체의 관점에서 바라보면, 뱅크시의 예술적 발자취는 결코 가벼이 지나칠 수 없다. 인류가 쌓아 올린 찬란한 도시 문명은 그 이면에 늘 그로부터 야기된 불편한 문제들을 안고 있었다. 시간이 흐르면서 이러한 문제들은

마치 공기처럼 당연한 것이 되어버렸고, 우리는 어느새 이를 해결하려는 의지마저 잃어버린 듯하다. 그러나 뱅크시는 차갑고 무미건조한 도시의 벽면을 캔버스 삼아 우리에게 이제는 이러한 문제들과 정면으로 마주할 때가 되었음을 알려주고 있다.

그의 작품 속에는 도시와 그 안에서 살아가는 인간의 본질적 가치가 담겨있다. 물질만능주의와 정치적 권력이 인간의 존엄성과 평등을 침해해서는 안 된다는 그의 메시지는 강렬하면서도 분명하다. 앞으로도 뱅크시의 예술은 진정으로 지속가능한 도시를 일구어나가는 데 필요한 사회적·문화적·환경적 성찰의 나침반이 되어줄 것이다. 그의 작품을 마주할 때마다 우리는 더 나은 미래 도시와 공동체에 대한 새로운 영감을 얻게 될 것이다. 그리고 이것이 우리의 상상력을 자극하여 더욱 창의적이고 흥미진진한 도시의 미래를 구상하게 할 것이다. 이제 뱅크시가 예술로 제시한 도시의 미래상을 현실로 만들어가는 것은 우리 모두의 실천에 달려있다.

주

1. 권용우 외, 『도시의 이해』, 박영사, 1998, 4쪽.
2. 홍경희, 『도시지리학』, 법문사, 1980, 5쪽.
3. 김명식, 『철학적으로 도시 읽기』, 시공문화사, 2014, 22쪽.
4. 유엔 홈페이지(https://www.un.org/sustainabledevelopment/cities/), 지속가능발전 11번 목표 참조.
5. 최은영·김기태·문규성·김두겸, 「최저주거기준 미달 가구 및 주거빈곤 가구 실태 분석」, 서울: 이원욱 의원실, 한국도시연구소, 2017.
6. 뱅크시, 『Banksy Wall and Piece: 뱅크시, 월 앤 피스』, 리경 역, 위즈덤피플, 2009, 107쪽.
7. 위의 책, 170쪽.
8. CUK인성교육사업단 엮음, 「육상생태계보전」, 가톨릭대학교 인간학연구소, 2023, 3쪽.
9. 뱅크시, 앞의 책, 28쪽.
10. 김명식, 앞의 책.
11. 뱅크시, 앞의 책, 29쪽.

참고문헌

권용우 외. 『도시의 이해』. 박영사, 1998.
김명식. 『철학적으로 도시 읽기』. 시공문화사, 2014.
마틴 불. 『아트 테러리스트 뱅크시, 그래피티로 세상에 저항하다』. 이승호 역, 리스컴, 2013.
박상현. 『도시는 다정한 미술관』. 세종서적, 2022.
뱅크시. 『Banksy Wall and Piece: 뱅크시, 월 앤 피스』. 리경 역, 위즈덤피플, 2009.
윌 엘즈워스-존스. 『뱅크시: 벽 뒤의 남자』. 이연식 역, 미술문화, 2021.

홍경희. 『도시지리학』. 법문사, 1980.

CUK인성교육사업단 엮음. 「육상생태계보전」. 가톨릭대학교 인간학연구소, 2023, 3쪽.

뱅크시 웹사이트. https://www.banksy.co.uk/

유엔지속가능발전 웹사이트. https://www.un.org/sustainabledevelopment/cities/

박재윤

상호문화교육·치유연구소 '慈廈[자하]' 소장
한국외국어대학교 아프리카학부 겸임교수

서로 다름이 풍요가 되는 상호문화실천을 통한 평화구축

insight 6

　나는 지금, 대학가 근처의 오래된 원룸 건물에 살고 있다. 복도는 좁고, 방음은 안 되며, 엘리베이터 버튼은 한 번씩 꼭 삐걱거린다. 그렇다고 나쁘다고 할 수는 없다. 월세가 그나마 감당할 만하고, 학교까지 걸어서 10분 거리니까.

　내 옆방에는 외국 유학생이 산다. 처음 이사 왔을 때 짐을 옮기며 복도에서 마주쳤고, 그 이후로는 가끔씩 쓰레기를 버리러 나갈 때 마주친다. 말이 통한다고는 하기 어렵다. 한 번은 분리수거 방법을 물어보던데, 발음도 잘 안 들리고, 종이와 플라스틱을 헷갈려 하던 그 모습이 왠지 낯설고 복잡하게 느껴졌다.

　솔직히 말하면, 처음엔 좀 불편했다. 생긴 것도 다르고, 말도 다르고, 뭔가 버리는 물건도 다르고. 굳이 말을 섞고 싶은 생각은 없었다. 그래도 피해 주는 일은 없으니, 그냥 모르는 사람처럼 지냈다. 가끔 외국인 친구들을 집에 초대하는 것 같았지만, 소음도 없고 음식 냄새도 거의 나지 않았다. 성실한 사람이라는 건 느껴졌다. 거의 매일 학교에 가는 것 같았고, 나랑 같은 학교 캠퍼스 안에서 어쩌다 한 번 본 적도 있다. 아마 어학당을 다니는 것 같았다.

　그러던 어느 날, 건물 단체 메시지방에 글이 올라왔다.

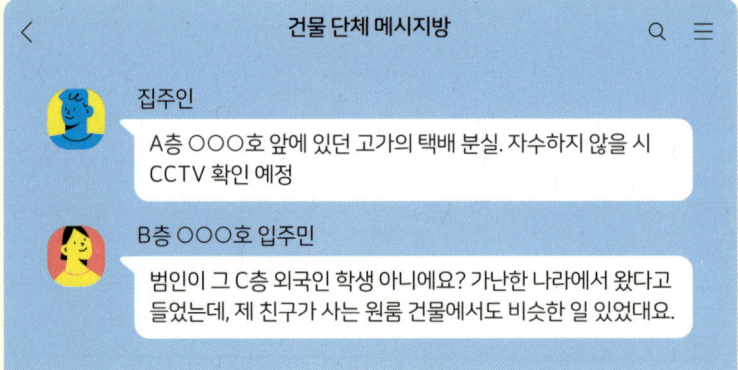

D층 ○○○호 입주민
얼굴만 봐도 딱 그런 느낌 있긴 한데.

E층 ○○○호 입주민
맞아요, 그 친구 요즘 자주 배달 오는 거 같던데.

B층 ○○○호 입주민
밤에 복도에 나와 있는 걸 몇 번 봤는데 이상했어요.

단정적이지는 않지만, 그 분위기는 분명히 한 사람을 겨누고 있었다. 그 순간, 나는 뭔가 껄끄러운 기분을 느꼈다. 지금까지는 그냥 내 관심 밖의 사람이었기 때문에 불편하지 않았다. 하지만 지금은 상황이 달랐다. 그 사람이 외국인이기 때문에, 말이 서툴기 때문에, 다른 문화권에서 왔기 때문에 쉽게 의심의 대상이 되고 있었다. 그가 어떤 사람인지 알아볼 기회도 갖지 않은 채 말이다.

나는 메시지를 몇 번이나 썼다가 지웠다. 무관심은 더 이상 중립이 아닌 것 같았다. 아무 말도 하지 않는 것이 곧 묵인이고, 동조처럼 느껴질 수도 있었다. 물론 내가 모든 걸 아는 것도 아니고, 누가 진짜 범인인지 알 수도 없다. 괜한 오지랖이 아닐까라는 불안감도 들었다. 하지만 이 방식은 아니라고 생각했다.

"아직 아무것도 확실하지 않은 상황에서 특정인을 의심하는 건 좀 조심해야 하지 않을까요?"

1. 서론

    평화라는 말이 넘쳐날수록 세상은 평화와 멀리 있다. 지금도 세계 곳곳에서 계속되고 있는 전쟁, 불평등, 차별, 인간의 존엄을 위협하는 세상의 제도적 어려움이 존재한다. 자유를 갈구할 땐 그곳에 속박과 구속이 있기 때문이고, 행복을 갈망할 땐 지금 여기에 만족하지 못하고 불행하다고 느끼는 반증인 것처럼 평화를 위한 목표를 세우고 전 세계 모든 나라가 그 목표를 향해 노력하자고 약속한다는 것은 안타깝게도 지금 이 지구에 여전히 평화가 부족하기 때문일 것이다. 더 늦기 전에 지속가능발전목표에 대한 이해를 통해 배제와 차별 그리고 폭력으로 인한 공멸이 아닌 포용과 공존을 위한 평화로운 상생의 길에 대한 모색이 필요하다. 지속가능발전목표 Sustainable Development Goals: SDGs는 인류의 보편적인 발전을 위해 전 세계 모든 국가가 2030년까지 달성하기로 합의한 변혁적인 목표를 말한다. 2015년 제70차 국제연합 United Nations: UN 총회에서 회원국 만장일치로 「세계의 변혁: 지속가능발전을 위한 2030 의제 Transforming Our World: The 2030 Agenda for Sustainable Development」를 채택했고, 이 의제 안에 사람 People, 지구 Planet, 번영 Prosperity, 평화 Peace, 파트너십 Partnership에 기반한 17개의 목표와 169개 세부 목표가 담겨 있다.[1] SDGs(지속가능발전목표) 16은 평화, 정의 그리고 포용적 제도 구축을 목표로 하고 있다. 이 목표는 마치 나머지 목표들을 포용하며, 마지막 목표인 SDGs 17 글로벌 파트너십 직전 각국의 마지막 관문인 것처럼 그 위치 또한 끝에서 두 번째에 위치한다. 그리고 실제로 다른 목표들과도 밀접하게 관련되어 있다. 이 장에서는 한국의 상황을 고려한 SDGs 4의 교육적 관점과 함께 평화를 만들기 위한 다차원적인 노력과 경험에 대해 나누어보고자 한다.

1) 평화구축 Peace Building

지속가능발전목표에서 말하는 더욱 평화로운 세상을 만들고 구축해나가기 위해서는 현재 우리가 처한 상태를 깊이 인식하고, 근본적으로 평화가 무엇인지 개념을 하나로 모으고 명확하게 할 필요가 있다. 그렇기에 깊이 있는 논의에 앞서 평화는 무엇이고, 어디에서 시작되는지 잠시 멈춰 질문하고 성찰해볼 필요가 있다. 그 이유는 평화는 모호하고 다양한 개념을 가진 반면, 폭력은 우리 주변에서 쉽게 볼 수 있고 구체적이고 실질적이기 때문이다. 많은 사람이 평화를 바라지만, 평화에 대한 개개인의 이해와 실천 방식은 다양하다. '다양함' 속에는 '차이'를 내포하고 있고, '다름을 쉽게 수용하지 못하는 한국 사회'는 여전히 곳곳에서 "틀린 것이 아니라 다른 거야"라는 익숙한 표현을 필요로 한다. 안타깝게도 다름을 대하는 태도가 배제를 넘어 혐오와 폭력적 갈등으로 야기되는 모습은 전 세계적인 소식에서 매일 접할 수 있다. 마틴 루서 킹 Martin Luther King 목사는 "진정한 평화는 단지 긴장이 없는 상태만을 말하는 것이 아니라, 정의가 실현되는 것"이라 말했다. 브룸과 콜리어(Broome & Collier,

2012)²는 평화를 "전쟁의 부재 또는 갈퉁(Galtung, 1996)이 '부정적 평화'라고 부르는 것 이상으로 간주하며, 그 대신 평화를 위해서는 개인의 방향성, 개인과 집단 간의 관계, 폭력을 억제하고 평등을 촉진하며 차이점과 의견 불일치를 건설적으로 다루는 메커니즘을 제공하는 기관과 사회제도(시스템)의 역할에 주의를 기울여야 한다"고 말했다. 볼딩(Boulding, 2000)은 "평화문화는 평화로운 다양성을 촉진하는 문화이고, 이러한 문화에는 삶의 방식, 신념의 패턴, 가치, 행동, 그리고 상호 배려와 복지를 촉진하는 제도적 장치와 더불어 차이를 존중하고, 청지기 정신을 실천하며, 지구 자원을 구성원과 모든 생명체 사이에서 공평하게 공유하는 의미를 포함하는 평등이 포함된다"고 했다.

고요함을 유지하고 머물게 하는 소극적 평화에서부터 정의를 구현하고 실현하는 적극적 평화까지 평화를 만들어간다는 의미는 다양한 가치를 내포하고 있다. 이런 차원에서, 평화란 폭력을 줄여가는 과정이며, 폭력에 대한 이해는 물리적 폭력을 넘어 비가시적인 구조적·문화적 영역까지 확장될 수 있다. 즉, 개인의 가치관, 관계성, 사회적 제도, 평등, 상호 배려와 존중 등 개인적 차원에서부터 제도적 차원까지 상호의존적으로 연결되어 있다고 할 수 있다. SDGs 16번째 목표의 세부 목표를 살펴보면, 우리가 마주한 현실의 문제와 이를 극복하기 위해 위에서 언급한 가치들과 태도가 더욱 절실하게 필요하다는 것을 느낄 수 있다. 16.1 폭력으로 인한 사망률 감소, 16.2 아동에 대한 모든 형태의 폭력 종식, 16.3 법치 증진 및 정의에 대한 평등한 접근 보장, 16.4 불법 자금 및 무기 거래 감소, 모든 형태의 조직범죄 퇴치, 16.5 모든 형태의 부패 및 뇌물 감소, 16.6 효과적이고 책임성 있으며 투명한 제도 구축, 16.7 포용적이고 참여적이며 대표성 있는 의사결정 보장, 16.8 개도국의 글로벌 거버넌스 제도 참여 확대, 16.9 출생등록 등 모두에게 법적 지위 부여, 16.10 정보에 대한 대중의 접근 보장, 기본적 자유 보호, 16.a 폭력 예방 등을 위한 국가별 관련 제도 강화, 16.b 지속가능발전을 위한 비차별적 법규와 정책 증진이 있다.

한국의 경우 전 세계에서 유일한 분단국이자 아직 전쟁이 끝나지 않은 상태의 휴전국이고, 이민송출국에서 이제는 이주의 증가로 이민유입국이 되었으며, 이를 통해 야기되는 문화적 차이와 차별로 인해 사회 내 갈등도 확산되고 있다. 일제강점기 일본인에 대한 분노, 6.25전쟁 이후 뿔 하나 달린 사람으로 표현되던 빨갱이에 대한 적개심이 외국인, 다문화, 북한이탈주민, 성소수자, 난민, 장애인 등 소수자들과 서로 다른 존재들에 대한 '혐오'와 '배제'로 다채로워지고 있으며, 오늘날 한국 사회의 중요한 윤리적 이슈로서 '평화' 이슈의 스펙트럼이 새롭고 다층적으로 변하고 있다. 평화구축과 함께 포용적 사회로 나아가기 위해 어디에서부터 무엇을 시작할 수 있을지 질문해야 한다. 전쟁의 반대말로서의 평화만이 아닌 더욱 적극적인 평화를 만들어가기 위한 인식 개선과 실천이 요구된다. 이를 위해서는 각자 자신의 내면적 평화를 언제든 원할 때 만들 수 있어야 하고, 나와 다른 누군가를 만나더라도 호기심과 열린 마음으로 대화할 수 있으며, 나아가 서로 다름을 포용할 수 있는 상호문화 시민성을 갖춘 세계 시민으로 함께 살아갈 수 있어야 할 것이다. SDGs 목표 16에도 언급되어 있듯, 개개인의 시민성과 함께 시민의 다양성을 품을 수 있는 안전하고 평화로운 도시와 국가를 이루기 위한 제도적 뒷받침이 필요하다.

2) 차이에 대한 긍정적 접근의 상호문화주의

지속가능발전목표들은 상호의존적인 관계성을 보이지만, 특히 SDGs 16과 SDGs 4를 함께 묶어서 보려고 하는 이유는 '평화'와 '정의' 같은 추상적이고 모호한 개념들은 시대마다 다르게 해석될 수 있고, 각국이 처한 현상들이 다르기에 개념을 인식하는 단계에서부터 교육이 중요한 역할을 하기 때문이며, 결국 제도와 규율을 제정하는 주체가 사람이기에 적합한 역량을 갖춘 사람을 키우는 교육이 중요하기 때문이다. 한국의 경우 위에서도 언급했듯이 분단국가이자 휴전국으로서의 '평화'와 함께 최근에는 다문화사회로 접어들면서 나타나는 차이에 대한 포용의 '평화'를 새로운 사회문제로 마주하고 있다. 식민지 시대를 극복하기 위해 한민족이자 단일민족국가로서의 민족 정체성이 지속적으로 오랜 시간 강조되었기에 지금처럼 다양한 문화적 배경의 이주민과 난민의 유입이 낯설고 불편하며 갈등 촉발의 원인이 될 수도 있다. 시민을 양성하는 학교에서부터 어떠한 시민을 육성할지에 대한 합의가 이루어지고 논의가 이루어지는 지점이기에 이 시대를 위한 새로운 시민상을 갖추도록 교육 또한 변혁이 필요하다. 학교에서는 국어, 영어, 수학 위주의 학습을 해왔을 뿐 내면의 갈등을 어떻게 해소할 수 있는지, 관계에서의 불편함을 해결하는 태도적 측면에 대해서는 교육적 차원에서 관심이 소원했던 것도 사실이다. 민주시민에 대한 정의는 답안지에 잘 작성하지만, 정작 민주시민적 행동이 무엇인지를 모르는 사람들로 자라서는 안 된다. 지덕체를 갖추고 생각, 감정, 행동이 서로 영향을 주고 있음을 이해한다면 평화구축을 위한 시작도 바로 이러한 생각, 감정, 행동이 어린 시절부터 하나로 이어질 수 있는 교육적 체계와 지원이 마련되어야 한다.

SDGs 16과 함께 고민해보고자 하는 SDGs 4의 제목은 '양질의 교육'으로, 부제는 "모두에게 포용적이고 공평한 양질의 교육 보장 및 평생 학습 기회를 제공한다"이다. '평화구축'과 '정의구현'을 위한 방편으로서의 철학적 논의 대상인 상호문화성을 내포한다. SDGs 4는 세부 목표인 "4.7 2030년까지 모든 학습자에게 지속가능발전, 지속가능한 생활 방식, 인권, 성평등, 평화와 비폭력 문화 확산, 세계시민의식, 문화다양성 존중 및 지속가능발전을 위한 문화의 기여 등에 대한 교육을 통해 지속가능발전 증진을 위해 필요한 지식과 기술의 습득을 보장한다"와 직접적인 연결성을 가진다. 요즘에는 이러한 목표들과 부합하는 많은 새로운 교육이 시범적으로 운영되기도 하고 정규과정으로 채택되면서, 현재 한국 사회의 갈등을 야기하는 여러 가지 현상에 대한 새로운 관점과 시각을 배울 계기를 마련하고 있다. 우리나라에서도 2025년부터 공식적으로 학교 교육과정에서 사회정서학습 Social Emotional Learning(이하 SEL)을 통해 자신의 감정을 잘 다스리고, 타인과 제대로 관계 맺는 방법을 배우며, 이와 함께 문화적 차이를 자원으로 인식할 수 있는 상호문화교육 같은 서로 다름에 대해 긍정적으로 접근하는 교육과정이 더욱 중요하게 다뤄질 수 있도록 하나씩 정규과정으로 도입해나가고 있다. 이는 민주시민과 세계시민을 길러내는 교육 체계의 변화이기도 하고, 학교 교육에만 머무는 것이 아닌 가정과 나아가 지역사회 그리고 정부의 정책에도 영향을 줄 수 있는 변화들이라고 할 수 있다. 평화구축을 위한 기본의 첫걸음이라 생각하고 개인, 시민, 기업, 사회, 정부 등 모든 주체가 유기적으로 '평화'라는 주제를 향해 함께 노력해야만 변화를 만들 수 있으며, 상호문화교육과 사회정서학습은 그러한 평화의 길과 포용적 사회를 만들어나가기 위한 개인과 시민 주체들을 성장시키는 다양한 교육적 접근 중 하나일 수 있다.

평화구축을 위해 상호문화성을 이해해야 하는 중요한 이유는 결국 평화구축은 혼자서 이루는 것이 아니라 관계성으로부터 피어나기 때문이다. 타자에 대한 상호문화적 해석의 가능성은 문화 사이의 중첩(겹침 Überlappung)에 있다. 즉, 겹침만이 해석을 허용한다. 문화 사이의 중첩 개념은 전적인 차이도 전적인 동일성도 아닌 유비적 해석을 가능하게 하는 핵심 개념이다.[3] 상호문화성 개념은 그 자체로 '다원성'과 '관계성'을 동시에 전제하고 있다. 다양한 타문화의 존재를 인정하는 다원성에서 상이한 문화들의 병존인지 연대적 공존인지에 따라 다문화주의와 상호문화주의로 구분될 수 있다. 탈중심적이고 문화복수주의적인 면에서는 닮아있지만, 상호문화주의는 다름에 대해 더욱 적극적인 만남과 긍정적 상호작용을 추구한다. 다문화가 하나의 사회 안에서 다양한 문화가 공존하는 사실(현상)로서의 사회적 구조를 서술하는 것이라면, 상호문화는 다문화사회에서 문화적 배경이 다른 사람들이 함께 살아가는 과정에서 역동적인 상호작용에 의해 생겨나는 것을 의미한다. 상호문화는 구체적인 상황에서 개인 사이에서 상호 간의 의사소통적 행위를 통해 생겨나는 A와 B "사이의 세계 C"이므로 고정불변하는 것이 아니라 가변적인 과정의 특징을 갖는다.[4] 그러한 C를 가리켜 '상호문화'는 생겨남 Sich-Ereignen의 표현이고, 이러한 '생겨남'은 단순히 두 문화 간의 통합이나 공통분모를 의미하지는 않는다. 오히려 두 문화와는 다른 새로운 질의 문화를 의미한다. 상호문화는 50:50이라는 의미의 A와 B의 정적인 통합Synthese이 아니라 시너지Synergie다.[5] 시너지를 만들어내기 위해서는 우선 서로 다름이 교차되는 겹침의 지평을 넓힐 수 있어야 한다. 차이를 통해 새로운 역동을 만드는 과정은 만남을 필요로 한다. 공통된 것이 아무것도 없다면 대화가 시작되기 어렵고, 완전히 동일하다면 대화가 필요 없기 때문이다. 차이에 시선을 주기보다 공통점에 관심을 가지고, 서서히 겹침의 정도를 늘려가며, 겹침과 중첩이 넓어질수록 낯섦과의 거리는 좁아질 수 있다. 서로를 연결하는 공통점을 통해 안전한 연결 뒤에는 상대의 다름을 통해 자기 자신에 대해서도 거리를 두고 객관적으로 바라보는 힘이 생기게 된다. 이러한 겹침의 확장이 곧 다름에 대한 긍정적 접근을 강조하는 상호문화적인 만남의 핵심이기 때문이다. 상호문화는 여기서 그치지 않고, SDGs 16에서 강조하는 정의와 인권에 기반하는 문화복수주의를 허용하기 때문에 모든 이들의 평등과 다름을 존중하지만, 인권을 침해하거나 박탈하는 명예살인, 할례 등에 대해서는 엄격한 잣대를 제시한다. 이처럼 무조건적인 문화상대주의적 수용이 아닌 인권에 기반한 비판적인 존중의 태도가 바탕이 되어야 한다. 상호문화성이란 다양한 문화를 가진 사람들이 자신의 문화와 서로 다른 문화에 대해 질문하고 배우기 위해 상호작용하는 역동적인 과정이기 때문이다. 이것은 시간이 지남에 따라 문화의 변화를 이끈다. 상호문화성은 상호존중을 요구하고 인권을 인정하는 과정이다.[6] 상호문화교육 철학자인 마르틴 압달라 프렛세이Abdalah-Pretceille, Martine는 "상호문화교육이란 타인에게만큼이나 많은 질문을 자기 자신에게 던지는 것"이라고 했다.[7] 평화적인 관계 구축을 위한 첫걸음은 개인적 성찰에서 출발해야 한다. 나아가 실천을 강조하는 상호문화주의를 통해 자국에 대한 평화만이 아닌 지속가능발전목표를 통해 전 지구적으로 이루어야 할 '평화'에 대해 어떻게 화합과 연대적인 공존을 이룰 수 있는지 함께 고민해볼 수 있을 것이다.

3) 포용적 사회를 위한 사회정서학습과 상호문화교육

사회정서학습SEL은 학교 교육과정 내에서 사회적·정서적 기술을 함양하는 것을 목표로 하는 교육 방법이다. SEL을 사회정서적 문해력이라고도 한다. 사회정서학습은 1960년대 예일대학교 의과대학에서 시작되었지만, 학교 교육에 체계적으로 접목되기 시작한 것은 1994년 '학업, 사회정서적 학습 협력Collaborative for Academic, Social, and Emotional Learning(이하 CASEL)'이라는 단체가 만들어지면서부터다. 이들은 사회정서학습의 정의를 다음과 같이 제시한다. 사회적-정서적 학습SEL은 교육과 인간 발달에 있어 필수적인 부분이다. SEL은 모든 청소년과 성인이 건강한 정체성을 발전시키고 감정을 관리하며, 개인 및 집단적 목표를 달성하고, 다른 사람들에 대한 공감을 느끼고 표현하며, 지지하는 관계를 형성하고 유지하며, 책임감 있고 배려 있는 결정을 내리는 지식, 기술 및 태도를 습득하고 적용하는 과정이다.[8] 사회정서학습은 자기인식, 자기관리, 사회적 인식, 관계기술, 책임 있는 의사결정 등의 과정으로 이루어져 있다. '평화'를 위협하는 여러 고정관념과 편견을 성찰하는 데서 머무는 것이 아닌 생각과 감정을 인식하고 인종차별, 성차별, 장애차별, 동성애차별 등 혐오에 대한 부분도 정서적인 차원까지 다루기 때문에 행동으로 나아가기 전에 스스로의 감정을 알아차리는 연습을 할 수 있다.

개인의 상호문화 감수성 능력을 강조하는 상호문화교육 또한 하나의 관점이 아닌 다관점적으로 자신을 인식하고 정체성을 확인하는 역량을 키울 수 있도록 돕는 교육이라 할 수 있다. '감수성減受性'이란 "외부의 자극을 느끼는 성질이나 심리적인 능력"을 말한다. 이 표현이 중요한 이유는 서로 다름이 감지될 때 이러한 차이를 '이성적으로

만 판단'하는 것이 아닌 '정서적으로 감각'한다는 것의 중요성이 상호문화 감수성이라는 표현에 내포되어 있다. 많은 갈등과 그로 인한 폭력에는 정서가 동반되기 때문이다. 이와 함께 유럽평의회, 유네스코, 유럽연합 등 국제기구가 제시한 정의와 목표를 살펴보면, 유럽평의회에서 1995년 발간한 『Education Pack』이라는 자료집에서는 차이를 "우리 사회의 현실"이라고 규정하고, 상호문화교육을 "차이에 대한 긍정적인 접근"이라고 정의하고 있다. 또한, 2006년 발간한 유네스코의 『문화 간 교육 지침 Guidelines on Intercultural Education』에서는 상호문화교육을 "모두에게 양질의 교육을 제공하는 문제에 대한 해답"이라고 정의한다. 또한 "소극적인 공존을 넘어 다른 문화집단들을 이해하고 존중하며, 다양한 집단 간의 대화를 통해 다문화사회를 함께 살아갈 발전적이고 지속적인 방법을 찾아야 한다"고 언급하며, 적극적인 상생을 목표로 하고 있다. 2005년 유럽평의회 창립회원국이자 유럽연합의 회원국인 아일랜드에서 발간한 『초등학교에서의 문화 간 교육 Intercultural education in the primary school』에서는 상호문화교육을 "인간 생활의 모든 영역에서 다양성의 정상성을 존중·찬양·인정하고, 평등과 인권을 신장하며, 불공정한 차별에 도전하고, 평등을 떠받치는 가치들을 제공하는 교육"으로 정의하고 있다. 앞의 세 가지 교육자료가 제시하는 내용을 바탕으로 상호문화교육의 주요 내용을 선정해보면 12가지로 축약할 수 있다. 그것은 문화, 차이, 다양성, 정체성, 고정관념, 편견, 민족중심주의, 외국인혐오증, 인종주의, 갈등, 차별, 불관용이다. 주요 내용과 정서는 밀접하게 연결되어 있다. 예를 들어, 고정관념은 인지적 개념이지만, 편견에는 정서적인 측면이 내포되어 있다. 그리고 이러한 고정관념과 편견에 행동이 더해지면 차별로 드러나고, 배제와 차별이 더욱 강한 정서와 연결되거나 왜곡된 표현으로 이어지면 폭력으로까지 이어질 수 있다. 이러한 정서와 생각의 연결은 개인적 차원과 분단국가의 아픔이나 일제강점기의 경험 같은 국가적 차원의 트라우마인 집단적인 정서를 모두 포함한다. 서로 다른 문화적 배경과 관습적 차원에서 긴 시간 동안 축적된 생각과 정서들이기에 상호문화교육과 사회정서학습은 한 사람의 행동을 변화시킬 수 있다는 전제하에 성찰을 통해 실천을 이끌어내는 것을 강조한다. "교육은 백년지대계百年之大計"라 했다. 단순한 변화가 아닌 사회적 변혁과 혁신을 목표로 하기에 '변혁적 교육Transformational Education'이라 말하는 상호문화교육을 통해 앎과 실천이 이어질 수 있도록 해나가야 한다. 교육은 속도보다 방향성이 중요하다. 사회 곳곳에서 변화를 만들어나가는 노력이 지속되겠지만, 실질적인 사회적 변화를 느끼기까지 생각보다 많은 시간이 걸릴 수 있다. 또한, 사회의 변화는 곧 그 구성원의 변화로부터 시작될 수 있기에 풀뿌리 상호문화주의로서 시민 개개인이 상호문화 시민성을 갖추어나가기 위해서는 새로운 생각과 의지가 개개인에게 스며드는 시간 또한 기다림을 필요로 한다. 중요한 것은 한국 사회가 현 교육의 사각지대를 인식하고, 앞에서의 방향성과 함께 장기적 계획과 함께 지금부터라도 포용적 사회를 위한 평화구축에 기여할 수 있는 교육적 접근을 위해 노력해나가야 한다는 것이다.

2. 본론

비폭력운동을 실천했던 간디는 "평화로 가는 길은 없다. 평화가 길이다", "변화를 원하거든 스스로 그 변화가 되라"고 했다. 본론에서는 이 세상에서 스스로 평화가 되고, 길이 되고자 했던 간디의 말처럼, 평화구축을 위한 개인적·관계적·제도적 차원에서의 긍정적 변화를 만들기 위해 사회정서학습과 상호문화교육자이자 실천가로서 살아온 필자의 상호문화실천 사례들을 나누어보고자 한다. 비록 한 개인의 미약한 발걸음이지만, 그럼에도 그 이야기들을 나누고자 하는 것은 그 길 위에서의 고뇌와 질문을 돌아보니 다양한 방식으로 이 세상의 '평화구축'을 위한 노력과 맞닿아 있었다는 것을 느끼기 때문이다. 본론에서 다루는 상호문화실천 사례들을 통해 '평화구축'을 위한 다양한 대안에 대한 통찰과 지혜를 얻을 수 있기를 기대해 본다. 앎은 곧 실천과 이어져야 지혜로 나아갈 수 있고, 삶에서의 실천과 공부가 연결되지 않는 것은 올바른 '변화'와 '혁신'을 이끌고 만들어낼 수 없기 때문이다.

1) 개인적 차원의 평화구축과 상호문화실천 사례

누구나 살면서 내면의 갈등을 경험해보았을 것이다. 개인적 차원의 평화구축은 나 자신과의 관계 그리고 내면의 갈등과 복잡한 감정과 생각의 실타래를 풀어나가는 과정에서부터 시작될 수 있다. 갈등 conflict의 어원은 라틴어 confligere다. 여기서 con-은 '같이'라는 뜻이고, fligere는 '부딪히다'라는 뜻이다. 15세기 초 이 단어의 과거분사 conflictus에서 conflict가 나왔다. '상반되다'라는 의미로 사용한 것은 1640년대부터다.[9] 한자어 '갈등葛藤'은 "칡과 등나무가 서로 얽히는 것과 같이, 개인이나 집단 사이에 목표나 이해관계가 달라 서로 적대시하거나 충돌함. 또는 그런 상태"를 말한다.[10] 특히 심리학에서는 "두 가지 이상의 상반되는 요구나 욕구, 기회 또는 목표에 직면했을 때, 선택하지 못하고 괴로워함. 또는 그런 상태"를 말한다. 이처럼 갈등은 고민이나 심리적 갈등과 폭력 같은 물리적 갈등 모두를 포함하는 말이다. 레데라흐(Lederach, 2003)는 개인적 차원의 평화구축에 대해 "갈등의 개인적 측면은 개인에게 영향을 미치고 개인이 원하는 변화에 관한 것이다. 여기에는 인지적·정서적·지각적·영적 차원을 포함한 전인격이 포함된다"고 말한다.[11] 신체적 안전과 함께 심리적 안정을 만들어나가는 것은 한 인간의 웰빙을 논하기 위한 기본조건일 것이다. 내면의 갈등을 해결·조절·변화시킬 능력을 어린 시절부터 교육하고, 자신의 감정을 제대로 인식하고 평화적으로 표현을 제대로 할 수 있도록 알려주는 연습과 시간이 필요하다. 이를 위해 올해부터 초등학교에서부터 정규과정으로 시작하려고 하는 사회정서학습은 필수라 할 수 있다.

    레데라흐가 언급한 개인적 차원의 평화구축에서 영적인 차원까지 포괄하고 있는지는 차치하더라도 긍정적인 '변화'를 만들어낼 수 있는 평화구축에 반드시 필요한 정서적·인지적·지각적 자기인식과 태도의 차원에서 SDGs 4 교육적 목표와 연계된 필자의 상호문화실천 사례를 소개하고자 한다. 난민 아동을 위한 사회정서학습의 개발과 진행, 폭력피해 이주여성들을 위한 동작치유 프로그램, 이주배경 가정의 부모와 아동을 대상으로 한 표현예술 치유 프로그램, 초·중·고 학생들을 위한 특강 'SDGs를 통한 세계시민의 마인드셋 이해'와 '차이에 대한 긍정적 접근의 상호문화대화를 통한 지구별 여행', '평화의 감정수업', 선주민과 이주민을 위한 나의 자장가 프로그램 등이 떠오른다. 이러한 상호문화실천적인 프로그램과 교육 활동은 모두 자신에 대한 인식과 성찰에서부터 시작된다. 윤리나 도덕 시간에 배운 인간으로서의 올바름으로 접근하기에 앞서 평화통일 포스터를 그리면서 주입식으로 배웠던 전쟁의 반대말로서의 '평화'가 아닌 내면의 평화를 일구는 방법들에 대해 스스로 어디에 서 있는지부터 인식하는 방법을 자신의 움직임과 몸 상태를 이해하며 몸과 마음의 연결을 배우고 그러한 인식의 결과를 언어화하는 과정이라고 할 수 있다. 나와 다른 사람과 대화하면서 내 몸이 움츠러드는지, 나도 모르게 사회적 약자에 대해서는 왜 거부감이 드는지 혹은 높은 관심이 생기는지 등을 스스로 알아차릴 시간을 가진다. 무의식적으로 사고하거나 행동했던 자신의 태도에 대해 스스로 가지고 있는 정체성을 살펴보고, 우리 모두 다르다는 것을 그리고 그것이 매우 보편적인 현상임을 자각하는 시간을 가진다. 왜 평화를 만들어나가야 하는지에 대해 당연히 그래야 한다는 정당성만이 아닌 내면의 갈등을 자각하고 그 근원의 평화를 들여다보는 시간을 가질 때 진정으로 동기부여가 되어 스스로 변화를 일으킬 준비가 된다.

  2020년부터 3년간 상호문화연구소 자하[12]에서 진행했고, 난민 글로벌 임팩트 굿 프랙틱스 사이트[13]에도 올라가 있는 '나의 자장가 프로젝트My Lullaby Project'의 경우 난민 이주여성들과 아이들 그리고 한국의 선주민과 아이들이 함께 어우러져서 이야기를 나누고, 자장가를 함께 불러보는 신체적 체험과 정서적 교류가 담긴 프로그램이라고 할 수 있다. 한 한국인 참여자의 경우 이 프로그램에 참여하기 전에는 "'난민'이라는 단어를 들으면 낯설고 무서웠는데, 실제로 함께 마음의 아픔과 불안, 슬픔을 '자장가'라는 공통점으로 연결되어 위로하고 나누다 보니, 언어가 잘 통하지 않아도 진정한 '만남'을 통해 타자화된 '난민'이 아니라 이름을 가진 한 사람으로 누군가의 엄마로 다가오게 되었다"며 자신의 생각과 마음이 변화된 과정을 설명해주었다. 이 프로그램에서는 각자 자신의 감정과 생각, 몸에 기억된 아픔들을 안전한 장소에서 나눌 수 있도록 했고, 그렇게 개인적 차원의 정서적 편견이 해소되고, 안전지대가 넓혀질수록 앞으로 나아갈 수 있는 긍정적 에너지가 생겨난다는 것을 참여자들의 후기를 통해 느낄 수 있었다. 자신의 목소리를 세상 사람들과 나누고 타인의 목소리도 진심을 다해 듣는 경험을 하게 되니 세상에 대한 마음이 열리고, 사회적 약자로서가 아닌 주체적인 존재로서 이방인에서 한 사회의 구성원이 되는 경험을 하게 되었다며 소감을 나누어주었다. 여성, 엄마, 자장가 같은 공통점의 토대 위에서 '소리'로 공명되는 경험을 하며, 서로서로 연결된 존재들이라는 것을 알게 되는 과정이었

정주민과 이주민이 함께하는 '나의 자장가 프로젝트(My Lullaby Project)'
ⓒ 2021. 상호문화연구소자하 All rights reserved.

다. 또한 폭력피해 이주여성들과 함께한 표현예술 치유 시간도 한껏 움츠러들고 분노와 불안, 긴장으로 팽창되어 있던 자신의 마음을 들여다볼 수 있는 계기를 마련하고 나니, 다시금 긍정의 에너지를 채울 수 있는 공간이 나타나는 것을 볼 수 있었다.

학교에서도 학생들과 함께 '평화'가 무엇인지를 나누는 사회정서학습과 상호문화교육을 통해 각자 자신의 감정에 이름을 붙여보며 불편하고 불안한 마음을 가라앉히는 방법들을 알아가는 시간이 얼마나 중요한지 여러 차례의 실제 교육을 통해 확인한 바 있다. 또한, 이러한 교육을 제도화하고 정착시킬 수 있는 정부 조직의 관계자들이나 학교에서뿐만 아니라 가정에서도 정서교육이 이어질 수 있도록 부모들에게도 교육할 수 있다. 감정에 대한 인식과 조절이 갈등 중재에 도움이 된다는 것을 알아야 교육적으로도 더 많은 아동과 청소년, 나아가 시민이 이를 배울 수 있도록 도울 수 있다. 또한, 이러한 사회적·교육적 변화를 만들 수 있는 사회적 리더들에 대한 교육도 중요하다. 실제로 2024년과 2025년에는 에티오피아에 최근 신설된 평화 관련 부서의 공직자들에게 "평화, 교육인가? 활동인가? 아동, 청소년의 사회정서를 키우는 평화의 감정수업"이라는 제목으로 'KOICA-KOICS 에티오피아 분쟁 해결 및 지속가능한 평화구축을 위한 위기관리 역량 강화' 과정에 참여한 적 있다. 이역만리 떨어진 지구 반대편의 나라에도 평화가 싹트길 바라는 마음으로 사회정서의 중요성을 함께 이야기하고 나누었다. 온라인상으로도 함께 호흡하며 자신의 감정을 알아차리는 시간, 서로의 연결감이 확장되는 것을 느낄 수 있었다. '평화'는 말보다 들이마시고 내쉬는 한 호흡에서 시작된다. 들어온 호흡이 나가지 못해도, 나간 호흡이 들어오지 못해도 죽음을 맞이할 수밖에 없다. 삶이란 들이마시고 내쉬는 호흡 사이에 존재한다. 어떠한 호흡을 들이마시고 내쉴 것인지, 자신의 감정에 어떠한 이름들을 더 많이 붙여나가며 내면과 평화로운 소통을 할지를 알아갈 수 있도록 앞으로도 다각도의 개인적 차원의 상호문화실천은 계속되어야 한다. 평화에 대해 잘 설명하는 사람들이 더 늘어나는 것이 아닌 "오늘 하루는 행복으로 할래"라고 말하는 이상한 나라의 앨리스처럼 언제든 자신의 하루에 행복과 평화를 초대할 수 있는 개인들이 늘어날 수 있도록 제도적·교육적으로 도와줄 필요가 있다. 중요한 것은 어쩌면 '평화구축'이라는 거창한 목표가 아니라 개인적 차원에서 내면의 평화를 가꾸며 시작되는 작은 발걸음들의 이어짐일 것이다.

2) 관계적 차원의 평화구축과 상호문화실천 사례

국가나 민족의 자기정체성은 세계 체계 안에서 자신과 타자를 구분하며 자신에게 적합한 역할과 행동을 판단하는 기준이다.[14] 상호문화교육에서 주요 개념 중 하나가 정체성인데, 이는 개인적 차원의 성찰뿐만 아니라 내 집단과 타자를 구분하는 데 상당한 영향을 주기 때문에 타자 수용성과 일상적 평화에 중요한 의미를 가진다. 국민정체성 조사를 통해 국민이 중요하다고 인식하는 '우리' 범주의 기준은 무엇인지, 동시에 우리 집단에 속하지 않는다고 인식되는 '타자'를 어떻게 인식하고 평가하는지를 확인할 수 있다. 한국 사회에서 국민정체성이 중요한 사안으로 떠오르게 된 것은 이주노동자, 결혼이주여성, 외국국적 해외동포, 북한이탈주민 등 다른 문화적 또는 인종적 배경을 가진 집단들이 대거 유입되면서부터이다. 그리고 국민정체성이 중요한 이유는 이에 대한 기준과 인식이 이주민이나 외국인 근로자 같은 타자에 대한 수용성에 대한 인식을 간접적으로 확인할 수 있기 때문이다. 타자에 대한 수용성은 '타자'로 규정된 여러 집단 사람들이 한국 사회를 살아가면서 경험하는 편견, 배제, 혐오를 포함한 직간접 차별이나 폭력과 연결되기에 관계성 측면에서도 중요하다. 2021년 여성가족부에서 실시한 보편성·다양성·관계성 등의 지표로 구성된 다문화 수용성 조사에서 일반국민의 다문화수용성은 52.27점으로 2012년에 비해서는 1.1점 상승했으나, 2015년 대비 1.68점, 2018년 대비 0.54점 하락한 것으로 나타났다. 청소년 다문화 수용성 현황은 연도별로 상승의 정도는 미약하지만, 이전과 동일하게 2021년도의 결과도 일반국민보다 높은 71.39점으로 나타났다. 다양성, 관계성, 보편성 차원을 비교해보았을 때 전반적으로 관계성 점수가 가장 높고, 다음이 다양성, 보편성 순이었다. 성인의 경우 다양성 차원의 점수가 가장 높고 관계성 차원은 가장 낮은 것과는 대비되는 특성을 보인다. 청소년의 경우 학교에서 이주배경 집단을 접할 기회가 많으며, 그 기회를 통해 좀 더 자연스럽게 관계를 맺게 되기 쉬울 뿐 아니라, 학교교육을 통해 차별적 행동에 대한 부정성을 학습할 기회도 비교적 많다는 점과 관련이 있어 보인다고 언급한다. 이는 청소년층을 통해 관계적 차원의 평화구축을 교육하고 확산해가는 것이 중요하고, 더 빠른 변화를 기대하고 예상해볼 수 있다.

    같은 민족의 뿌리를 가진 북한이탈주민에 대한 수용성에 관한 여러 조사에서도 북한이탈주민의 한국 정착 과정에서 다수의 차별과 무시를 경험한 것으로 보고되며, 북한이탈주민의 60~70%가 억양, 생활방식이나 태도 등의 문화적 소통방식으로 인한 차별로 어려움을 겪는다.[15] 특히, 평화적으로 해결되지 못한 채 오랫동안 지속되어 해결이 매우 까다로운 분쟁을 '고질분쟁intractable conflict'이라고 하는데, 고질분쟁에 노출된 사회에 형성되는 갈등문화와 혐오·배제의 정동은 분쟁의 대상인 북한을 향해 표출될 뿐만 아니라 사회구성원의 심리와 감정에 영향을 주고 이분법적 세계관을 형성한다.[16] 한반도의 고질분쟁은 한국인에게 '적'과 '우리'를 명확히 구분하고, 늘 전쟁 같은 긴장 상태를 유지하는 집단적 심리 기제를 고착화했다. 이는 분쟁이 장기화되면서 북한에 대해서만이 아니라 자신과 의견을 달리하는 집단에 대한 적대와 혐오의 일상화된 폭력으로 표출되는 현상을 낳고 있다.[17] 사회 내 관계에서의 긴장과 갈등을 완화하고 나아가 안전한 관계적 평화구축을 위해서는 남북한 주민 상호 간, 이주민·난민과 선주민 간, 장애인과 비장애인 간의 경계를 넘는 한국 사회의 여러 집단 간 상호 다름을 인정하는 대화와 소통이 절실하다. 이처럼 관계적 차원은 대면 관계의 변화를 나타내며, 관계적 정서, 권력, 상호의존성, 그리고 표현적·의사소통적·상호작용적 측면의 갈등을 고려할 수 있다.

상호작용이 일어나기 위해서는 서로 다른 다양성이 전제되어야 하고, 그로 인해 발생하는 상호문화적 공간 intercultural zone이 나타나야 한다. 다른 이들과 소통하거나 관계를 맺지 않는다면 발생 가능한 갈등은 피할 수 있겠지만, 연결과 공감을 통한 관계 개선은 기대할 수 없다. 대화와 소통은 겹침의 확장을 위한 기본전제라고 할 수 있다. 그런 의미에서 'inter-'는 대화 참여자들의 상호 침투와 변화라는 역동적인 창조가 이루어지는 장소다. 그 때문에 'inter-'의 공간은 대화 참여자들이 사전에 의도하지 않은 어떤 것이 전개될 가능성, 그리고 그러한 만남으로부터 어떤 새로운 것이 생성될 가능성을 내포할 수 있다. 그리고 이러한 만남과 소통의 장을 위해 상호문화교육에서 강조하는 '상호문화대화'란 "상호이해와 상호존중을 기반으로 서로 다른 민족적, 문화적, 종교적 그리고 언어적 배경과 유산을 가진 개인과 집단 사이에서 열린 마음과 존중이 담긴 관점 교환"으로 이해될 수 있다.[18]

관계적 차원의 평화구축을 위한 실천 사례로는 국제공인 표현예술상담사로 참여하여 탈북청소년들과 함께한 평화원정대, 문화콘텐츠 기획자로 함께하여 강화도 전등사에서 진행한 한불문화교류 Echange Culturel Franco-Coreens, 서울연구원 연구과제 책임연구원으로 기획하고 참여한 'Hi! 상호문화도시 서울 옹기종기 상생마을'이 떠오른다.

탈북청소년들을 위한 셋넷학교와 함께 표현예술상담사로서

2017~2018 인도 평화 연습 '한반도평화원정대 국제청소년네트워크 문화활동 IV', 탈북청소년들과 중도입국 자녀를 둔 부모와 함께한 캄보디아 평화 연습 '한반도평화원정대 국제청소년네트워크 문화활동 V'에서 우정과 치유의 춤 안무를 맡아 인도 아쇼카대학 행사에서 캄보디아 시골 초등학교 학생들과 셋넷예술단이 함께한 평화의 여정이 기억에 남는다. 소통과 대화라는 것이 말이 아닌 놀이와 춤, 음악 등 다양한 예술적 표현으로도 가능하다는 것을 이 여정 속에서 더욱 깊이 느낄 수 있었다. 한반도의 분단 이야기가 인도 대학생들에게 춤과 움직임을 통해 전해지고, 한국처럼 아픈 역사를 간직한 캄보디아에서 아이들과 함께 대화하고 접촉하고 움직이며 공감을 통해 관계 속에 새로움이 깃드는 것을 느낄 수 있었다.

두 번째는 현존하는 가장 오래된 사찰인 강화도 전등사에서 템플스테이에 참여하는 외국인들을 위해 통역을 하며 프로그램 기획 및 운영을 맡았었다. 특히, 차담시간을 통해 자연스럽게 서로 다른 문화적 배경을 가진 사람들 간의 상호문화대화 시간이 이루어질 수 있었다. 요즘은 템플스테이가 대중적으로 알려져 있지만, 2010년도만 해도 많은 이들, 특히 외국인이 다가서는 것은 쉬운 일이 아닌 장소이자 문화 활동이었다. 깊은 산속으로 문화적 배경이 다양한 외국인이 찾아오고, 종교적·문화적·언어적으로 서로 다른 사람 간의 자연스러운 대화 시간이 열렸다. 이러한 기존에 존재하는 템플스테이 방식도 좋았지만, 자연스럽게 더 필요한 실천이 없을지 고민하는 시간을 가졌다. 모든 변화는 언제나 지금 여기에 대한 비판적 고찰과 성찰적 질문을 통해 시작된다. 변화를 만들어내고 상호작용하는 주체로서의 개인적 차원에서 어떤 질문을 가슴에 품을 수 있을지 떠올려볼 수 있다. 단지 주어진 임무에 머무르지 않고 이곳에 머무는 동안 무엇을 할 수 있을지 고민해보니, 전등사가 있는 강화도는 프랑스와 전쟁으로 만났던 병인양요가 일어난 터전이라는 생각이 떠올랐다. 이런 역사의 현장에 머물면서 이제는 총과 칼이 아닌 문화로 서로 교류하고 만나자는 취지의 한불문화교류를 기획하게 되었다. 병인양요 때 죽음을 맞이한 프랑스 병사들을 위한 한국 방식의 위령제도 지내고, 주프랑스 대사님과 함께 '평화의 숲속 걷기 명상'도 하고, 한국의 전통 막걸리와 프랑스의 커피가 만나 '살롱드막걸리'를 탄생시키기도 했다. 만남의 시작은 총칼을 겨눈 피와 눈물과 아픔이었지만, 새로운 상호문화 공간을 창출하여 문화교류를 통해 함께한 많은 분이 평화란 만남과 접촉, 대화로 시작될 수 있다는 확신을 갖는 계기를 마련했다.

마지막으로, 상호문화대화를 있는 그대로 실천한 'Hi! 상호문화도시 서울 옹기종기 상생마을'[19]이 있다. 상호문화도시[20]란 서유럽 국가들의 다문화주의 및 다문화 정책의 한계를 극복하기 위해 시작된 개념으로, 2004년 영국의 싱크탱크 기관인 코메디아Comedia에서 처음 등장했다. 유럽평의회는 상호문화도시를 "국적, 출신국, 언어, 종교, 신념 등이 다양한 사람이 모여 사는 도시로서 다양성을 자원으로 간주하고, 차별적 대우에 적극적으로 맞서며, 거버넌스와 기관이 다양한 구성원의 요구에 맞는 서비스를 제공할 수 있어야 한다"고 제시한다. 또한, "다양성과 문화적 갈등을 다루는 전략과 도구가 있으며, 공공 공간에서 다양한 집단 간의 더 큰 혼합과 상호작용을 장려하는 도시"로 정의하고 있다. 이에 대해서는 세 번째 구조적 차원의 내용에서 더 나누어보도록 하겠다. 'Hi! 상호문화도시 서울 옹기종기 상생마을 프로젝트'를 서대문구에서 하게 된 이유는 서대문구가 다양한 유학생이 오가는 곳이기에 문화다양성이 어우러지는 청년들의 실험장으로서 '상호문화대화'를 함께해보기에 적절하다고 판단했기 때문이다. 서대문구 유학생들과 함께 만드는 옹기종기 상생마을 프로젝트는 한국 내 유학생들을 포함한 이주배경 집단들과 선주민들이 함께 서로 알아갈 수 있는 시간을 갖기 위한 마을 프로젝트였다. 먼 타국에서 이주해온 자신의 아버지를 얼굴색으로 차별하는 사람들을 볼 때 가슴이 아팠다고 하는 친구, 한국 국적을 가지고 있지만 다문화가정에서 자라 여전히 정체성의 혼란을 느끼는 친구, 한국이 좋아서 한국어를 배우고 싶어서 유학을 왔지만 늘 소외되고 외톨이였던 친구들이 떠오른다. 외국에서 유학하며 소수자로서의 경험을 나눈 한국 친구도 자신의 경험을 나누며 참여한 사람들은 서로를 알아가기 위해 대화가 얼마나 중요한지 느낄 수 있었다고 말했다. 미리 준비해둔 상호문화대화 카드를 통해 다양한 질문을 나누었다. 상호문화역량에서 중요하게 다루는 호기심, 열린 마음, 애매모호함 견디기라는 태도를 유지하며, 갈등에 집중하는 것이 아닌 연결감을 높일 수 있는 공통점을 찾고, 서로의 겹침을 확장해나가는 시간을 가졌다. 스스로 고정관념과 편견에 사로잡혀 갈등을 키우는 것이 아니라, 폭력을 줄여갈 수 있는 동력 중 하나인 '공감'을 통해 이해의 폭을 넓혀나갈 수 있다. 특히 내 마음을 알아주길 바라는 자기중심적 '공감Sympathy'으로부터 타자의 형편을 먼저 고려할 수 있는 타자지향적 공감인 '감정이입Empathy'으로 나아가는 것이 중요하다. 이처럼 대화를 시도한다는 것은 여러 평화 경험 사이에 공감과 공유의 지점이 있다는 사실을 인정하는 것이기도 하다. 부분적일 수도 있겠지만, 상대방의 언어에 대한 공감과 저마다 제한된 이해 간 합의의 가능성을 전제하는 것이다. 이는 공감 혹은 합의의 가능성에 대한 선이해가 작동하고 있다는 뜻으로, 선행적 공감 영역을 중시할 필요가 있다.[21]

SDGs의 16번째 목표와 네 번째 목표는 이렇게 서로 다른 존재 간의 겹침 영역을 확장해나가면서 이해의 폭을 넓히고 갈등을 줄이는 실천을 바탕으로 할 수 있다. 그래서 관계적 측면의 평화구축에서 가장 우선시해야 할 평화연습은 '대화'이고 '소통'일 수밖에 없다. 상호문화교육에서 중요하게 언급되는 '에포케epoché'라는 단어가 있다. 이 단어는 본래 그리스 철학자들이 사용하던 용어로, '판단유보' 혹은 '판단중지'라는 뜻을 가진다. 나에게서 너로 나아가는 길은 무관심과 무지로부터 호기심을 통해 닫힌 마음에서 열린 마음으로 나아가야 한다. 빠르게 단정하고 내 편 네 편을 가르거나 정의하고 싶은 답을 찾는 마음으로부터 이 세상에는 무수히 많은 다양한 방식이 있을 거라고 믿고 기다리는, 잠시 판단을 유보할 수 있는 여유와 감응하는 공간인 에포케 정신에 기댈 수 있다.

3) 구조적 차원의 평화구축과 실천 사례

개인적 차원의 내적 평화가 만들어지고 관계적 차원의 평화가 구현된다고 해서 평화구축의 목표가 모두 달성되었다고 할 수 없다. 그 모든 차원 간 유기적 연결이 이루어져 있기에 지속가능한 평화를 위해서는 이와 함께 모든 사회적 갈등과 폭력에 대한 구조적 차원의 평화구축 방안이 필요하다. 구조적 차원은 갈등의 근본 원인과 사회적·정치적·제도적 관계에서 갈등이 가져오는 패턴과 변화를 강조하여 인간의 기본적인 욕구를 충족시키고, 자원에 대한 접근성을 제공하며, 집단, 공동체, 사회 전체에 영향을 미치는 결정을 내린다. SDGs에 제시된 지속가능한 평화구축을 위해서는 포용적 사회로 나아갈 수 있는 제도와 규범을 만드는 구조적 차원의 실천이 동반되어야 한다. 또한 한 사람 한 사람의 평화가 모여 다원적 평화로 나아갈 수 있는 안전하고 민주주의적인 준비가 되어야 한다. 물론 모든 차원이 다층적 행위 주체들과 서로 연결되어 있겠지만, 비교적 앞서 논의한 두 차원보다 개인과 시민이 행위의 주체가 된다면 구조적 논의는 지역사회 및 정부 나아가 국가적 관점과 밀접한 관련이 있다. 이와 관련한 구체적 실천 사례로는 시민사회 및 지역사회 그리고 정부 부처와 다양하게 연결하여 활동 중인 비영리단체 호모인테르Homointer22의 활동 사례를 나누고자 한다. 호모인테르는 주로 이주민과 난민의 언어인권과 문화다양성을 바탕으로 이주민과 난민을 위한 언어접근성, 정보접근성을 높이는 공공서비스통역 확산과 지역사회의 심리사회적 지원 역량을 강화하는 활동은 물론 이들에게 공공서비스를 제공하는 사회복지사, 난민심사관, 변호사, 통역사, 심리상담사 등 다양한 분야의 이해관계자를 위한 교육 제공 및 스트레스 관리 교육, 상호문화교육 등을 제공하고 있다.

「누구도 배제되지 않는 안전하고 포용적인 소통을 위하여: 폭력피해 이주여성의 정보접근성을 높이기 위한 의사소통의 중요성에 대한 연구 및 실천」, 「지역 이주배경 통·번역 활동가의 노동권 증진과 이주노동 지원 통·번역 공공인프라 확대방안 연구 및 교육적 실천」, 「이주민 인권보호 및 사회통합을 위한 통·번역 체계 구축 방안 연구」 등을 통해 사회구조적으로 누구도 배제되지 않고 이 사회에서 안전하고 평화롭게 살아가기 위한 기반을 우선적으로 구축하기 위한 노력이라 할 수 있다. 특히, 호모인테르의 출발점이기도 했던 통역의 사각지대를 해소하기 위한 '난민·이주민 통역교육: 통역 세계를 여행하는 모든 이들을 위한 소통의 장 신통방통교육워크숍'[23]은 사회통합의 기본요건이자 중요 관문인 언어장벽과 긴밀한 연관이 있다. 기본적으로 한 사회 내의 여러 다양한 문화적 배경의 주체들이 공존하기 위해서는 언어인권적 차원에서 정보접근성과 언어접근성을 보장해줄 수 있어야 한다. 이제 난민·이주민 통역의 영역을 통역의 사각지대나 비전문적인 통역의 영역으로 간주하여 지역사회 내에서 알아서 해결할 이슈 정도로 치부할 상황이 아니다. 이민청 설립과 함께 통합 서비스 지원에 대한 논의가 이루어지고 있고, 그러한 공공서비스지원이 원활해지기 위해 우선되어야 할 것은 언어적 불편을 해소하는 것이라고 할 수 있다.

호모인테르는 국제기구인 유엔난민기구UNHCR와 함께 지역사회를 위한 공공서비스 통역인 풀을 구축해나가고 있고, 이를 통해 개인이나 단체에서 공공서비스에 접근하기 위해 통역사를 구해야 하는 상황을 제도적으로 보완하기 위해 노력하고 있다. 그리고 여러 시민단체나 공공기관과 협력하여 정부와 시민사회가 연대하는 거버넌스 구축 차원에서 구조적으로도 더 단단한 체계를 마련해가기 위해 노력하고 있다. 그런 의미에서 우리나라도 여전히 지역사회통역이라 부르는 난민·이주민 통역의 영역을 몇몇 개인의 능력이나 시민단체만의 노력이 아닌 사회구조적 차원에서 지원이 이루어질 수 있도록 공공성의 영역으로 확장해야 할 것이다. 그런 의미에서 '지역사회통역'이라는 명칭보다 유럽에서 많이 쓰이고 있는 '공공성'을 강조하는 '공공서비스통역'이라는 명칭도 고려해볼 수 있다. 용어는 그 사회가 지향하는 바를 담고 있기 때문이다. 특히, 언어접근성은 한 사회의 구성원으로 함께 살아가기 위한 정보접근권과 연결되어 있고, 소수언어 사용자라고 하여 사회의 공공서비스로부터 배제되지 않는 소통 시스템을 마련해야 한다. 생명이나 생존과 연결되는 재난이나 사건사고의 경우는 그 중요도가 더욱 높아질 것이고, 언어인권에 기반한 사회통합 이슈를 잘 해결하지 못한다면 이미 다문화사회를 겪은 유럽 사회의 선례를 통해서도 알 수 있듯, 자칫 사회 내 갈등과 혼란을 야기하는 갈등의 씨앗이 될 수도 있는 중요한 사안이라고 할 수 있다.

아직은 소수이지만, 아동 통역에 대한 이슈도 글로벌 컴팩트에 등록하여 그 중요성을 알렸다. 흔히 '아동통역'이라는 말은 아동을 위해 통역하는 상황을 떠올리지만, 여기서는 많은 경우 이주배경 가정에서 아동들이 부모나 가족을 위해 통역하는 상황을 언급하고자 한다. 이러한 '아동통역'의 경우에도 공공서비스통역이 제도적으로 잘 마련되어 있다면 추후에는 아동들이 애쓰지 않아도 되는 영역이 될 수 있다. 아동이 통역을 하게 되는 상황은 가족 내에서는 큰 고민 없이 이루어질 수 있다. 하지만 아동이 통역을 맡게 되어 심리적으로 위축되거나 불안감을 호소하는 모습에 대해 가정과 사회에서 등한시하고 있음을 확인할 수 있다. 이렇듯 한 사회와 국가의 구조적 차원의 평화구축은 공공성의 렌즈를 통해 바라보면 오히려 아주 작고 잘 보이지 않는 영역들이 눈에 더 쉽게 들어올 수 있다. 아동통역처럼 문제인지도 모르고 인식조차 되지 않았던 영역들을 공공성과 상호문화렌즈를 통해 바라보면 이전에는 인식하지 못한 사회적 문제를 인식할 수 있게 되고, 문제를 해결할 방법을 찾아낼 수 있다. 구조적 차원의 평화구축이 어려운 이유는 대부분의 해결 방법이 거버넌스처럼 여러 주체의 협조와 연대가 필요하기 때문이다.

    심리사회적 지원을 마련하기 위해서도 역시 조직적이고 구조적인 안전망을 고려할 필요가 있다. 가정에 한 명만 아픈 사람이 있어도 가정 전체가 영향을 받듯, 지역사회 내 구성원의 정신건강 또한 사회적으로 지지받아야 할 중요한 영역이다. 개인적 차원에서 스스로 스트레스 관리와 정서적 안정을 찾아갈 수 있는 역량이 필요하지만, 지역사회 인프라로서 서로 도울 수 있는 구조적 제도와 지지 프로그램 또한 사회 전체적으로 큰 도움이 될 수 있다. 이를 위해 호모인테르는 유엔난민기구와 함께 난민 당사자 스스로 지역사회 내에서 서로 지지해나갈 수 있는 심리사회적 인프라를 구축하기 위한 CPSCommunity Psycho-Social Supporters 프로그램[24]을 운영하고 있다.

다문화사회로 나아가고 있는 현시점에서 한국은 SDGs의 평화, 정의, 포용적 제도를 위한 가장 기본적인 구조적 지원인 언어장벽의 해소를 적극적으로 고민해야 한다. 경찰통역, 사법통역, 의료통역 등 다양한 통역의 영역에서 평화적으로 정의를 구현해나가기 위해서는 서로 간 소통이 중요하다. 공공서비스를 제공하는 주체들의 상호문화 역량 또한 매우 중요하게 다루어져야 한다. 특히, 생사의 갈림길을 결정지을 수도 있을 난민통역에서는 통역과 언어인권의 무게가 더욱 가중된다. 이는 생명 그리고 추방과 직결되는 내용임에도 소수언어 통역사를 구하기 어려워 제대로 된 심사를 받지 못하는 경우가 발생하기 때문이다. 재난과 이주민을 주제로 진행한 교육 워크숍에서 일상이 재난이라고 했던 한 이주민의 목소리를 통해 보더라도 일상적 상황인 아플 때 병원을 찾아가는 것과 작게는 아이의 학교 진학부터(여기엔 SDGs 16의 평화, 정의, 포용적 제도의 세부 목표 중 "2030년까지 출생등록을 포함하여 모두에게 법적 신원 제공"과 SDGs 4의 세부 목표 중 4.1 "2030년까지 모든 여아와 남아가 유의미하고 효과적인 학습 성과를 달성하도록 형평성 있는 양질의 초등 및 중등 교육을 무상으로 이수하도록 보장한다"는 항목과 4.2 "2030년까지 모든 여아와 남아가 초등

교육을 사전 준비할 수 있도록 양질의 영·유아의 발달, 보육, 취학 전 교육에 대한 접근성을 보장한다"와 관련될 수 있는 무국적 난민 아동도 포함된다) 크게는 전 세계적 팬데믹 상황인 코로나19 시기나 국가 비상계엄령 같은 비상 체제 등 재난 상황에서 언어나 정보에 대한 접근이 쉽지 않다면 이는 사회적 갈등으로 이어질 수 있기에 다문화사회로 나아가는 현 한국의 입장에서 이주민과 난민의 고충은 체계적으로 지원이 이루어져야 하는 영역이다. 그 시작은 민관협업을 통해 지역사회를 튼튼하게 하고 공공서비스 인프라를 확충하는 것이 우선순위일 것이다.

현재 법무부의 난민전문통역인, 여성가족부의 결혼이주여성통역사 등 정부 부처별로 나누어져 자원이 중복되거나, 혹은 난민통역의 경우 소수언어 사용 통역사를 구하기 어려워 난민심사 절차 진행 시 언어적 지원이 어려운 경우도 존재한다. 이제는 경제적 논리로서 중요하게 다루어졌던 의료통역, 관광통역 같은 통역의 영역에서 난민과 이주민이 사회 구성원으로서 환대받을 수 있는 여건 마련을 위한 공공서비스통역 영역에 대한 관심이 더욱 필요해지고 있다. 사회 내부의 원활한 소통은 평화를 구축하기 위한 기본적인 전제조건이라고 할 수 있다. 통역은 특수한 의사소통 상황이라고 할 수 있지만, 사회 내 주체 간 의사소통에도 서로 다름이 존중받을 수 있고, 자신의 고정관념과 편견을 들여다볼 수 있는 상호문화역량이 기본적 태도가 되어야 할 것이다. 이를 위해서는 개인별 역량도 중요하지만, 유럽에서 시작된 상호문화도시 프로그램처럼 행정과 시민 그리고 도시가 나아가고자 하는 방향성이 중요하다. 상호문화도시 정책은 포괄적인 통합정책을 설계하고 구현하기 위해 지방당국을 지원하는 유럽평의회Council of Europe: CE의 프로그램으로, 이주민에 대한 제한적인 관용에서 벗어나 특정 집단에 대한 차별과 불평등이 없는 도시를 추구할 것을 촉구하고 있다. 상호문화도시 전략의 10가지 요소는 다양성에 대한 긍정적인 태도 개발, 상호문화렌즈를 통한 도시 기능 평가, 중재 및 분쟁 해결, 언어, 미디어 전략, 국제관계, 근거 기반 접근법, 상호문화 인식교육, 새로운 이주자에 대한 환영, 상호문화 거버넌스다. 이 10가지 요소에서도 드러나지만, 언어와 소통은 상호문화도시 정책의 핵심 가치인 다양성의 이점Diversity Advantage, 개방성Openness, 상호문화주의Interculturalsim와 밀접한 관련이 있다. 그런 의미에서 호모인테르의 실천 사례에서 살펴본 난민·이주민 통역교육과 심리사회적 지원 같은 내용은 거시적 의미로는 상호문화도시 정책 안에 포함될 수 있다. 다양성을 관리해나가는 데 있어서 지역사회, 조직 및 기업이 모든 정체성의 동등한 가치를 인정하고 화합할 수 있도록 긍정적 상호작용을 이끌어내는 통합정책의 자원이 될 수 있다. 이와 함께 부처별로 나누어진 자원들이나 중복지원되는 자원들을 줄이고, 통합적으로 자원을 분배하여 사회 내 소통 인프라를 갖춰나갈 수 있도록 하는 것이 급선무라 할 수 있다.

3. 결론

이 장에서는 지속가능발전목표로서 SDGs 16과 SDGs 4의 관계성을 탐구하고, 평화구축과 교육의 연결성을 살펴보았다. 특히, 현시점의 한국 사회가 관심을 가져야 하는 다문화사회에서의 갈등을 풀어나가기 위한 상호문화적인 실천 사례들을 나누며, 개인, 단체, 국가 등 다양한 주체의 노력이 다층적으로 필요하다는 것을 강조했다. 국가별로 처한 상황이 다르고 각자의 상황을 해결해나가는 구체적인 방법과 해결하고자 하는 갈등에는 차이가 있겠지만, 평화구축과 교육은 불가분의 관계이기에 어느 국가라도 사회 내 평화를 늘려나가기 위해서는 교육에 대한 고민도 함께 이루어져야 할 것이다.

서론에서는 SDGs 16과 SDGs 4의 의미와 상관관계를 평화구축의 의미와 한국의 현시점에서 중요한 갈등 상황으로 주목받는 문화적 갈등과 차이에 대한 적절하고 바람직한 태도를 고민하기 위해 상호문화성을 설명하고, 상호문화교육과 사회정서학습이 평화구축을 마련해가는 데 필요한 이유와 연결고리들을 살펴보았다.

본론에서는 개인적·관계적·구조적 차원의 평화구축을 통해 다각도적인 차원의 내용을 다루어보았다. 개인적 차원의 평화구축에서는 내면의 혐오와 불안을 바라보고 조절할 수 있도록 돕는 사회정서학습과 상호문화 감수성을 살펴보았다. 관계적 차원의 평화구축 차원에서는 서로의 공통점을 바탕으로 한 공감과 이해를 상호문화대화, 소수언어 사용자의 언어접근성과 정보접근성을 높여야 한다는 선주민과 이주민의 관계성과 다름에 대한 긍정적 접근을 나누어보았다. 마지막으로 구조적 차원의 평화구축에서는 언어인권적 측면과 문화다양성을 한 도시에 어떻게 평화롭게 뿌리내리게 할 수 있는지를 제시하는 유럽의 상호문화도시 개념을 한국에서 실행해본 다양한 실천적 사례를 통해 앞으로 우리가 나아가야 할 방향성과 발전 가능성을 탐색해보았다. 평화를 이 땅에 초대하기 위해 머리와 가슴이 연결되고, 너와 내가 연결되고, 차이에 존중이 더해져 다양성이 제3의 길을 열어내는 창조성으로 이어질 수 있어야 한다.

전쟁과 폭력이 사람으로부터 시작되었듯, 평화와 정의도 사람으로부터 시작될 수 있다. 포용적 사회는 모든 주체의 마음에 평화가 깃들 때 찾아올 수 있다. 낯선 이방인을 환대하고, 다름을 긍정적으로 바라볼 수 있는 상호문화적인 태도는 시간이 걸리더라도 교육을 통해 길러질 수 있는데, 이는 지금 다양한 문화가 겹쳐지고 있는 시점의 한국 사회에 새로운 상호문화 시민성Intercultural Citizenship으로 제시될 수 있다. 다양한 존재가 함께 살아가고 있는 지구에서 세계시민으로서 인식을 확장하고, 생명다양성과 문화다양성을 인지하며, 함께 어우러지는 지혜를 배워나가는 것이 그 첫걸음일 수 있다. 이 장에서는 SDGs 16의 목표인 평화, 정의, 포용적 제도를 SDGs 4의 목표인 양질의 교육제도와 함께 중첩되는 지점들을 실천적 사례들을 통해 살펴보았다. 물론 이것은 수많은 길 중 하나일 것이다. 오늘의 선택을 통해 미래를 어떻게 바꾸어나갈 것인지 고민하며, 그 많은 선택 중의 하나로 '평화', '상호문화' 등의 개념들로 다가설 수 있기를, 이번 기회에 스스로 평화의 길이 되기 위해 아는 만큼 실천하고 있는지 돌아볼 수 있는 시간이었기를 기대해본다.

'평화'란 무엇인지를 배우는 사회정서학습 시간에 환하게 웃으며 자기 자신을 그린 모습 위에 "평화는 나예요"라고 적어서 보여주던 한 초등학생의 미소 가득한 얼굴이 떠오른다. 우리 모두 스스로 평화가 될 수 있고, 서로 다름을 포용하고 정의로움을 추구하며, 안전함을 보장하며 누구도 배제되지 않는 포용적 제도를 만들어나가는 데 지속적으로 관심을 가진다면, 지금처럼 평화를 목표로 말하는 세상이 아닌, 도달하지 못할 것 같던 유토피아적인 평화를 실질적으로 만나는 세상이 펼쳐질 수 있을 거라 믿는다. 이제 우리 함께 내 안에, 우리 사이에, 이 땅 위에 오월의 꽃처럼 피어날 평화를 마중나갈 시간이다.

주

1   지표누리 사이트. https://www.index.go.kr/unity/potal/sdg/SDGIntro.do?cdNo=400&lrgeClasCd=013

2   Broome, B. J. & Collier, M. J., Culture, communication, and peacebuilding: A reflexive multi-dimensional contextual framework, *Journal of International and Intercultural Communication*, 5(4), 2012: 245-269.

3   조해정, 「말(Ram Adhar Mall)의 상호문화적 해석학과 문화적 중첩」, 『범한철학』 74(3), 2014: 501-531.

4   정기섭, 「지속가능발전교육의 관점에서 본 상호문화역량」, 『교육의 이론과 실천』 16(3), 2011: 133-149.

5   Bolten, J., *Interkulturelle kompetenz*, 2007.

6   Cantle, T., Interculturalism: For the era of globalisation, cohesion and diversity, *Political Insight*, 3(3), 2012: 38-41.

7   마르틴 압달라-프릿세이, 『유럽의 상호문화교육』, 장한업 역, 한울아카데미, 2017.

8   교육을 바꾸는 사람들. https://21erick.org/column/11242/

9   Online Etymology Dictionary. https://www.etymonline.com/search?q=conflict

10 네이버사전. https://url.kr/mc7g3x

11 Minett, A. J., Dietrich, S. E., & Ekici, D., Person to person peacebuilding, intercultural communication and English language teaching: Voices from the virtual intercultural borderlands (Vol. 37), Channel View Publications, 2022.

12 상호문화연구소 '자하'는 상호문화교육과 표현예술상담을 기반으로 자신의 고유성을 찾아가며 서로 다름이 풍요로움이 되는 사회를 위한 교육과 치유의 공간이다. https://jahainstitutecentre.modoo.at/

13 My Lullaby Project. Mental Health & Psycho-Social Support (MHPSS). Tell me your story, remember your melody, sing your lullaby. https://globalcompactrefugees.org/good-practices/my-lullaby-project

14 Wendt, A., Anarchy is what states make of it: the social construction of pow-

er politics, *International Organization*, 46(2), 1992: 391-425.

15　김영권, "[특파원 리포트] 북한이탈주민들, 남북 문화적 소통방식에 차이 많지만 적응력 높아져", VOAKREA, 2019.3.19.

16　Bar-Tal, D., *Intractable conflicts: Socio-psychological foundations and dynamics*, Cambridge University Press, 2013.

17　허지영, 「고질갈등 이론을 통해 살펴본 한반도 갈등과 갈등의 평화적 전환 접근방안 연구」, 『평화학연구』 22(1), 2021: 75-99.

18　Session, M., *White Paper on Intercultural Dialogue*, 2008.

19　「Hi! 상호문화도시 서울 옹기종기 상생마을」, 서울연구원, 2019. 작은연구 좋은서울 19-1. https://www.si.re.kr/sites/default/files/20200709-01.pdf

20　상호문화도시 프로그램. https://www.coe.int/en/web/interculturalcities/about

21　이찬수, 『평화와 평화들: 평화 다원주의와 평화 인문학』, Mosin n Saramd l, 2016.

22　호모인테르는 누구도 소통으로부터 배제되지 않고 서로 존중하며 살 수 있는 세상을 꿈꾼다는 비전을 가지고 난민·이주민 지원단체의 실무자와 통역인을 위해 상호문화철학과 심리정서적 측면을 통합한 지역사회 통역 트레이닝을 제공하고, 관련된 연구를 수행하는 비영리단체(NPO)다. http://www.homointer.com/

23　Integrated Interpreting for staff and interpreters of NGOs supporting refugees https://globalcompactrefugees.org/good-practices/integrated-interpreting-staff-and-interpreters-ngos-supporting-refugees

24　Community Psycho-Social Supporters (CPS) Training Workshop for Refugees https://globalcompactrefugees.org/good-practices/community-psycho-social-supporters-cps-training-workshop-refugees

박정호

사회혁신연구소 연구위원

지속가능한 도시와 공동체를 위한 파트너십, 공론장

insight 7

행정복지센터에 앉아 또 하나의 민원을 받았다.

내용	친환경 보일러로 바꿔야 한다고 해서요…. 근데 보조금 받아도 몇십만 원은 저희가 부담해야 한다고 하네요. 그럴 돈이 있으면 밀린 공과금부터 내야 해요.

요즘 반복해서 듣는 이야기였다. 시에서 발표한 친환경에너지 전환 정책은 꽤나 야심 찼다. 노후 보일러를 친환경 보일러로 바꾸고, 공원에 태양광 조명을 설치하며, 장기적으로는 지역 내 탄소배출량을 줄이자는 계획이었다. 나는 처음엔 그 계획이 꽤 괜찮다고 생각했다. 기후변화 대응은 당연한 과제이고, 우리 시도 그 흐름에 발맞춰야 하니까. 하지만 실제로 민원 창구에 서 있는 나는 조금씩 다른 현실을 마주하게 됐다.

친환경 전환의 필요성에는 누구나 공감한다. 문제는 '어떻게'였다. 그리고 그 '어떻게' 속에는 그러한 변화를 따라갈 수 있는 사람과 그렇지 못한 사람이 명확히 갈렸다. 내가 근무하는 지역은 저소득층 가구가 밀집해 있는 곳이다. 고시원, 반지하, 다세대주택이 이어진 이 골목들에서는 당장의 난방비도 감당하기 어렵다는 목소리가 훨씬 더 자주 들린다.

"좋은 건 알겠는데, 우리도 할 수 있게 해줘야죠."

어떤 어르신은 그렇게 말씀하셨다. 그 한마디가 머릿속에서 계속 맴돌았다.

회의 때마다 정책 목표 수치를 확인한다. 몇 톤의 탄소 감축, 몇백 가구의 보일러 교체, 몇 퍼센트의 녹지 확장. 그런데 회의 자료 어디에도 '누가 그 변화를 감당할 수 있는가'에 대한 고민은 잘 보이지 않았다. 물론 시는 보조금 정책을 마련해뒀다. 하지만 보조금이라는 제도 자체가 전제하는 건 '일정 수준의 자부담

능력'이다. 그 기준선에 미치지 못하는 사람들에겐 그마저 그림의 떡이다. 그들의 목소리는 여전히 작고, 여전히 가장 나중에 들린다.

도시가 지속가능해지려면 기술과 기반시설의 전환뿐만 아니라, 그 안에서 살아가는 사람들의 현실도 함께 고려돼야 한다. 더 정확히 말하자면, 바로 그 사람들 — 지금 이 변화를 가장 감당하기 어려운 이들 — 이 정책의 중심에 있어야 한다.

그렇지 않으면 어떤 일이 벌어질까? 정책은 진행되지만, 일부 주민은 점점 더 도시에서 소외되고, 변화의 흐름에서 밀려난다. 그리고 그 단절은 결국 도시 전체의 지속가능성을 위협하게 된다.

나는 작게나마 시에 의견을 제출하기로 했다.

내용	저소득층을 포함하여 논의가 필요할 거 같습니다. 최저 생계 이하 가구에는 자부담을 면제하거나, 장기 분할 납부를 고려할 수는 없을까요? 혹은 지역 복지망과 연계해 전환을 돕는 전담 인력을 둘 수는 없을까요?

그 정책이 모두에게 의미 있으려면, 모두가 그 안에 포함되어야 하지 않을까.

1. 우리의 도시는 지속가능할까?

　제2차 세계대전 중 독일은 영국을 폭격한다. 최악의 공습이 있던 1941년 5월, 독일이 떨어뜨린 폭탄은 웨스트민스터궁 하원회의장 바로 위에 떨어져 하원회의장이 완전히 불에 타버린다.[1] 폭격으로 황폐해진 도시의 어딘가에서, 당시 영국의 총리였던 윈스턴 처칠 Winston Leonard Spencer-Churchill은 폭격으로 무너진 하원회의장 복원을 약속하며 이렇게 말한다. "우리가 건물을 만들지만, 다시 그 건물이 우리를 만든다."

　만약 처칠이 건물의 역사적인 의미보다 효율성이나 다른 가치를 더 중시했다면, 전쟁 후 폐허가 된 도시를 재건하며 얼마든지 다른 건물을 지을 수 있지 않았을까? 하지만 처칠은 하원회의장이라는 민주적인 성격의 건물과 그 공간을 재건하며 다시금 사람들에게 민주주의를 제시했다. 이 가치가 국가를 더 지속가능하게 이을 수 있다는 믿음에서 말이다.

　우리나라는 일제강점기와 6.25전쟁을 거쳐 피폐해진 국가 전반을 재건하는데, 물질적 풍요를 지속가능성을 위한 최우선의 가치로 삼았다. 그 덕분에 현재 우리가 살아가는 대한민국의 도시는 도로·주차장·정류장·철도·공항 같은 교통시설이나 통신·에너지 등과 같은 기반 시설들, 광장·공원·녹지·유원지 같은 장소들, 회사·주택·종교·의료·행정 등 온갖 용도의 건물들이 가득하고 물질적인 풍요에서 어느 나라에도 뒤지지 않는다.

하지만 지금의 우리 도시를 두고서 '지속가능발전'에서 의미하는 지속가능성이 담보되었다고 묻는다면 어떻게 대답할 수 있을까? 우리가 어디에 가치를 두느냐에 따라 대답이 사뭇 달라질 수 있지만, 이 글에서는 '우리 도시는 지속가능하지 않다'는 것이 전제되어 있다.

우리의 도시가 지속가능하지 않다고 판단하는 필자의 의견에 동의하지 않을 수 있다. 왜냐하면 도시는 일률적인 모습으로만 읽히지 않으며, 개인의 경험에 따라 이미지가 형성되기 때문이다. 경제, 사회, 문화, 예술, 생활, 정치, 심리 등 어떻게 바라보고 해석하느냐에 따라 프리즘처럼 다양한 색상을 드러내는 곳이 바로 도시다.[2]

누군가에게 도시는 정이현의 소설 『달콤한 나의 도시』나 박상영의 소설 『대도시의 사랑법』처럼 젊음, 사랑, 이별, 성장 등의 달콤하면서도 씁쓸한 면모를 지니기도 하고, 넷플릭스 드라마 「D.P.」 시즌1에서 입대 전날까지도 피자 배달 일을 하는 주인공과 재개발로 위기에 처한 주민의 모습을 보여주는 자본주의 사회의 냉혹한 모습으로 기억되기도 한다.

필자는 서울에서 태어났고, 유년 시절의 대부분을 달동네에서 보냈다. 달동네에 가장 흔한 건 골목길이다. 도무지 계획적이지 않지만, 나름의 규칙과 패턴이 있는 골목길로 동네 공간 곳곳이 연결되어 있었다. 당시 동네에서의 골목길은 필자와 친구들에게 문화공간·놀이터·운동장·대화의 장이 되어주었다. 그 공간들에서 필자의 또래를 비롯하여 형, 누나, 동생, 어른들까지 다양한 세대와 관계를 맺는 경험을 많이 할 수 있었다. 그래서 필자에게는 달동네의 궁핍함에도 불구하고 도시가 '다양한 사람이 함께 살아가고 어울리는 곳'이라는 이미지로 깊이 새겨져 있다.

이처럼 도시의 이미지가 상대적인 가치를 줄 수도 있지만, 지속가능발전 측면에서 도시 시민의 삶을 바라볼 때, 우리의 도시는 지속불가능성의 위기에 처해있다고 생각한다. 그렇다면 지속가능발전 측면에서 제안하는 '지속가능한 도시'는 어떤 모습일까?

우리나라에서 수립한 지속가능발전목표[3] 11(지속가능한 도시와 주거지)에서는 "포용적이고 안전하며 회복력 있고 지속가능한 도시와 주거지 조성"을 제시한다. 세부적으로는 "안정된 주거지, 편리하고 안전한 교통, 재난으로 인한 인명 피해나 경제적 손실의 방지, 깨끗한 대기 및 폐기물 문제해결, 문화적인 경험과 녹지공간 등으로의 접근성 등"이 지속가능한 도시의 요건으로 볼 수 있다.

전 세계적인 도시화율은 55%, 우리나라는 90%가 도시화되었다.[4] 그런데 이렇게 도시화가 이뤄진 지역에서 앞서 언급한 '지속가능한 삶'을 누리는 사람들은 얼마나 될까?

2024년에 한 지역사회에서 청년 정책 공론장을 운영했다. 지역에서 지속가능한 교통 분야 이야기를 나누고 있었는데, 한 대학생이 마이크를 들고 말했다.

"아침에 서울에 있는 학교로 버스와 지하철을 타고 이동하고, 다시 집에 돌아오면 아주 늦은 밤이 됩니다. 그러다 보니 아르바이트도 할 수 없어요. 오늘도 이 공론장 이후에 집에 가려면 시간이 한참 걸리겠죠. 대중교통으로 이동하면 자가용보다 시간이 3배는 더 걸리는 것 같아요. 그렇다고 서울에 살기에는 집값이 너무 비싸고요."

이 청년은 불편한 교통이 유발하는 경제적인 문제와 학습 측면에서 어려움을 겪고 있었다.

또 한 공론장에서는 K팝이 좋아서 한국에 와서 일을 시작한 헝가리 청년을 알게 됐다. 어린이집 교사였던 그 청년은 지금은 다시 고향으로 돌아갔지만, 당시 한국에서의 생활에 대해 양면적인 소회를 털어냈다.

"K팝 배우고 춤추는 친구들 만나서 정말 좋아요. 그런데 늘 고민이 있어요. 돈도 부족하고, 일을 구하기가 쉽지 않아요. 그리고 다들 멀리 살아서 바로바로 도움을 구하는 게 힘들어요."

서울 중심가 대학교 인근 원룸에 거주했던 이 친구는 저렴한 보증금 대신 월세를 55만 원씩 내고 있었다. 문화적인 경험과 사람들과의 교류로 만족감을 얻었지만, 경제적인 측면에서의 곤궁함과 주거지로 인한 범죄 문제를 늘 걱정했다.

서울의 한 자치구에서 지속가능발전 기본전략을 수립할 때의 일이다. 그 지역에 있는 한 지하철역에는 매일 새벽 4시부터 인력시장이 열린다. 대부분 건설업 일용직인 사람들이 현장 일용직을 위해 사계절 인산인해를 이룬다. 그런데 최근 건설경기가 점차 나빠지면서 대부분 일을 구하지 못하는 처지가 됐다. 이들은 근처 셋방에서 거주하는데, 생활 환경이 매우 열악하다. 게다가 일을 구하지 못하는 사람 중 일부는 인근 편의점 등에서 아침부터 술을 마신다. 인근 원주민은 동네 환경문제로 인상을 찌푸리기도 하고, 쓰레기 무단투기 문제로 갈등을 겪기도 한다. 특히 외국인이 큰 비율을 차지하다 보니 이민자에 대한 인식도 계속 나빠진다. 이 지역에서 지속가능발전목표 11은 치안 문제를 다루게 됐다.

도시의 지속가능성에 관한 이슈는 거시적 관점에서도 이어진다. 1950년 도시화율이 29%에서 2005년 49%로 높아지는 동안, 세계 도시들의 온실가스 배출량은 500%가 늘었다.[56] 점차 심화하는 기후위기는 자연재해로 인명 피해와 재산 피해를 계속 심화하고 확산한다. 2025년 1월에 발생했던 LA 산불은 기후위기로 인한 폭염과 가뭄으로 말라비틀어진 나무와 땅에 불이 붙으며 걷잡을 수 없게 됐다. 이렇게 타오른 나무와 초목은 품고 있던 탄소를 대기로 방출한다.

기후위기는 기후불안과 기후우울 같은 정신질환을 새로 양산하기도 한다. 이상기상이나 장기적 환경변화는 정신건강에 직간접적으로 영향을 준다. 특히 우리나라에서는 젊은 세대일수록 기후불안을 더 많이 느낀다고 한다.[7]

앞으로 지구는 기후 패턴의 변화로 열화, 폭우 등이 심화하여 도시의 기존 인프라로는 대응하거나 해결하기 어려운 문제가 계속 발생할 것이다. 아니, 이미 발생하고 있다. 우리나라에서 일어난 2022년 8월 8일 '서울 홍수 반지하 참사'나 2023년 7월 15일 '청주 궁평2 지하차도 침수 사고'는 기후변화와 기존의 기후에 맞게 설계된 도시가 면밀하게 대응하지 못한 가슴 아픈 참사였다. 특히 취약계층은 날씨로 인해 더 큰 위험에 노출되고 있다.

기후위기로 살아가던 지역을 이탈하여 이주하는 사람들이 많아지고, 난민은 여러 가지 어려움에 노출될 것이다. 또 기존의 거주자들과 문화충돌 등이 발생하여 도시 갈등을 심화할 것으로 예측한다.[8] 그러다 보니 지속가능발전목표 11은 나머지 16개 목표와 연계된 상당히 중요한 주제로서 이슈가 다양해지고 있다.

처음에 유엔 지속가능발전목표 11을 봤을 때, 의아하고 불만스러웠다. '지속가능한 도시와 공동체sustainable cities and communities'라는 목표가 너무 추상적이었기 때문이다. 인류 전체가 지속가능성을 담보한 가치로 전환하는데, 도시에 산적한 이슈가 얼마나 많은가? 더 구체적으로 '현대사회에서의 도시 문제를 명시하면 방향성이 더 확실하고 그만큼 문제해결도 잘될 텐데, 왜 굳이 이렇게 추상적이고 중립적인 공간의 개념을 제안했을까?' 하는 의문이 들기도 했다.

하지만 이러한 의문은 우리나라 여러 지방자치단체의 지속가능발전목표를 수립[9]하며 자연스럽게 해소됐다. 그 이유는 바로 도시마다 지속불가능성 이슈의 종류와 우선순위가 달랐다는 점이다. 다음은 필자가 연구진으로 참여했던 지역의 지속가능발전목표 11을 모아놓은 것이다.

표 1. 지역별 지속가능발전목표 11

수립지역	지속가능발전목표 11
강원도 원주시	도시개발방식 혁신을 통해 일-삶-놀이가 연결된 포용도시를 실현한다.
경상남도	지역소멸에 대응하는 안전하고 회복력 있는 지역공동체를 실현한다.
서울시 구로구	안전자치 활성화로 모든 골목길이 안심되는 도시를 만든다.
충청남도 당진시	포용적인 문화도시 조성으로 미래세대가 살고 싶은 도시를 만든다.

강원도 원주시나 충청남도 당진시는 도시에서 결핍된 문화적 경험에 집중했다. 동시에 당진시는 점차 노령화에 대응하기 위해 도시에 더 많은 청년세대가 찾아와 거주하는 것을 중요한 목표로 삼았다. 경상남도는 지역소멸에 대한 우려와 지역공동체의 중요성을 도시의 지속불가능성 이슈와 연결했고, 서울시 구로구는 문화적인 기회가 충분했고 지역소멸 이슈도 없었으나 도심 내 치안 우려가 컸다.

도시들은 저마다 문제를 품고 있고 지속불가능성 이슈도 천차만별이다. 그래서 유엔 지속가능발전목표 11은 '지속가능한 도시'라는 중립적인 표현을 목표로 제시했으며, 먼저 해결해야 할 지속불가능성 이슈의 우선순위를 각 국가나 지역에 맡겼다.

개별 국가나 지역에 따라 지속가능성이 담보된 도시가 있을 수 있으나, 대부분의 도시공간을 이대로 둔다면, 도시의 형태는 다수 시민의 삶의 질을 저해하고, 서로 간의 신뢰를 약화하여 지나친 갈등을 불러일으키며, 국가나 지역사회 공동체의 결속을 계속 저해하는 위험 요소를 키울 것이다.

『제3의 장소』의 저자 레이 올든버그는 이렇게 말한다.

"현대 도시는 사람들 간 관계 맺는 장소를 제외하는 형태로 도시계획이 이뤄졌다. 만일 어떤 사람이 교회에 있다면 그는 교회에 걸맞게 행동할 것이고, 우체국에 있다면 우체국에 걸맞게 행동할 것이다. 즉 경험은 그 경험을 할 만한 장소에서 일어난다. 그런 장소가 없다면 경험은 일어나지 않는다."

우리의 삶이 지속가능발전의 가치를 가지고 있지 않다면, 도시가 지속가능성을 지니고 있지 않은 것이다. 우리는 지속가능성을 담보한 도시를 만들어야 한다.

2. 파트너십과 공론장

1) 파트너십: 단 한 사람도 소외되지 않는 것

도시의 지속불가능한 이슈들을 해결하고 지속가능한 도시를 만들기 위해 무엇을 해야 할까? 과거에는 공동체의 문제가 비교적 단순했기에 해결 방식이 명확했던 반면, 현대의 도시는 그 규모가 너무나도 크고 다양한 이해관계자가 복잡하게 얽혀있어 지속불가능성 이슈도 천차만별이며 이를 해결하는 건 쉽지 않다.

그래서 유엔 지속가능발전목표 17은 서로의 힘을 모아 이러한 문제를 해결하자고 제안한다. 지속가능발전목표 17은 '파트너십을 통한 목표달성'이며, 여기서 제안하는 파트너십은 "(국내외) 협력을 강화하고, 자원, 지식, 기술, 정책 등을 공유하는 것"을 핵심으로 한다.

특히 유엔은 지속가능발전목표의 합의문 서문에서 "단 한 사람도 소외되지 않는 것"을 강조한다. 이 슬로건은 지속가능발전목표를 만드는 전반에 녹아든다. 실제로 지속가능발전목표를 수립하고, 선진국 외에도 소외되기 쉬운 개발도상국을 포함하며, 기업·산업계, 어린이·청소년, 농부, 토착민, 지방정부, 비영리단체, 과학·기술계, 여성, 노동조합, 장애인, 고령자 등이 참여하는 '주요이해관계자그룹 Major Groups and other Stakeholders: MGoS'을 구성했다.

이 사람들의 목소리를 듣고 의견을 수렴하여 17개의 목표, 169개의 세부 목표, 232개의 지표를 수립했다. 또 향후 각 국가나 지역에서 지속가능발전목표를 수립하여 추진하고 모니터링하고 평가하는 모든 과정에서 이처럼 주요이해관계자가 참여하도록 권고한다.

유엔은 자신들의 메시지가 이어지기 위한 노력을 계속 수행하고 있다. 대표적으로 2021년 개최된 제76차 유엔UN 총회에서는 우리나라 그룹 방탄소년단BTS이 지속가능발전목표의 달성과 파트너십을 촉구하며 연설하기도 했다. BTS는 "미래세대와 현세대를 연결하는 역할을 하고자 한다"며 "지속가능발전목표는 현재세대와 미래세대 간의 균형을 맞추고, 모두가 공평한 혜택을 누리기 위한 공동의 목표라고 생각한다"고 연설했다.

BTS는 주로 10대와 20대 청춘들의 생각과 고민, 삶과 사랑, 꿈과 역경을 음악으로 전하는데, 특히 그들의 노래 〈작은 것들을 위한 시〉는 작은 목소리와 존재가 간과되지 않도록 보살핌과 관심을 기울이자는 메시지를 준다. 이는 유엔의 "Leave no one behind"가 의미하는 소외되기 쉬운 개인과 지역을 포함해 모두의 존엄성을 보장하겠다는 약속과 연결된다. 그래서 BTS를 선정한 자체가 지속가능발전목표와 미래세대에게는 큰 메시지가 될 수 있었다. 당시 BTS는 〈퍼미션 투 댄스Permission to Dance〉를 공연했는데, 그 영상의 유튜브 조회 수가 1억 뷰에 가까울 만큼 유엔 지속가능발전목표 확산에 큰 영향을 미치기도 했다.

지속가능발전목표에서의 파트너십은 1번부터 16번 목표를 모두 연결하고 효과적으로 실현하는 필수 기반이기도 하다. 모든 목표가 중요하지만, 제대로 실행되기 위해서는 정부나 기업 등 커다란 자원이 있는 단위 간 연결과 협력이 필요하다. 예를 들어 2번(기아 종식)을 해결하려면 6번(깨끗한 물), 일자리나 농업기술(8번), 혁신과 인프라(9번) 등이 필요하다. 이런 점들을 효율적으로 연결하는 것이 파트너십의 목표다.

또 개별적인 일반 시민 소수가 해결하기 어려운 문제에 대해 시민의 힘을 하나로 모아 시민사회, 정부, 기업, 학교 등에 확산하여 변화를 만들 수 있게 하는 힘이 파트너십에 있다.

2) 숙의공론장

대표적인 파트너십 방법으로는 공론장이 있다. 앞서 이야기한 주요이해관계자그룹도 공론장으로 이해할 수 있는데, 공론장은 여러 국가와 지역 등에서 펼쳐지고 있다.

과거에는 '공론장'이라는 용어를 쓰면 행정, 기업, 시민 가릴 것 없이 어색해하며 그게 뭐냐고 묻는 경우가 많았다. 하지만 최근에는 공론장을 비롯해서 '공론화'라는 용어도 사회 곳곳에서 사용되며 개념이 널리 알려졌다. 게다가 숙의공론장이라는 표현은 생소해도 공론장 경험 자체는 해봤을 것이다. 당장 학교에서의 학급 회의와 각 가정에서 특별한 날 식사메뉴를 정하기 위해 토론하는 것도 일종의 공론장 경험이라 볼 수 있다. 행정부에서 운영하는 위원회에서 어떤 주제를 논의하거나, 회사에서 구성원들과 회의를 하는 것도 공론장 경험이라고 할 수 있다.

아프리카들개라고 불리는 리카온Lycaon은 재채기로 사냥 여부를 맞춰가기도 하고, 미어캣, 개코원숭이, 바위개미 등 집단으로 서식하는 동물 종은 소통을 통해 하나의 결과로 수렴해간다. 인간을 포함해 군집을 이루며 살아가는 생물 종의 집단소통과 결정은 공론장의 경험으로 이해할 수 있다.

그렇다고 모든 집단소통과 결정이 지속가능발전에서 지향하는 공론장은 아니다. 우리가 지향하는 공론장은 기본적으로 가장 소외된 이들도 결정 과정에 참여해서 목소리를 낼 수 있는 제도적 장치다. 또 공론장을 통해 깊이 생각하고 충분히 논의하는 과정을 포함한다. 그래서 '지속가능발전 공론장'을 '숙의공론장'이라고 부르기도 한다.

이를 판별하기 위해서는 조건을 꼼꼼하게 확인해야 한다. 필자는 지속가능발전 공론장을 판별할 때, 다음과 같은 질문을 던진다. 첫째, 다양한 이해관계자가 참여했는가? 둘째, 토론과 결정이 민주적이며 합리적인 방식으로 이뤄졌는가? 셋째, 공동체의 보편적 이익으로 이어지는가? 넷째, 주제가 논의되고 발전하는 담론적 공간인가?[10]

이 질문에 의하면 공론장에는 ① 주요이해관계자 참여, ② 토론 및 결정 과정의 민주적 합리성, ③ 공동체의 보편적 이익, ④ 주제가 논의되고 발전하는 담론적 공간이라는 조건들이 있다.

지속가능발전 공론장을 이해하는 데 도움이 되는 개념으로 '광장'이 있다. 특히 우리나라에서는 정치적 의견을 집단으로 표명할 때, "광장에 모인다"라는 표현을 자주 사용한다. 최근에는 대통령 탄핵과 탄핵 반대를 외치는 집단이 나뉘어 각각의 장소에서 집회를 열기도 했다.

기본적으로 어느 도시건 광장이라는 장소가 있기 마련이다. 이곳이 어떻게 쓰이냐가 그 국가의 정치형태를 이해하는 데 큰 도움이 된다. 예컨대 우리나라에서 과거 군사정부 때 광장은 군사적인 행사를 주로 하던 공간이었으나 지금은 광장을 통해 민주적인 의사 표현을 한다.

일부 국민이 의견을 표명하는 광장은 큰 틀에서 시민으로 이뤄졌다는 면에서 지속가능발전 공론장과 같은 방향성을 지니지만, 자세히 보면 차이가 있다. 광장에도 참여자가 있고 담론이 형성되는 공간이 있지만, 공동체의 주요이해관계자가 다양하게 참여하거나 과정과 결론을 합리적인 방식으로 도출하지 않는다. 이미 뚜렷한 의견을 지닌 다수가 광장에 모인다. 그러다 보니 광장에 참여하지 않는 사람들은 보편적 이익에 동의하지 않을 수 있다.

　영국 소설가 윌리엄 골딩의 『파리대왕』은 지속가능발전 공론장의 중요성을 생각해볼 수 있는 영감을 준다. 소설은 10대 소년들이 타고 있던 비행기가 추락하여 무인도에 고립되면서 벌어지는 이야기와 함께 공론장이 어떻게 작동하고, 실패하는지 보여준다.

① **주요이해관계자의 참여와 보편적 이익에 관한 논의 시작**
무인도에 흩어져 있던 아이들은 소라껍데기로 내는 소리를 듣고 한곳에 모인다. 이는 공론장을 형성하기 위해 필수적인 주요이해관계자 참여라는 조건 충족을 보여준다. 아이들은 생존이라는 공동의 목적(보편적 이익)을 이루기 위해 논의를 시작하고, 자신의 의견을 나누며 해결책을 모색한다. 이 과정에서 다양한 참여자들이 모여 공동의 목표를 설정하고 문제를 해결하려는 노력을 볼 수 있다.

② **참여자를 향한 차별과 배제 발생**
하지만 소년들 사이에서 피기라는 인물이 등장하며 문제가 시작된다.

피기는 지혜롭고 타당한 의견을 제시하지만, 뚱뚱한 외모를 이유로 다른 아이들에게 배척당한다. 특정 집단이나 개인이 외모, 성별, 인종, 혹은 생각이 다르다는 이유로 배제되는 상황을 함께 생각해볼 수 있다.

③ 토론 및 결정 과정의 민주적 합리성 부재

피기는 계속 논리적인 주장을 펼치지만, 다른 소년들은 조롱하며 받아들이지 않는다. 합리적인 의견은 논의되지 않고, 외모나 개인적 특징을 이유로 조롱과 비난의 대상이 된다. 공론장이 성공하려면 합리적 토론과 상호존중이 이루어져야 하는데 결과적으로 실패하고, 섬의 아이들은 의견 충돌과 갈등 속에서 공동 목표를 상실하고 파괴적인 상황에 이른다.

『파리대왕』은 소년들의 공론장이 어떻게 실패할 수 있는지를 보여줌으로써 지속가능발전 공론장은 단순히 사람들을 모으는 것에서 끝나는 게 아니라 포용적이고 공정한 논의로 이어져야만 지속가능한 파트너십과 목표 달성에 이를 수 있다는 중요한 메시지를 알려준다.

특히 공론장을 통한 파트너십은 지속가능한 도시를 만드는 데 중요하다. 왜냐하면 도시의 복잡함이나 세대 격차, 갈등 등의 여러 문제 상황에서 이해관계자가 서로 함께 지속가능성을 위해 조율하고 달성하기 위해 노력하려면 포용성, 상호존중에 기반을 둔 숙의공론장이 절대적으로 필요하기 때문이다.

물론 지속가능발전 공론장에 관한 한계점도 있다. 특히 현실을 바꿀 수 있는 결정의 권한을 주지 않는 공론장은 단지 탁상공론으로 끝난다. 우리가 살아가는 세상에서는 공동체의 결정 권한을 소수가 지니고 있고, 쉽게 이 권력을 나누어주지 않는다. 우리나라의 민주화는 무분별하게 사용될 수 있는 권력이 제도화되어 더 다양한 사람들에게 공동체의 방향을 정할 수 있게 했지만, 아직도 한참 부족한 상황이다. 이러한 측면에서 숙의공론장은 더 많은 시민에게 권력을 나누어주는 좋은 방식이기도 하다.

우리나라는 2022년 「지속가능발전 기본법」을 시행하여 '지속가능발전 기본전략 및 추진계획'이라는 20년 단위의 중장기 행정계획을 수립하게 됐고, 이 과정에서 이해관계자 협력이나 국민 의견 수렴 같은 조항이 법에 명시되어 숙의공론장을 필수로 운영하게 됐다. 이 사례를 포함하여 국내외에서 성공적으로 개최됐던 공론장 사례를 몇 가지 살펴보겠다.

3. 지속가능한 도시를 위한 공론장 사례들

지속가능발전 공론장은 공공 문제에 대해 논의하고 해결 방안을 모색하는 참여적 민주주의의 중요한 도구다. 도시와 사회의 복잡한 문제를 해결하기 위해 공론장에는 행정, 기업, 전문가, 일반 시민을 포함해 다양한 이해관계자의 목소리를 하나의 장에 모아 협력적인 의사결정을 시도한다. 특히 행정 영역에서는 공론장을 통해 행정계획 수립이나 갈등 조율, 주요 정책 등의 논의가 활발하게 이뤄지고 있다. 우리의 도시를 지속가능하게 만들기 위해 필요한 논의들을 국가적 의제를 비롯해서 지역사회에 이르는 의제까지 다룬 공론장의 사례들을 살펴보자.

1) 사회의 주요 갈등을 해결하기 위한 공론화위원회

고3 시절, 문제 푸느라 머리를 싸매던 필자에게 한 선생님께서 말씀하셨다. "정호야, 그래도 정해진 답을 찾는 지금이 좋은 거야. 세상에 나가봐. 답이 딱 정해진 게 별로 없어"라고 말이다. 그 이후 시간이 꽤 흐른 지금도 가끔 선생님의 말씀이 떠오른다. 그런데 지속가능발전 분야에서 활동하며 사회의 주요 의제나 갈등에는 모두가 만족할 수 있는 답이 나오기가 불가능하다는 걸 경험하면서도 여러 이해관계자가 논의하고 합의하면 그 과정 자체가 답이 되기도 한다는 걸 배웠다.

우리나라에는 공론화위원회라는 사회적 의제의 해결 방안을 국민의 참여에 기반하여 합리적으로 찾아갔던 모델이 있었다. 정부나 전문가가 일방적으로 결정하거나, 여론에만 맡겨서 감정적인 판단이 나오는 것이 아니라 국민이 참여하는 공론장으로 답을 찾아가도록 촉진하는 것이다.

공론화위원회는 비교적 최근에는 2024년 국회에서 운영했고,

가장 잘 알려진 공론화위원회는 2017년 문재인 정부에서 가동되었다. 국회는 연금개혁이라는 사회적 의제를 해결하기 위해 '연금개혁 특별위원회 공론화위원회'를 구성해 운영했고, 문재인 정부는 탈원전 에너지 정책을 논의하기 위해 '신고리 5·6호기 공론화위원회'를 운영했다.

이 두 공론화위원회는 국민이 참여하는 공론장을 '공론조사 deliberative polling'라는 방법으로 운영했다. 공론조사는 미국 스탠퍼드대학교 교수인 제임스 피시킨 James S. Fishkin이 개념과 방법을 고안해낸 것인데, 아주 단순히 얘기하면, 사회의 주요 의제에 관심 있는 시민 대표자를 선발한 뒤, 몇 차례 찬반 등의 의견을 묻는다. 특이한 점은 몇 차례의 의견 조사 사이에 참여자들에게 최신 정보를 제공하고, 다양한 학습(그룹토론이나 전문가 강의 등)을 한 뒤에 생각의 변화를 함께 살펴보는 것이다.[11]

공론조사는 전 세계의 여러 국가에서 그 효용성이 증명됐는데, 참여자들이 충분한 정보를 바탕으로 논의하여 숙고함으로써 도출한 결과여서 단순한 여론 수집을 넘어선다. 또 논의 과정에서 정보의 비대칭 문제가 자연스레 해소되며 합리적인 의사결정이 가능해지고, 쟁점에 대해 계속 논의하는 과정을 통해 사회적 갈등도 완화할 수 있다는 강점이 있다.

연금개혁 공론조사는 2022년 국회 연금개혁 특별위원회 출범 후, 산하 민간자문위원회가 만든 시나리오 1안과 2안을 36인의 의제숙의단과 500인의 시민숙의단을 대상으로 공론조사를 진행했다.

1안은 소득보장안으로 '더 내고 더 받기'(보험료율 13%, 소득대체율 50%)의 성격이고, 2안은 재정안정안(보험료율 12%, 소득대체율 40%)으로 '더 내고 그대로 받기'의 성격을 띤다. 그런 다음 500인의 시민에게 두 시나리오로 공론조사를 진행했고, 그 결과 1안이 56.0%, 2안이 42.6%로 1안인 '소득보장안'이 채택되었다.[12]

그런데 민주적인 방식으로 진행했던 공론장이었음에도 이 결과는 여러 논란을 낳았다. 특히 두 가지 시나리오 모두 '지속가능성'을 고려했다지만, 실질적으로는 지속가능성이 빠졌다는 데 많은 문제가 제기됐다. 미래세대의 입장에서는 애초에 자신들의 세대를 고려해야 하는 연금개혁의 목적이 고려되지 않았다고 느꼈다. 조사한 두 가지 시나리오는 전부 2062~2063년이면 연금이 고갈되고, 미래세대에게 연금부담을 너무 많이 지우는 내용이었다.

많은 비판이 500명의 시민을 향했고, 특히 20~30대 참여자를 향한 비난도 상당히 존재했다. 이들이 논의를 잘못한 것일까? 필자는 아니라고 생각한다. 그 대신 공론조사를 설계하는 과정에서 1안과 2안의 시나리오에 아쉬움이 있다. 왜냐하면 1안과 2안 모두 지속가능성이 없는 시나리오인데, 이에 기반하여 시민숙의단이 논의하게 된 것이다.

또 연금개혁은 현안이 복잡하므로 단순히 몇 가지 시나리오로 특정할 수 없는 주제인데, 단순화시켜서 공론조사 방법으로 한 것이 주제와 방법에 적절하지 않았다. 참여한 시민에게는 고려할 요소가 너무 많고, 학습할 주제도 깊어서 온전한 이해에 기반한 숙의도 쉽지 않았을 것 같다.

"아무 세대도 손해를 안 보려고 하고 10대, 영유아, 세상에 태어나 지도 않은 애기들한테 단지 투표권이 없다는 이유로 그 몫을 전가한다는 거잖아. 진짜 안 창피함?"[13]

350만 유튜버가 이 공론조사의 결과를 두고 만든 영상에 달린 댓글이다. 무려 5,800개의 추천을 받았다. 현재 95만 뷰인 이 영상에는 젊은 층으로 보이는 구독자가 댓글로 많은 아쉬움을 남겼다.

그렇다면 연금개혁의 경우는 어떤 방식의 공론장이 어울렸을까? 따지고 보면 공론조사를 포함하여 어떤 공론장 방식이든 정책의 최종 결정에 도움이 되는 정보를 주기에 긍정적인 면이 있다. 하지만 '공론장에 그 많은 자원을 사용할 가치가 있는가?'라는 질문을 던질 수 있다. 그리고 공론장의 목적이 결정권자들의 책임회피에 있다는 비판도 꾸준히 제기되고 있는 만큼 연금개혁 공론화위원회는 처음부터 미래세대를 포함하는 지속가능성에 방점을 두고서 그것을 함의하는 방향으로 시나리오를 구성하고, 공론장을 촉진했어야 한다.

이를 위해서는 공론화위원회가 중립적인 성격보다는 지속가능발전이나 탄소중립처럼 명확한 목표, 예컨대 수십 년 후 연금고갈이 이뤄지지 않고 미래세대가 계속 연금제도에 참여할 수 있는 지속가능성을 제1의 우선 가치로 두고 모든 과정을 운영했다면 어땠을까 싶다.

다만 개인적으로는 실무를 많이 경험해본 입장에서 연금개혁 공론화위원회가 준비나 학습 시간, 전체 논의에 시간이 부족했다고 본다. 특히 연금개혁 공론화위원회가 국회 연금개혁 특별위원회가 만들어진 2022년부터 운영되지 못했다는 점에서 현실적 한계가 여럿 있었을 것으로 보여 매우 안타깝다.

신고리원전 5·6호기 공론조사는 어느덧 8년의 세월이 흘렀다. 당시에는 공론화위원회를 구성하고 공론조사를 시도하는 것 자체가 큰 이슈였다. 특히 신고리원전의 공론조사는 우리나라에서 처음 시도하는 공론화였기 때문에 지금까지 국내 학술논문, 학위논문, 단행본, 연구보고서 등이 다양하게 나오며 우리나라 숙의민주주의 방법론에 좋은 마중물이 되었다.

신고리 5·6호기 공론화위원회는 2017년 문재인 정부가 국무회의를 통해 신고리원전 5·6호기 공사에 관해 3개월간 일시 중단 후, 공론조사로 결과를 정하기로 하며 시작했다. 시민참여단은 3개월간 활동하며 총 네 차례의 공론조사 등을 거쳐 정부에 권고안을 제출했다.

최종 공론조사로 나온 건설 재개 의견은 59.5%, 건설 중단 의견은 40.5%로 건설 재개 의견이 '19%포인트' 앞섰다. 이에 공론화위원회는 신고리 5·6호기 '건설 재개'로 의견을 정했다. 다만 건설 재개와는 별개로 원자력발전 비중을 축소하는 탈원전 방향으로 에너지 정책을 추진할 것을 권고했다.

정부는 공론화위원회의 권고를 적극적으로 수용해 신고리원전

5·6호기 건설을 재개하고, 탈원전 정책을 차질 없이 추진키로 했다. 일각에서는 정부가 결과를 거의 그대로 수용한 것을 두고 책임회피라는 비판이 있었으나 민주주의 측면에서 본다면 바람직한 선택이었다고 본다. 또 공론조사는 다루는 의제가 찬반이 가능하고 복잡하지 않아야 하는데, 신고리원전은 이런 측면에서 '신고리원전 공사의 중단 혹은 재개'라는 사항이 명확해서 공론조사에도 적절했다.

물론 다양한 비판이 있었다. "건설을 중단했던 국무회의가 초법적이고 일방적이다", "숙의공론 과정에서 자료의 사실관계가 허위·과장·왜곡되었다", "공론화위원회의 설립 및 운영에 있어서 법적 근거가 명확하지 않았다"는 문제 제기가 있었다.[14]

이 중 법적 근거에 대한 문제 제기와 함께 프랑스의 사례로 공론화위원회의 이야기를 마무리 짓고자 한다. 프랑스에는 국가공공토론위원회Commission Nationale du Débat Public: CNDP가 있다. 이 위원회는 프랑스 정부가 1997년 설립한 독립적인 기구로, 주요 공공 정책이나 대규모 개발 프로젝트에 대해 시민의 의견을 수렴하고, 공론화 과정을 통해 사회적 합의를 도출하는 역할을 담당한다.

CNDP는 '툴루즈 대형 우회도로 사업', '풍력발전 공원 설립 사업' 등과 같은 주요한 사회 의제를 토론하여 결과를 도출했다. 게다가 이 두 사례는 토론 결과가 법적 구속력을 지니는 것이 아님에도 사업자가 사업 추진을 중단하거나 추진 과정에서 다수 주민의 의견을 반영하여 일부 사항을 변경했다.[15]

이처럼 우리나라도 공론화위원회를 강화하도록 법 제도를 만들어야 한다. 정부에서 공론화위원회를 독립기관으로 구성하고, 공론조사 방식을 포함하여 다양한 공론장을 적극적으로 활용했으면 한다. 정권에 크게 영향받지 않고 그 경험과 노하우가 계속 쌓이도록 하고, 콘텐츠 발행과 역량강화 교육, 지방자치단체 컨설팅 등 사업 확대로 국가적 갈등 해결 외에 지역사회 단위에서도 잘 활용되면 좋겠다.[16]

2) 기후위기를 시민의 힘으로 극복하려는 기후시민회의

2022년 7~8월, 스페인 산티아고 순례길 800km를 도보로 걸었다. 35일의 여정 중 아직도 기억에 남는 하루가 있다. 그날은 새벽부터 더위가 상당했다. 본격적으로 해가 뜨자 걷는 내내 너무나 뜨거워서 숨을 쉬는 게 정말 힘들었다. 겨우 도착한 숙소에서 온도계를 보니 43.8℃가 찍혀있었다. 바람조차 뜨거웠던 그날, '아, 지옥의 불구덩이가 있다면 그 입구가 이렇게 덥겠구나' 싶었다. 식당에서 시원한 맥주를 마시며 TV를 보는데, 이베리아반도 곳곳이 산불에 휩싸이는 뉴스가 방영되고 있었다. '아, 다음 순례길은 어쩌면 기후 문제로 걷지 못할 수도 있겠구나' 하는 걱정이 들었다. 옆에 앉아있던 한 스페인 할아버지에게 이 동네는 원래 이리 더운지 물었더니, "음… 이런 더위는 나도 생전 처음이야"라고 말했다.

한국에서 온 필자조차 큰 위기의식을 느꼈는데, 정작 스페인에 사는 사람들에게는 얼마나 큰 공포였을까? 세계적으로 기후위기에 대한 걱정과 우려가 커지고 있을 때, 여러 유럽국가에서 먼저 기후정책을 논의한 이유가 이런 기후변화에 대한 직접적인 경험도 있겠구나 싶었다.

2019년 프랑스와 영국은 각각 기후시민회의Convention Citoyenne pour le Climat: CCC와 기후회의Climate Assembly UK: CAUK를 운영했다. 기후위기, 탄소중립에 관하여 각 분야 전문가뿐만 아니라 지역사회와 시민이 함께 토론하여 관련 정책을 고안하고, 정부는 이를 지원하는 방식이었다. 추첨으로 구성한 시민은 여러 주제를 학습하여 전문성을 높이고, 주요한 의제를 논의하여 도출한 권고안을 국가에 제출했다. 즉, 기후정책에 관해 가장 주요한 이해관계자인 시민의 의견을 정책에 반영하고자 한 것이다.

프랑스의 기후시민회의는 성별, 나이, 지역 등 인구 대표성에 기반한 무작위 추첨으로 150명의 시민을 선출했다. 시민위원들은 약 9개월간 활동했고, 2030년 온실가스 배출량을 1990년 대비 최소 40% 줄이는 방법에 대해 논의하여 149개 제안이 담긴 460쪽짜리 보고서를 구성했다. 당시 국민 10명 중 7명이 기후시민회의의 활동을 알고 있을 정도로 관심이 높았다.

영국의 기후회의도 인구 대표성을 반영한 무작위 추첨으로 시민의원 108명을 선출했다. 이들은 약 5개월간 활동하며 2050년 영국의 탄소중립 실현 방안을 논의했고, 50여 개 제안을 556쪽의 보고서에 담았다.

이후 각 보고서는 프랑스와 영국의 의회에 제출됐다. 프랑스는 마크롱 대통령이 146개의 제안을 시행하기로 약속했지만, 실제 의회에서는 주요 내용이 빠진 법안을 발표해서 시민의회에서 분노했다고 한다. "우리는 전문가는 아니지만, 사회의 다양성을 대표하는 시민입니다. 우리에게는 사회에 변화를 가져올 수 있는 힘이 있습니다"라는 보고서의 서문이 다소 무색하게 되어 정책결정권자의 결과 수용이 얼마나 중요한지를 생각하게 된 사례이기도 하다.[17]

두 국가 외에도 시민참여 공론장으로 기후위기를 극복하려는 시도는 다른 유럽국가로도 이어졌다. '역시 유럽은 다르구나' 하는 마음이 들 수 있겠다. 하지만 우리나라도 이러한 시민참여 공론장을 통한 기후정책 도출을 계속 시도하고 있다.

우리나라는 2050 탄소중립녹색성장위원회에서 국민 의견을 정책에 반영하기 위해 '탄소중립시민회의'를 구성하고 운영하며, 궁극적으로는 시민의 의견을 참고하여 2050 탄소중립 시나리오를 도출하고자 했다.

탄소중립은 인간의 활동에 의한 온실가스 배출을 최대한 줄이고, 남은 온실가스는 흡수(산림 등)·제거해서 실질적인 온실가스 배출량을 0^{zero}으로 만든다는 개념이다. 주로 '에너지, 건물, 교통, 농축수산, 흡수원' 같은 분야로 나뉜다. ESG라는 말을 들어봤을 것인데, ESG도 탄소중립을 다룬다. 각 기업의 산업활동 과정에서 배출하는 온실가스를 줄이는 것이 ESG의 주요 내용이기도 하다.

지속가능발전목표에서는 7번(에너지) 및 13번(기후변화대응)이 탄소중립과 직접 연결된다. 또 탄소중립으로 변화하는 산업구조,

예컨대 재생에너지 확대로 화력발전소 같은 곳의 업계에서 일자리를 잃는 사람들을 위한 정의로운 전환[18]을 제시하는데, 이 측면에서 8번(일자리) 및 9번(산업인프라)과도 높은 상관을 지닌다. 또 11번(지속가능한 도시)에서 중요한 이동권이 탄소중립 이슈에서 교통 분야와도 이어진다. 그래서 탄소중립은 아주 다양한 이해관계자의 참여가 필요하다.

앞서 이야기한 '2050 탄소중립녹색성장위원회 탄소중립시민회의' 이후, 광역지방자치단체에서 기후시민회의를 운영하며 시민(도민)의 의견을 수렴했던 공론장이 있었다. 특히 경상남도와 경기도에서 운영했던 기후시민회의 공론장은 '탄소중립 녹색성장 기본계획'을 수립하는 데 실질적으로 도민의 의견을 수렴했다는 데 큰 의의가 있다.

두 시민회의는 각각 150명 내외의 시민을 6~7개 분과(위 탄소중립 분야와 연결)로 구성하여 행정, 전문가 등과 협력구조(거버넌스) 속에서 다양한 논의를 통해 의견을 도출하고, 이를 행정이 반영하도록 촉진하는 역할이었다.

간략하게 주체별 성격을 이야기해보면, 시민은 이상적으로 탄소중립이 이뤄진 2050 미래사회를 꿈꾸며 다양한 아이디어를 제시한다. 행정은 현실에서 정책을 실행하므로 실제적이고 실현 가능한, 다소 보수적으로 의견을 수용한다. 전문가는 시민이 의제를 더 깊이 이해하도록 학습을 촉진하고, 행정에서 시민의 아이디어를 수용할 수 있게 창의적으로 정책화한다.

그리고 겉으로는 잘 드러나지 않지만, 운영을 촉진하는 단위가 있다.[19] 보통 '운영진'이라고도 하는 이 단위에서는 이 모든 과정이 유기적으로 잘 이뤄지고 시민-행정-전문가가 공론화를 잘 이어갈 수 있도록 서로 간의 네트워크를 증진하고, 소통이 잘 이뤄질 수 있도록 하며, 다양한 정보제공과 학습을 촉진한다. 또 공론장을 흥미롭게 기획하며 효과적인 결과를 내기 위한 다양한 방안을 구성하여 운영한다.

성공한 기후시민회의에는 중요한 조건이 몇 개 있다. 첫째로는 행정의 태도다. '시민회의'라는 용어를 쓰더라도 행정이 시민을 어떻게 바라보고 어떻게 관계 맺으려 하는지는 금방 티가 난다. 행정이 시민을 두고 협력과 보충 관계를 맺는지, 경쟁·억압·적대[20] 관계를 맺는지 말이다. 다행히 두 시민회의 모두 행정에서는 협력과 보충 방식으로 시민의 의견을 최대한 반영하려고 노력했다. 어느 정도였냐 하면 기후시민회의를 운영하는 담당 부서는 시민의 아이디어를 관철하고자 행정 내 다양한 부서와 갈등도 마다하지 않고 시민회의에서 나온 의견을 고수했다.

둘째로는 시민 참여자의 입장에서 '내가 낸 의견이 얼마나 반영될까?' 하는 점을 고려하는 게 굉장히 중요하다. 바쁜 시간을 쪼개고 쪼개서 공론장에 참여한 시민이 아무리 앞서가고 좋은 의견을 내더라도 반영되지 않으면 그대로 사라지는데, 이는 시민에게 굉장히 안 좋은 악영향을 미친다. 그러면서 시민참여 공론장에 나쁜 선례로 작용한다.

그래서 '기후시민회의'를 운영하는 데 초기부터 행정과 협의하며 강조하는 것이 있었다. '시민과 도출한 결과를 얼마나 반영할 것인지'다. 그래서 이 두 기후시민회의에서는 행정과 협의한 내용을 처음부터 시민에게 전달하고 공감을 얻으며 운영했다. 앞서 프랑스 마크롱 대통령이 비난을 받은 것도 시민이 성실히 논의한 결과를 반영하지 않았다는 데 있는데, 만약 초기에 모든 내용을 반영하는 데 현실적인 한계를 토로하고 공감을 얻어냈다면 다르지 않았을까 싶다.

한편으로는 행정에도 시민이 도출한 결과 반영에 대해 명확한 가이드를 주는 것이 도움이 된다. 막연하게 의견을 반영하겠다고 하고 공론장을 운영하면, 모든 활동 이후 위원들 간에 서로 다른 기대치로 인해 결과물과 반영에 불만을 느끼기 때문이다. 그러므로 공론장의 결과 반영에 대한 정확한 범위를 알아내어 시민에게 공유하는 것이 무엇보다 중요한 과제다.

특히 경기기후도민회의는 경기연구원과 경기도 담당부서, 지역사회 활동가 등으로 이뤄진 운영위원회를 만들어 소통한 덕분에 초기 기획단계부터 시민이 여러 권한을 가질 수 있도록 면밀하게 소통할 수 있었고, 이 부분을 시민에게 정확히 전달하여 소모적인 논의를 최소화했다.

2024년에 운영했던 경기기후도민회의는 지구의 열기를 끄고 지속가능성을 켜는 사람을 뜻하는 '스위처Switcher'로 명명해 활동하기도 했는데, '제1차 경기도 탄소중립 녹색성장 기본계획'에 담는 부서의 사업들을 직접 검토한 뒤 실제 정책에 관한 보완 의견을 제시했다. 그리고 현재 추진되고 있지 않은 사업과 정책 아이디어, 청년위원들이 별도의 미래세대로서 제시하는 제안의견 등을 도출했다.

이처럼 우리나라도 해외의 선진사례와 견줄 수 있는 시민회의 사례들이 나타나고 있지만, 여전히 제도적으로 행정에 크게 의존하고 있어 예산이나 결정 권한을 허락받아야 한다. 향후 더 앞서가는 시민참여 정책을 만들고 시도하기 위해서는 시민에게 권한이 더 많이 부여된 공론장이 필요하다.

즉 지금까지의 시민회의가 정책 결정에 참고 역할을 했다면, 앞으로는 실제로 법적 권한을 가지고 정책을 직접 논의하고 결정하는 기구로까지 나아가는 실험이 이뤄지면 좋겠다.

우리나라에서 발생하는 여러 사회 이슈나 갈등, 공론화와 합의가 필요한 것들을 이런 독자적인 권한의 시민의회가 활발하게 다뤄보면 어떨까? 여러 사회 현안을 다루는 공론장에 실질적인 시민이 참여하고, 시민에 의해 모니터링, 토론, 결정 등이 이루어진다면 시민이 공론화 과정에 참여하더라도 그 목소리가 국가와 지역사회의 변화에 잘 반영되지 않는 현실이 크게 개선되지 않을까?

3) 지속가능발전목표를 수립하는 주요이해관계자그룹 공론장

"동일본 지역에 궤멸적인 피해를 입힌 재앙을 이후의 젊은 세대에게도 알려주고 싶었다." 애니메이션 영화 〈스즈메의 문단속〉을 만든 신카이 마코토 감독의 말이다. 이 영화는 우리나라에서 최고로

흥행한 일본 애니메이션으로, 일본에서 실제 있었던 재난들을 다루고 있다.[21] 개인적으로는 판타지적 감성과 현실적인 메시지를 놓치지 않았다는 측면에서 여러모로 기억에 남는 영화였는데, 특히 과거 재난이 발생했던 지역을 기억하고 그곳에서 살아가는 사람들의 삶을 보여줬다는 점이 인상적이었다.

영화를 통해 재난 이후에는 쉽게 관심받지 못하는 소외되기 쉬운 이웃들의 모습을 보고, 재난 이후에 살아가고 있을 사람들의 입장을 생각하게 된다. 이러한 점이 앞서 이야기한 지속가능발전목표에서의 '아무도 소외되지 않는 것'과 BTS의 〈작은 것들을 위한 시〉가 의미하는 것과 같은 방향을 지녔다고 느꼈다.

우리나라는 2022년 7월 「지속가능발전 기본법」이 시행됐다. 유엔에서 2015년 지속가능발전목표를 채택한 지 7년이 지난 뒤라 다소 늦었지만, 법 제도로 지속가능발전을 추구한다는 점에서 큰 발걸음을 이뤘다. 법 제정 및 시행 이후 전국의 많은 자치단체에서 유엔의 지속가능발전목표와 같은 중장기 행정계획(정식 명칭은 '지속가능발전 기본전략 및 추진계획')을 수립하게 되었다.[22]

특히 기본법에는 제26조(이해관계자 협력 등)와 제29조(국민 의견의 수렴 등)에서 '주요이해관계자가 참여하는 숙의공론장 운영'을 가능하게 하여 국가나 지역사회에 지속가능발전목표를 수립할 때 다양한 사람이 참여하도록 촉진했다.

그래서 지속가능발전 중장기 행정계획을 수립할 때는 17개 목표별로 주요이해관계자의 목소리를 들어야 하는 취지를 잘 이해하고 수행해야 한다. 특히 지역마다 존재하는 지속불가능성 이슈가 상이함에 따라 주요이해관계자를 다르게 구성해야 한다. 서해에 인접한 한 지역에서는 발전소가 많아 정의로운 전환이 중요한 문제였기에 산업계나 노동계의 참여를 중요하게 다뤘다면, 인근의 다른 지역은 대학이 밀집해 있어서 지역에 발생하는 1인 가구 문제에 관련한 사람들의 참여가 중요했다. 이처럼 지역별 다른 현안 때문에 주요이해관계자그룹의 구성은 다르다.

주요이해관계자의 목소리를 듣는다는 것은 지역의 문제를 단순히 행정이나 전문가가 해결하는 게 아니라, 지역사회에서 현실을 직접 겪는 사람의 관점에서 논의되고 반영하는 과정을 챙기는 것이다. 직접 목소리를 들어 얻는 것들은 문헌이나 설문조사, 소수의 사람으로부터 도출하기가 불가능하다. 특히 공론장에서 다양한 사람이 모여 서로가 처한 상황과 사안을 바라보는 관점이 엮이면, 현실에 존재하나 쉽게 드러나지 않았던 지속불가능성의 이슈가 조금씩 드러나고 정의된다.

우리 연구소는 이러한 철학과 이해를 바탕으로 활동한다. 그래서 지금까지 수립한 모든 지속가능발전 행정계획에서 지역의 주요이해관계자그룹 공론장을 운영하여 지속가능발전목표를 수립했다.

주요이해관계자그룹 공론장은 주로 포커스그룹인터뷰Focus Group Interview: FGI23 방식으로 운영된다. 가장 최근에 연구를 진행했던 한 지방자치단체에서는 지속가능발전목표 17개를 지역의 요구에 따라 6개 그룹으로 분류했고, 그룹마다 목표별로 지역에서 활동하는 지역전문가, 일반 시민(공개모집), 학계, 지속가능발전 관련 위원회 위원, 통장, 시민사회단체 등의 사람들을 12명 내외로 구성했다.

이곳은 대학교가 많아 20대 청년이 높은 비율을 유지하고 있어 지속가능한 도시를 위해서는 청년들이 일자리를 갖고, 주거환경과 이동권, 문화적 경험 등을 누릴 수 있는 인프라가 구축되어야 한다는 논의를 진행했다.

또 한 시민사회단체 활동가가 1인 가구의 주거와 사회안전망을 조사하다가 인간관계가 단절된 지역의 청년 문제를 알게 되었다며 우려를 표했고, 그 자리에 있던 통장은 요즘 지역사회에서 팽배한 개인주의 문화에 대한 문제의식을 나눴다. 그러자 일반 주민이 이웃에 거주하는 여성 1인 가구가 느끼는 안전 이슈를 공유했다. 이러한 전반적인 소통을 통해 20대 청년, 특히 여성 청년이 지역사회와 단절되는 문제는 안전과도 직결된다는 것을 그룹원이 공감했다.

한 지방자치단체에서는 도시 내에서 시민이 편리하게 이동하기 위해 자전거도로 연장 사업을 제안했는데, 한 시민 참여자가 다음과 같이 말했다.

"우리 시에는 언덕이 많아요. 그러다 보니 자전거도로가 어쩔 수 없이 끊기는 구간이 생깁니다. 그러니 자전거도로를 무조건 늘린다고 시민이 편한 게 아니에요."

이 이야기를 들은 나머지 시민도 크게 공감했고, 시민의 이동권을 도보 거리에 중점을 두어 관리하기로 했다. 이런 이야기는 직접 지역에 살면서 자전거를 타보고 걸어봤던 주민에게서만 들을 수 있는 이야기다.

이처럼 주요이해관계자는 각자가 경험한 지역사회의 한 면을 나누고, 이 점들이 모여서 실질적이면서도 커다란 정책의 그림이 만들어진다.

이러한 과정들은 질문 리스트를 쭉 만들어서 순차적으로 답변을 듣거나 일문일답으로 진행하는 건 아니다. 참여한 그룹원들끼리 '지속가능한 도시'가 무엇이며, 이를 '방해하는 장애물'이 무엇인지에 대해 대화를 나누도록 촉진하는 게 핵심이다.

그래서 회의진행자의 역할이 무엇보다 중요하다. 왜냐하면 지속가능한 도시에 관한 세계적 흐름, 국내 제도화 및 추진 현황, 타지역의 사례 등을 전체적으로 섭렵해야만 원활한 논의가 이뤄질 수 있기 때문이다. 회의진행자는 회의 초반에 해당 지역의 지속불가능성 이슈에 관해 여러 이야기를 공유한다. 그러면 자연스럽게 참여자 중 한두 명으로부터 이야기가 시작된다.

지속가능발전 주요이해관계자 공론장에서 중요한 또 하나의 이슈는 미래세대를 어떻게 참여시킬 것인가다. 우리가 잘 알고 있는 그레타 툰베리는 청소년 신분으로 기후행동을 주도했다. 그런데 툰베리처럼 뜻과 의지가 있더라도 우리나라 대부분 지역에서 청소년은 학업이 우선순위여서 공론장에 참여할 수 있는 현실적인 시간이 부족하다.

또 공론장에 미래세대가 참여하더라도 기성세대와의 사고방식에 차이가 있다. 예컨대 많은 경우 기성세대는 미래세대를 위해 현재의 탐욕을 절제하고 모두의 이익을 위한 방향으로 환경·사회·경제를 전환해야 하는데, 특정 사람들의 이윤만을 추구하고, 이를 사회발전의 동력으로 삼는 자본주의 경제체계를 우선시한다. 이러한 사고방식은 지속가능성을 담보하는 가치로의 전환을 막고, 기존의 사회체계를 유지하거나 변화에 미온적인 태도를 보인다. 이에 비해 미래세대는 특히나 기후위기에 크게 공감하는 데다, 지속가능발전이 교과과정에도 포함되어 있다 보니 문제를 바라보는 관점이 기성세대와 다르다.

그래서 관점에 차이가 큰 이해관계자 간에는 직접적인 소통을 바로 하기보다 단계별로 의사결정 내용의 결을 다르게 해서 보완이 가능하게 공론장을 진행한다. 이는 시민과 행정 간에도 해당하며 상호보완하도록 공론장을 설계한다.

이런 점들을 고려하여 실행하는 지속가능발전 주요이해관계자 공론장은 크게 4단계로 나누어볼 수 있다. 1단계는 지역전문가가 주로 참여하며, 지역의 지속가능발전목표 17개 주요 의제를 모두 도출한다. 이어지는 2단계에서는 미래세대가 주로 참여하며, 1단계에서 도출된 17개 목표별 주요 의제 중에서 우선순위를 선택하는데, 이때의 기준은 철저히 미래세대의 입장에서 정한다. 3단계는 해당 지역사회의 지방자치단체(행정)가 참여한다. 17개 목표별 담당 부서를 대상으로 지속가능발전에 관한 교육을 진행하고, 1~2단계에서 도출한 결과에 기반하여 정책화를 진행한다. 일반적으로 5년을 계획하며, 사업내용, 성과(지표), 예산 등을 구체적으로 작성하여 실행력을 높인다. 마지막 4단계는 지속가능발전위원회(지속가능발전 분야 전문가)가 담당한다. 지속가능발전위원회는 앞선 1~3단계의 초기와 중간마다 과정을 관리하고, 최종 결과를 검토하여 지속가능발전 기본전략 및 추진계획 수립을 최종 의결한다.

이러한 과정을 거치는 동안 지역사회에서는 지속가능발전에 관한 전반적인 경험을 하게 된다. 그리고 자연스레 더 나은 대안을 찾으며 지역사회의 지속가능발전 역량이 커진다. 주요이해관계자 그룹은 시간과 비용이 많이 들어 효율적이지 않다는 의견을 들을 수 있으나, "혼자 가면 빨리 가지만, 함께 가면 멀리 갈 수 있다"는 격언처럼 중론의 가치를 체득하게 된다.

4. 지속가능한 세상으로 나아가기

유엔이 지속가능발전목표를 추진한 지 어느덧 10년이 지났다. 대부분 유엔 회원국들은 지속가능발전 가치에 공감하고 각 국가나 지역에서 실천하기 위해 노력하지만, 여전히 많은 사람이 지속가능발전이 우리 일상생활에 녹아들지 않았다고 느낀다.

경제·사회·환경의 균형을 추구하는 지속가능발전보다는 물질주의가 팽배하고 경제적인 가치가 최우선으로 다뤄진다. 또한 도시의 복잡한 문제를 풀어가는 데 여러 이해관계가 얽혀있으며, 공동체의 위기, 개인주의의 심화도 지속가능발전으로 나아가는 데 장애물이 된다.

그렇지만 우리 인류, 국가, 지역사회, 기업, 공동체, 개인 등이 우리 세대를 넘어 다음 세대에도 이어지기 위해서는 지속가능발전 가치를 포기할 수 없다.

『어린 왕자』의 작가 생텍쥐페리는 "만약 배를 만들고 싶다면 사람들에게 목재를 가져오게 하거나 임무를 부여하거나 일감을 나눠줄 것이 아니라 먼저 '무한히 넓은 바다'를 동경하게 만들어야 한다"고 말했는데, 이는 당장 현실에서는 보이지 않지만 인간에게 필요한 이상이 우리를 이끈다고 해석할 수 있다. 우리가 동경해야 하는 무한히 넓은 바다는 '지속가능발전'이다.

당장 가까운 시일에 지속가능발전이 이뤄진 세상은 불가능할지도 모르지만, 그 바다를 향해 갈 때 세상이 더 나아질 거라고 희망한다. 또 지속가능한 도시로 나아가기 위해 지속가능발전을 머리로만 아는 것이 아니라, 그 가치가 가슴에 새겨지고 손과 발을 통한 실천으로 정착해야 한다.

이를 위해 제안하고 싶은 방법이 '지속가능발전 공론장'이다. 국가, 기업, 지역사회 등에서 사람들에게 열려있는 지속가능발전 공론장이 많아진다면, 이 공론장에 참여하여 다른 시민을 만나고 학습하고 논의하면서 자연스럽게 지속가능발전 가치의 공감이 이뤄질 것이다.

지속가능발전 공론장의 가장 기본적인 태도는 우리가 근본적으로 다른 존재들과 함께 살아가고 있다는 점이다. 세상에 존재하는 목소리를 듣고자 노력해야 하며, 우리 주변에 있는 존재들을 향해 귀를 기울이는 노력이 많아지면 좋겠다.

한 예로 과거 '자연'은 인간에게 개별성을 지닌 주체가 아니라 하나의 대상이었다. 그렇지만 현대에 이르러서는 자연을 하나의 주체로 인정하는 사례와 시도가 더 많아지고 있다.

앞서 소개한 일본의 애니메이션 〈스즈메의 문단속〉에서 남자 주인공 무나카타 소타는 재난을 일으키는 미미즈라는 존재를 잠재우며, 자연의 힘을 빌린다.

"아뢰옵기도 송구한 히미즈의 신이시여. 머나먼 선조의 고향 땅이여. 오래도록 배령 받은 산과 하천이여. 경외하고 경외하오며, 삼가 돌려드리옵나이다."

비록 영화지만, 자연을 하나의 주체로 보고 관계 맺는다.
에콰도르는 자연을 대변하여 헌법에 '자연의 권리'를 명시했고, 볼리비아에서는 '어머니 지구법'을 제정했다. 뉴질랜드는 강이 법적으로 인간과 같은 위상을 갖는 법이 통과됐고, 독일은 동물 보호를 국가책임으로 규정했으며, 스위스는 동물의 존엄성을 헌법에 명시했다.

프랑스는 헌법 제1조에 "국가는 생물다양성과 환경 보존을 보장하고 기후변화와 싸운다"는 조항을 추가하는 헌법 개정을 추진했지만, 국회에 막혀 국민투표에 부치는 데는 실패했다. 하지만 정말 멋진 시도였다. 우리나라에서도 여러 시도가 있었다. 결과적으로 자연을 하나의 주체로 만드는 법 제도에는 실패했으나 계속 나아가는 과정에 있다고 믿는다.

자연뿐만 아니라 가난하고 소외당한 사람들, 몸과 마음이 아픈 사람들, 누군가의 돌봄과 손길을 기대하기 어려운 사람들, 사회의 변두리에 관한 관심과 배려가 무엇보다 필요한 시기다.

교황 프란치스코는 『모든 형제들』에서 이렇게 말한다.

> "모든 사람을 우리 형제자매로 인식하고 포용하는 사회적 우애의 형태를 추구하는 것은 그저 이상향이 아닙니다. 그 실현 가능성을 보장하는 효과적인 길을 찾는 능력과 결단이 필요합니다. … 개인적으로 궁핍한 사람들을 도울 수 있지만, 모든 이를 위한 정의와 형제애를 추구하는 사회적 여정의 시작에 다른 이들과 함께 참여할 때 '가장 드넓은 애덕의 분야, 이른바 정치적 애덕'을 시작하는 것입니다."[24]

지속가능발전을 이뤄내는 사회적 여정에 더 많은 존재가 참여하고 함께하도록 힘을 모아보자. 더 따뜻하고 환대하는 도시, 평화와 배려가 있는 도시, 사랑과 희망이 있는 도시, 이게 바로 지속가능한 세상이지 않을까?

주

1. 위키백과, 웨스트민스터궁, 2025. https://ko.wikipedia.org/wiki/%EC%9B%A8%EC%8A%A4%ED%8A%B8%EB%AF%BC%EC%8A%A4%ED%84%B0%EA%B6%81

2. 김진애, 『김진애의 도시 이야기』, 다산초당, 2019.

3. 지표누리, 지속가능발전목표 11번 지속가능한 도시와 주거지, 2025. https://www.index.go.kr/unity/potal/sdg/11/SDGIndicator.do;jsessionid=dBrb1X-RngSQRKdxYT0r4rG0296I_JD1SY6E8B4g_node11

4. 통계적으로 다소 제한이 있지만, 지금으로부터 약 75년 전인 1950년, 전 세계의 도시화율은 약 29%였다는 유엔의 연구가 있다. 2024년 전 세계 도시화율은 약 55%로 보고되고 있고, 2050년까지 도시화율은 70%에 이를 것으로 예측한다. 대한민국은 도시화에 아주 급격한 변화를 겪은 나라다. 통계청에 따르면, 2021년 기준 전국의 도시화율은 90.7%인데, 1955년에는 24.5%였다. 1960년대 이후, 우리나라는 경제개발과 산업화로 도시 개발정책이 크게 작용하여 전 세계에서도 가장 빠르게 도시화를 경험하게 됐다.

5. 기후변화에 관한 역사적인 책임(누적된 온실가스 배출량)은 미국(25%)이 가장 크고, 유럽 28개국의 비중은 22%, 중국 12.7%, 러시아 6% 등 선진국 비중을 합하면 77.4%에 이른다. 하지만 기후변화 유발에 책임이 거의 없는 국가들이 기후변화에 더욱 취약한 상태이며, 기후변화의 피해는 전 세계 온실가스의 약 3%만 배출하는 저위도 개발도상국의 약 10억 명이 겪고 있다. 선진국은 자신들의 도시공간이 지구를 지속불가능하게 만들고, 피해 국가들과 갈등을 유발한다는 것을 진지하게 받아들여야 한다.

6. 곽노필, "2030년, 셋에 둘은 도시에 산다", 한겨레, 2024.6.29. https://www.hani.co.kr/arti/science/science_general/744719.html

7. 채수미·김혜윤·이수빈, 「한국인의 기후불안 수준 및 특성」, 『보건사회연구』 44(1), 2024: 245-267.

8. 국제 NGO 자국 내 난민감시센터(IDMC)의 보고서 「GRID 2023」에 따르면, 2022년 말 기준 자연재해와 전쟁으로 고향을 떠나 자국 내 다른 지역으로 간 난민이 약 7,110만 명에 이르며, 이는 2021년 대비 20% 증가한 수치다. 이 중 기후재난으로 고향을 떠난 기후난민이 약 3,260만 명으로 전쟁난민보다 많다. 유니세프는 2016~2021 기간의 기후난민이 1억 3,400만 명에 달하며, 이 중

어린이가 약 4,300만 명이라고 발표했다. 이로 인해 인신매매, 착취, 학대, 폭력 등 위험이 발생할 것을 우려했다.

9 필자는 경상남도, 강원도 원주시, 서울시 구로구, 서울시 중랑구, 충남 당진시, 충남 천안시 등 자치단체에서 수립하는 지속가능발전 기본전략 및 추진계획 연구진으로 활동해오고 있다.

10 위르겐 하버마스, 『공론장의 구조 변동: 부르주아 사회의 한 범주에 관한 연구』, 한승완 역, 나남출판사, 2001.

11 공론조사는 대표자 무작위 선발, 초기조사, 정보 제공, 소규모 그룹 토론 및 전문가 참여, 후속조사, 결과정리 및 보고서 작성, 정책제안과 활용의 순서로 이루어진다.

12 해당 결과가 정책으로 그대로 반영된 것은 아니다. 공론화위원회에서 제출한 공론조사 결과는 중앙정부에 전달되었고, 현행 국민연금 보험료율 9→13%, 소득대체율 40→42%로 변경하자는 보건복지부 안이 나왔다. 이후 국회에서 계류되다가 2025년 3월, 여야 합의로 소득대체율 43%, 보험료율 13%로 결정되었다.

13 YOUTUBE, 더 내고 더 받기, 2025. https://www.youtube.com/watch?v=0RtU2UxVczA

14 장경수, "[이슈브리프] 신고리 5·6호기 공론화위원회의 문제점", 여의도연구원, 2017. https://www.ydi.or.kr/board/detail/data010301/428

15 언론중재위원회교육본부연구팀, 「프랑스의 사전 갈등예방 기구, CNDP(국가공공토론위원회)의 현황과 사례」, 언론중재위원회, 2014. https://www.pac.or.kr/kor/pages/?p=208&magazine_new=M03&cate=&nPage=29&idx==648&m=view&f=&s=

16 공론화위원회 설치 및 운영에 관한 조례를 가진 자치단체는 전국에 12곳이 있다(2025.1.).

17 서혜빈, "'헌법 1조, 국가는 기후변화와 맞서 싸운다' 바꿔가는 시민들", 한겨레, 2021.4.5. https://www.hani.co.kr/arti/society/environment/989613.html

18 기후위기로 인한 탄소중립 사회로의 전환 과정에서 발생할 수 있는 부담을 사회적으로 분담하고, 취약계층의 피해를 최소화하는 정책 방향을 말한다.

19 경상남도 기후도민회의와 경기도 기후도민회의의 운영 총괄을 필자가 소속한 사회혁신연구소에서 맡았다. 필자는 두 공론장에서 프로젝트 매니저로서 실무 총괄을 맡았다.

20 슈미터와 카를(Schmitter & Karl, 1991)의 시민사회 유형은 민주주의 발전 과정에서 국가와 시민사회가 어떤 방식으로 상호작용하는지 설명한다.
• 협력(Cooperation): 시민사회와 정부가 공동 목표를 향해 협력
• 보충(Complementary): 정부의 부족한 부분을 시민사회가 보완
• 경쟁(Competition): 정부와 시민사회가 자원을 두고 경쟁
• 억압(Repression): 정부가 시민사회를 억압
• 적대(Hostility): 시민사회와 정부 간 갈등이 심각한 상황

21 스즈메의 거주지이자 출발지인 첫 지역 미야자키현(규슈)은 직접적인 피해 지역은 아니지만, 2016년 구마모토 지진이 있었고, 두 번째 지역 에히메현(시코쿠)에서 언급되는 '3년 전의 산사태'도 2018년 7월 일본 서남부 지역에 전례 없는 폭우가 덮쳐 산사태로 마을이 통째로 사라지고, 하천이 범람하여 궤멸적인 피해를 입은 적이 있다. 세 번째 방문지 고베(효고현)는 1995년 효고현 남부 지진 피해 지역이고, 네 번째 방문지 도쿄도 작중 시점에서 정확히 100년 전인 1923년 관동 대지진으로 피해를 입었던 지역이다. 그리고 후쿠시마현, 미야기현을 거쳐 이와테현이 바로 여행의 종착지이자 스즈메의 고향인데, 이곳이 2011년 3월 11일, 도호쿠 지방 태평양 해역 지진(도호쿠 대지진) 피해 지역이다.

22 2025년 1월 기준, 지방정부 243곳(광명 17, 기초 226) 중 무려 214곳이 '지속가능발전 기본조례'를 제정하여 행정계획 수립의 근거를 마련해놓았다.

23 포커스그룹인터뷰(FGI)는 이해관계자의 의견과 태도를 심층적으로 파악하는 대표적인 정성 조사 방법이다. 좌담회나 집단 인터뷰로 불리기도 한다.

24 프란치스코 교황, 『모든 형제들(Fratelli Tutti)』, 한국천주교중앙협의회, 2021.

라준영

가톨릭대학교 경영학과 교수

SDGs 실현을 위한 새로운 방법론: 콜렉티브 임팩트

insight 8

 기후변화 대응을 위한 범정부적 정책 수립 회의의 취지는 분명했다. 정부가 한목소리를 내어 지속가능한 발전을 추진하자는 것. 하지만 현실은 단순하지 않았다. 회의실에서는 벌써부터 각 부서의 이해관계가 얽혀 긴장감이 감돌았고, 역시나 회의 이후 익명 커뮤니티에는 아래와 같은 글이 올라왔다.

익명(A부서) 기존 우리 사업만 하기도 벅찬데, 다른 부서랑 협업까지 하라고?
🕐 7분전 ♡   💬

익명(B부서) 부서별 보고서는 다 따로 내야 하는 건가요? 그리고 예산은 어디서 주체가 되는 거죠?
🕐 5분전 ♡   💬

익명(C부서) 솔직히 말해서 우리 부서는 이 정책이랑 직접적인 관련이 없는 것 같은데… 왜 포함된 거?
🕐 5분전 ♡ 2 💬 2

    ㄴ **익명(D부서)** 22222222
    🕐 4분전 ♡ 1 💬

    ㄴ **익명(D부서)** 33333
    🕐 5분전 ♡ 1 💬

익명(F부서) 솔직히 이거 우리 부서의 데이터랑 연구 자료 다 가져다 쓰면서 나중에 공은 다른 부서에서 다 챙기는 거잖아. 이런 적이 한두 번이었어야지.
🕐 3분전 ♡ 2 💬 2

    ㄴ **익명(G부서)** 엇, 너네도? 우리도 당해봄
    🕐 1분전 ♡ 1 💬

> ┗ **익명(H부서)** 한둘이 아니구만. ㅎㅎㅎㅎ
> 　🕐 지금　♡ 1　💬
>
> **익명(I부서)** 정책을 세우는 것도 중요하지만, 이게 정부만 한다고 됨? 민간 협력이 필수인데, 너무 빠진 거 아님?
> 🕐 1분 전　♡ 1　💬

　나는 자료를 내려다보며 깊은 고민에 빠졌다. '지속가능한 발전'이라는 말은 요즘 어느 회의에서나 빠지지 않는다. 하지만 그 단어의 무게만큼 실제로는 가볍게 소비되는 느낌도 든다.

　회의에서 들리는 목소리들은 하나같이 현실적이었다. 부서 간의 협업은 이상적으로 보이지만, 실제 업무 현장에서는 '협업'보다 '업무 과중'으로 다가온다. 게다가 모든 부서가 참여한다고 해놓고 실제로는 일부만 실적과 책임을 지는 구조라면, 지속가능성은커녕 내부 갈등과 소진만 남을 것이다.

　화면에 떠 있는 글이 눈에 거슬린다.

　"이건 정부 혼자 하는 게 아니잖아요. 민간과 시민사회 없이는 절대 굴러가지 않아요."

　정확한 말이었다.

　정부가 기후변화 대응 정책을 만들고 시행한다 해도 실제로 행동에 나서야 할 주체는 국민이고 기업이고 지역사회다. 그런데도 정책 설계 단계에서 민간의 참여는 '추후 논의'로만 넘어간다. 이렇게 굴러가는 시스템이 정말 맞는 걸까? 이런 시스템이 지속가능할까?

1. 들어가며

기존 산업화 시대의 사회문제 해결 방식은 국가, 시장, 시민사회 부문이 각자의 역할을 수행하는 것이었다. 예를 들어, 국가 부문의 정부, 시장 부문의 기업, 사회 부문의 비정부NGOs・비영리조직NPOs이 각자의 영역에서 문제 해결을 위해 노력했다. 그러나 현대의 사회문제는 복잡성과 변동성이 높아 단일 기관이나 정부의 노력만으로는 해결하기 어렵다는 것이 일반적인 견해다. 지속가능발전목표SDGs와 관련된 사회・환경・경제 문제도 마찬가지다. 특히 기후변화, 빈곤, 불평등, 보건위기 같은 사회적 난제는 그 범위와 영향력이 매우 넓고 복잡하여 다양한 이해관계자의 공동 노력 없이는 근본적으로 해결하기 어렵다. 이러한 배경에서 최근 콜렉티브 임팩트collective impact가 지속가능성 문제를 해결하는 새로운 접근법으로 주목받고 있다. 콜렉티브 임팩트는 2011년 존 카니아John Kania와 마크 크레이머Mark Kramer[1]가 미국의 스탠퍼드대학에서 발간하는 사회혁신 전문 저널인『스탠퍼드 소셜 이노베이션 리뷰Stanford Social Innovation Review』에 발표한 논문에서 처음 사용했는데(Kania & Kramer, 2011),[2] 이후 두 사람은 지속적으로 관련 저술을 발표하며 (Hanleybrow, Kania, & Kramer, 2012;[3] Kania & Kramer, 2013;[4] Kania, Kramer, & Senge, 2018;[5] Kania et al., 2022[6]) 콜렉티브 임팩트의 국제적 확산을 위해 노력해왔다.

콜렉티브 임팩트는 정부, 기업, 시민사회 등 상이한 부문에 속한 다양한 이해관계자가 공동의 목표를 설정하고, 협력적인 방식을 통해 문제 해결을 지속적으로 모색하는 새로운 접근법이다. 이 접근법은 기존의 분절적이고 단편적인 문제 해결 방식에서 벗어나 체계적이고 통합적인 협력을 통해 더욱 큰 사회적 변화를 이루는 것에 초점을 맞춘다.

콜렉티브 임팩트의 주요 특징 중 하나는 모든 참여자가 단순히 각자의 역할을 수행하는 데 그치지 않고, 상호 간의 노력을 조율하며 상호 보완적인 방식으로 협력한다는 점이다. 이러한 방식은 사회 문제 해결의 효율성을 제고하는 데 기여한다. 특히 이해관계자 사이의 지속적인 소통과 신뢰 구축은 장기적이고 지속가능한 사회적 변화를 가져오는 데 중요한 요소로 작용한다.

콜렉티브 임팩트는 다양한 부문 간 협력을 통해 개별 참여자가 단독으로 달성하기 어려운 결과를 함께 이루는 것을 목표로 한다. 예를 들어, 교육 분야에서 학교, 지역사회 단체, 지방자치단체, 기업 등이 협력할 경우, 단순히 학업 성취도 향상을 넘어 학생들의 진로 및 취업 개발, 지역사회의 역량 강화를 동시에 도모할 수 있다. 이러한 통합적 접근법은 참여자들에게 새로운 학습 기회를 제공하며, 혁신적인 해결책 도출에도 기여한다.

더 나아가 콜렉티브 임팩트는 다양한 이해관계자 간의 협력을 통해 자원의 중복 사용을 최소화하여 사회적 자원배분의 효율성을 증대시키고, 여러 부문의 전문성을 결합하여 문제 해결의 속도를 가속화할 수 있다. 또한 상호 학습과 협력을 통해 기존 방식으로는 도출하기 어려운 창의적이고 혁신적인 해결책을 제시할 수 있으며, 단기적 성과에 그치지 않고 장기적 변화를 창출하는 지속가능한 협력 구조를 형성할 수 있다.

2. 왜 콜렉티브 임팩트인가?

1) 정부실패, 시장실패, 비영리실패

콜렉티브 임팩트의 이론적 배경에는 각 부문에서 발생하는 구조적 실패 요인에 관한 이론이 자리하고 있다. 살라몬(Salamon, 1986)은 정부와 비영리 부문 간의 관계 이론을 다룬 연구에서 시장·정부·비영리 부문의 구조적 한계를 지적했다.[7]

일반적으로 사회적으로 필요한 가치는 시장을 통해 창출되는 것으로 여겨진다. 이는 시장이 소위 '보이지 않는 손'으로서 인간이 만든 자원배분 방법 중 가장 효율적인 기제이기 때문이다. 그러나 시장은 공공재 부족, 가치재의 미공급, 외부성, 정보 비대칭성 등 구조적 한계로 인해 사회적으로 필요한 가치를 충분히 창출하지 못할 뿐만 아니라, 오히려 사회적·환경적 비용을 증가시키는 경우가 빈번하다. 따라서 시장은 경제적 효율성 측면에서는 우수하지만, 사회·환경문제 해결에는 한계를 지닌다.

이로 인해 사회·환경문제는 보통 정부가 1차적으로 책임지게 된다. 정부는 다양한 규제와 지원 정책을 통해 이들 문제에 개입한다. 그러나 정부 역시 X-비효율성, 정치적 제약, 관료 포획 등과 같은 관료적 비효율성으로 인해 문제 해결에 실패하는 경우가 많다. 이러한 시장실패와 정부실패가 발생하는 상황에서 시민사회의 NGOs와 NPOs는 그 빈자리를 보완하기 위해 존재한다. 그러나 이들 역시 재무적 불안정성, 비전문성, 영세성 등의 문제로 인해 규모 있는 사회문제 해결에 어려움을 겪는다. 일종의 비영리실패가 발생하는 셈이다.

더구나 현대사회가 고도화되고 사회문제의 복잡성과 변동성이 증가함에 따라 특정 부문의 개별 조직만으로 문제를 해결하기 어려운 상황이 빈번해지고 있다. 특히 기후변화, 빈곤, 보건위생 등 지속가능발전목표SDGs에서 다루는 문제는 각 부문 간 협력 없이는 해결하기 어려운 대표적인 사례다.

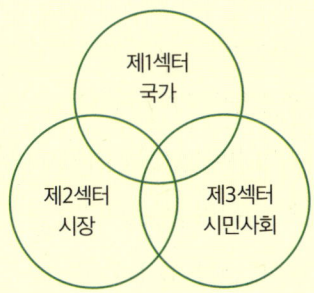

섹터 이론sector theory: 사회는 어떻게 구성되고 작동하는가?

제1섹터 국가

제2섹터 시장

제3섹터 시민사회

현대사회는 국가, 시장, 시민사회로 구성되는 다원적 구조를 지닌다.

> 국가 부문은 제1섹터라고 부르며, 정부, 지방자치단체, 공공기관, 국제기구 등이 공익적 가치를 창출하기 위해 활동한다. 시장 부문은 제2섹터로 지칭하며, 주로 경제적 가치를 창출하는 기업들이 주요 주체로 활동한다. 시민사회는 제3섹터로 분류하며, 비정부기구 non-governmental organizations: NGOs, 비영리조직 non-profit organizations: NPOs, 협회 associations 커뮤니티 조직 등이 이 부문에서 활동한다.
> 현대사회의 발전은 이러한 세 부문의 균형과 협력을 통해 이루어진다. 특히 콜렉티브 임팩트는 국가, 시장, 시민사회 간 협력적 상호작용을 통해 공동의 목표를 달성하고 사회적 문제를 해결하려는 접근 방식이라고 할 수 있다. 이와 같은 협력적 접근은 각 부문의 고유한 역할과 자원을 결합하여 복잡하고 지속적인 사회문제에 효과적으로 대응할 가능성을 높인다.

2) 섹터 간 협력

이러한 실패이론을 바탕으로 1990년대 이후 국내외에서 '섹터 간 협력 cross-sectoral partnership' 활동이 점차 일반화했다(Selsky & Parker, 2005).[8] 섹터 간 협력이란 정부, 기업, 비영리조직 등이 전통적인 섹터 간 경계를 넘어 공동의 목표를 달성하기 위해 함께 활동하는 협력적 접근법을 말한다. 단일 조직이나 섹터의 역량만으로는 해결하기 어려운 복잡한 사회·환경·경제 문제를 해결하기 위해 다양한 이해관계자가 참여하는 방식이다. 특히 기후변화, 공중보건, 도시빈곤 등 복합적인 사회문제 해결에 적합한 방식으로 주목받고 있다.

섹터 간 협력은 전통적인 부문 간 경계를 넘어서 다양한 분야의 참여자들이 협력하는 구조다. 예를 들어, 환경보호를 위해 정부, 기업, 학계, 시민단체가 협력하는 사례를 들 수 있다. 이러한 협력은 복잡한 사회적·경제적·환경적 문제 해결을 위해 각 분야의 전문성을 결합할 필요가 있는 상황에서 효과적이다. 특히 SDGs와 관련한 환경·사회문제는 단일 부문만의 노력으로는 해결하기 어려우며, 다양한 분야가 결합된 협력이 필수다.

섹터 간 협력은 각 분야의 자원을 결합함으로써 자원의 낭비를 줄이고, 더 큰 규모의 해결책을 만들어낼 수 있다. 예를 들어, 기술기업이 개발한 새로운 기술을 정부가 사회문제 해결을 위해 활용하거나, 학계의 연구 결과가 실용화할 수 있도록 지원하는 방식이 있다. 이를 통해 각 참여자는 자원 교환과 지식 공유를 통해 상호 이익을 얻을 수 있다.

섹터 간 협력의 핵심 원리는 ① 다양한 이해관계자의 참여, ② 공동의 목표 달성, ③ 자원 공유 및 통합, ④ 지속적인 의사소통, ⑤ 책임과 성과 공유 등이다. 파트너십에 참여하는 주체의 유형에 따라 다양한 조합의 협력이 가능하다. 대표적인 예로는 공적 가치가 큰 사업에 대해 정부와 민간 기업이 협력하는 공공민간파트너십 public-private partnership: PPP, 기업이 사회공헌 활동에서 사회적 가치와 경제적 가치를 동시에 창출하기 위해 NGOs와 협력하는 전략적 협업 co-creation 을 들 수 있다(Engel, Fischer, & Galetovic, 2014;[9] Prahalad & Brugman, 2007)[10].

공공민간파트너십 사례: 알아즈반 태양광 발전 프로젝트

아랍에미리트UAE의 수도인 아부다비Abudhabi의 알아즈반Al Ajban에서 실시한 대규모 태양광 발전 프로젝트로서, UAE 정부의 청정에너지 목표를 실현하기 위한 핵심적인 인프라를 구축하는 사업이다. 총 1,177MW 용량의 태양광 발전으로 연간 약 2,400만 톤의 이산화탄소 배출을 줄이고자 한다. 고효율 단결정 태양관 패널과 최신 기술을 적용하며, 우리나라의 한국서부발전이 민간 부문 파트너로 참여하고 있다. 이 프로젝트는 섹터 간 협력의 전형적인 사례로, 공공 부문이 정책 및 규제 환경을 조성하고 안정적인 수익 구조를 보장하는 한편, 민간 부문은 기술적 전문성과 자본을 투입하여 효율적인 프로젝트 수행을 책임지는 구조다.

공공의 역할

- 아부다비 미래에너지회사Masdar가 프로젝트 회사SPV의 60% 지분을 보유하며 주요 공공 파트너로 참여함.
- 프로젝트의 초기 기획, 허가 및 규제 환경 조성, 공공 인프라와의 연계를 담당함.
- 에미레이츠 수전력공사EWEC가 프로젝트의 전력 구매자로서 장기 구매계약PPA을 체결하여 안정적 수익 모델을 보장함.

민간의 역할

- 한국서부발전과 프랑스 EDF 컨소시엄이 민간 파트너로 참여하여 설계, 건설, 운영 및 유지보수를 담당함.
- 자금 조달에서 중요한 역할을 수행하며, 기술적 전문성과 효율성을

제공함.
- 한국수출입은행 같은 금융기관이 대출을 통해 자금을 지원함.

기업-NGO 간 전략적 협업 사례: 그늘 커피 재배와 공정무역

전 세계 공정무역 커피의 최대 구매자인 스타벅스Starbucks가 지속가능한 커피 재배와 생물다양성 보존을 목표로 환경 전문 NGO인 국제보호협회Conservation International: CI와 협력한 사례다. 전통적인 커피 재배 방식은 숲의 나무를 베고 개간하여 단일 품종의 커피나무를 심는 형태로, 생물다양성을 감소시키고 토양침식을 초래하는 등 환경에 악영향을 미친다. 스타벅스와 CI는 다양한 차원의 협력을 통해 그늘에서도 커피를 재배할 수 있는 농법을 개발하여 숲의 생태계를 유지하면서도 고품질의 커피 생산을 성공적으로 달성했다. 이 협력에서 스타벅스는 주로 자금과 기술을 제공하며, 국제적인 유통채널과 마케팅을 활용하여 글로벌 시장에서 지속가능한 커피 확산을 담당했다. 반면 CI는 환경보호와 현지 농가와의 긴밀한 협력을 통해 프로젝트가 생태학적 목표를 달성하도록 이끌었다. 두 기관은 각자의 강점을 결합하여 커피 산업의 지속가능성을 제고하고, 환경과 경제 모두에 긍정적인 영향을 미쳤다.

기업의 역할

- 재정적 지원 및 시장 제공: 스타벅스는 지속가능한 커피 재배를 지원하기 위해 농가에 직접 재정적 지원을 제공함. 또한 그늘 커피로

생산된 원두를 프리미엄 가격으로 구매하여 농부들에게 안정적인 시장을 제공함.
- 농업 기술 및 교육 제공: 스타벅스는 자체 운영하는 농가지원센터 Agronomy Support Centers를 통해 농부들에게 지속가능한 재배 방식, 질병 관리, 토양 개선 기술 등을 교육함.
- C.A.F.E. Practices 개발: 스타벅스는 CI와 함께 C.A.F.E.Coffee and Farmer Equity Practices를 개발하여 품질, 환경보호, 거래 투명성, 사회적 책임이라는 네 가지 원칙에 따라 지속가능한 커피 구매를 진행함.

NGO의 역할

- 그늘 커피 농법 개발: CI는 멕시코의 치아파스Chiapas 지역에서 그늘 커피 재배 방식을 원주민과 함께 개발함.
- 현지 농가와의 협력: CI는 멕시코 오악사카 등 주요 커피 재배 지역에서 현지 농부들과 협력하여 그늘 관리 시스템을 개선하고, 물 보존 및 대체 소득원 창출 같은 환경친화적 활동을 지원함.
- 교육 및 인식 제고: CI는 농부들에게 지속가능한 재배 방식과 물 보존 기술을 교육하고, 환경보호의 중요성을 알리는 활동을 진행함. 특히 여성과 원주민 농부들이 프로젝트에 적극적으로 참여할 수 있도록 독려함.
- 프로젝트 설계 및 실행: CI는 프로젝트의 설계와 실행을 주도하며, 생태계 복원과 농가 경제 안정이라는 두 가지 목표를 동시에 달성할 수 있는 전략을 수립함.

3) 섹터 간 협력과 콜렉티브 임팩트의 비교

섹터 간 협력과 콜렉티브 임팩트는 각 부문을 대표하는 다양한 이해관계자 간 협력을 핵심 원리로 삼고, 공유된 명확한 목표 달성을 위해 협력하며, 단일 기관이나 단체가 아닌 다양한 조직이 각자가 보유한 자원, 역량, 전문성을 활용하여 문제를 해결하는 융합적 접근법을 취한다는 점에서 유사하다. 그러나 〈표 1〉 같은 차이점도 있다. 그 차이는 주로 ① 구조화된 접근법, ② 목표 설정 방식, ③ 조직적 지원의 필요성, ④ 적용 가능성에서 나타난다.

표 1. 섹터 간 협력과 콜렉티브 임팩트의 비교

분류	섹터 간 협력	콜렉티브 임팩트
목적	특정 프로젝트나 이니셔티브의 목표 달성	복잡한 사회문제의 근본적 해결
핵심 요소	유연한 구조와 문제에 맞는 맞춤형 협력	공통 의제, 공유된 측정체계, 상호 보완적 활동, 지속적인 의사소통, 중추 지원조직
조직구조	특정 지원조직 없이 유연한 파트너십 가능	명확하게 정의된 전담 지원조직 필요
참여자 간 관계	상황에 따라 단기 또는 장기 협력 가능	높은 수준의 지속적인 신뢰와 협력 요구
데이터 활용	데이터 활용이 필수적이지 않을 수 있음.	데이터를 중심으로 진행 상황을 평가하고 의사결정
전략적 접근 방식	상황과 목표에 따라 유연하게 변화	구조화된 단계적 접근법
지속가능성	특정 문제 해결 후 파트너십 종료 가능	지속가능한 시스템 변화 지향

콜렉티브 임팩트는 체계적이고 구조화된 방식으로 특정 사회문제를 해결하는 데 초점을 맞추며, 장기적인 시스템 변화를 목표로 한다. 반면 섹터 간 협력은 더 유연하고 다양한 형태로 적용 가능하며, 단기적 또는 다목적 협력에도 적합하다. 이러한 차이는 두 접근법이 활용되는 맥락과 목적에 따라 선택적으로 적용될 수 있음을 시사한다.

(1) 구조화된 접근법의 차이

콜렉티브 임팩트는 매우 구조화된 협력 모델로, 다섯 가지 핵심 조건(공통의 의제, 공유된 측정체계, 상호 보완적 활동, 지속적인 의사소통, 중추 지원조직)을 기반으로 실행된다. 이 모델은 복잡한 사회문제를 해결하기 위해 체계적이고 명확한 프로세스를 따른다. 반면 섹터 간 협력은 더 유연한 접근법으로, 특정한 구조나 조건에 얽매이지 않고 다양한 형태의 협력을 포함한다. 예를 들어, 단기 프로젝트, 이벤트, 정부 위원회 등 다양한 방식으로 실행될 수 있다.

(2) 목표 설정 방식

콜렉티브 임팩트는 특정 사회문제를 해결하기 위해 공동의 목표와 명확한 성과 측정 기준을 설정한다. 참여자들은 합의된 목표와 측정체계를 통해 진척 상황을 모니터링하고 학습하며 책임성을 강화한다. 반면 섹터 간 협력은 목표 설정이 덜 엄격하며, 참여자의 관심사와 필요에 따라 목표가 다양하게 설정될 수 있다. 따라서 특정 문제 해결보다는 다양한 목적을 달성하기 위한 협력이 가능하며, 목표가 다소 유동적일 수 있다.

(3) 조직적 지원의 필요성

콜렉티브 임팩트는 중추 지원조직 backbone support organization 이라는 전담 지원 구조가 필수다. 이 조직은 참여자 간 조율, 의사소통, 데이터 관리 등을 담당하며 협력의 중심 역할을 한다. 반면 섹터 간 협력은 전담 조직 없이도 실행할 수 있다. 참여자 간 자율성이 강조되며, 필요에 따라 느슨한 네트워크 형태로도 운영이 가능하다.

(4) 적용 가능성

콜렉티브 임팩트는 주로 장기적이고 복잡한 사회문제(예: 빈곤, 교육 격차 등)를 해결하는 데 적합하다. 이 접근법은 시스템 변화를 목표로 하며, 지역사회 기반 문제 해결에 자주 사용된다. 반면 섹터 간 협력은 단기 프로젝트나 특정 이벤트 등 다양한 맥락에서 활용할 수 있다. 이는 특정 문제 해결뿐만 아니라 기회 창출이나 네트워크 형성에도 적합하다.

3. 콜렉티브 임팩트의 성공요건[11]

콜렉티브 임팩트는 복잡한 사회문제를 해결하기 위해 다양한 이해관계자가 협력하는 모델이다. 아래의 다섯 가지 성공요건은 성공적인 콜렉티브 임팩트를 위한 필수 조건이다. 각각의 요건은 상호 의존적으로 작동한다. 이들이 잘 연계되어 효과적으로 기능할 때, 복잡한 사회문제에 대해 지속가능하고 의미 있는 변화를 만들어낼 수 있다.

1) 공통의 의제 Common Agenda

모든 참여자가 비전과 문제의식을 공유하고, 해결방안을 합의하는 것을 의미한다. 이는 단순한 협력을 넘어서, 모든 참여자가 동일한 목표를 향해 나아가는 것을 뜻한다. 그 예로 교육 문제 해결을 위해 학교, 정부, 기업, 지역단체가 '모든 학생의 기초학력 향상'이라는 단일 목표에 합의하는 경우를 들 수 있다. 공통의 의제는 모든 참여자의 노력을 하나로 모으고, 중복을 피하며, 시너지 효과를 창출하는 데 핵심적인 역할을 한다. 또한 모든 참여자가 동일한 방향으로 움직이도록 보장하여 전체적인 목표 달성 가능성을 높인다.

- 공통의 비전: 모든 참여자가 추구하는 장기적인 목표와 바람직한 미래 상태에 대한 합의가 필요하다. 예를 들어, '모든 어린이가 건강하고 안전하게 성장할 수 있는 사회' 같은 비전을 공유할 수 있다.
- 문제에 대한 공동 이해: 해결해야 할 문제의 원인과 결과에 대해

모든 참여자가 동일한 인식을 가져야 한다. 데이터와 증거를 기반으로 문제의 심각성과 복잡성을 공유하는 것이 중요하다.

- 공동의 접근 방식: 문제를 해결하기 위한 전략과 구체적인 행동계획에 대한 합의가 필요하다. 모든 참여자가 각자의 역할을 이해하고, 서로 협력하여 목표를 달성하는 방법을 정의해야 한다.

2) 공유된 측정체계 Shared Measurement Systems

모든 참여자가 동일한 지표를 사용하여 진행 상황을 측정하고 평가하는 시스템을 의미한다. 이를 통해 모든 참여자는 자신들의 노력이 전체 목표 달성에 얼마나 기여하고 있는지를 객관적으로 파악할 수 있다. 그 예로 건강개선 프로젝트에서 지역 병원과 보건 당국이 '만성 질환 감소율'을 공동 지표로 설정하여 성과를 측정하는 경우를 들 수 있다. 공유된 측정체계는 프로젝트의 진행 상황을 객관적으로 평가하고, 책임성을 강화하며, 데이터 기반 의사결정을 가능하게 한다. 또한 측정 결과를 통해 개선 영역을 파악하고, 전략을 수정하여 더욱 큰 성과를 창출할 수 있다.

- 공통 지표: 모든 참여자가 동의하는 측정 지표를 설정해야 한다. 이러한 지표는 SMART 기준을 만족해야 한다. 즉 구체적이고(S), 측정 가능하며(M), 달성 가능하고(A), 관련성이 있으며(R), 시간 제약이 있어야 한다(T).

- 데이터 수집 및 분석: 모든 참여자가 정기적으로 데이터를 수집하고 분석하여 진행 상황을 추적해야 한다. 데이터를 기반으로 의사결정을 내리고, 필요한 경우 전략을 조정해야 한다.
- 결과 공유 및 투명성: 측정 결과는 모든 참여자에게 투명하게 공개되어야 하며, 이를 통해 서로의 성과를 이해하고, 책임감을 공유해야 한다.

3) 상호 보완적 활동 Mutually Reinforcing Activities

모든 참여 기관이 고유한 역할을 수행하지만, 전체 목표 달성을 위해 서로 보완적인 활동을 수행하는 것을 의미한다. 각 기관은 자신의 전문성과 강점을 활용하여 전체 목표 달성에 기여해야 한다. 예를 들어, 환경보호 프로젝트에서 한 기관이 연구를 담당하고 다른 기관이 커뮤니티 교육을 담당하는 방식으로 역할을 분담할 수 있다. 상호 보완적인 활동은 각 기관의 개별적인 노력을 극대화하고, 전체적인 효과를 증대시키는 데 기여한다. 또한 모든 참여자가 공동의 목표를 향해 협력함으로써 더욱 강력하고 지속가능한 변화를 창출할 수 있다.

- 분명한 역할: 각 참여 기관은 고유한 역할과 책임을 명확하게 정의해야 한다. 이를 통해 불필요한 중복을 피하고, 각자의 강점에 집중할 수 있다.

- 협력 및 조정: 각 기관은 전체 목표를 달성하기 위해 서로 협력하고, 활동을 조정해야 한다. 정기적인 소통과 정보 공유를 통해 서로의 활동을 이해하고, 상호 지원해야 한다.
- 시너지 효과: 각 기관의 활동을 서로 보완하고 강화하여 개별적인 노력보다 더 큰 전체적인 임팩트를 창출해야 한다.

4) 지속적인 의사소통 Continuous Communication

모든 참여자가 정기적으로 소통하고 정보를 공유하여 협력을 강화하는 것을 의미한다. 그 예로 주간 또는 월간 회의를 통해 프로젝트에 참여한 이해당사자들이 프로젝트 진행 상황을 공유하고 피드백을 수집하는 경우를 들 수 있다. 지속적인 의사소통은 참여 기관 사이의 이해를 높이고, 신뢰를 구축하며, 필요한 경우 빠르게 문제를 해결하는 데 기여한다. 또한 협력 과정에서 발생하는 갈등을 조정하고, 공동의 목표를 향해 나아가는 데 필수다.

- 정기적인 회의: 모든 참여자가 정기적으로 모여 진행 상황을 공유하고, 문제를 논의하며, 의사결정을 내릴 기회가 필요하다.
- 정보 공유: 모든 참여자는 진행 상황, 데이터, 연구 결과 등을 투명하게 공유해야 한다. 정보 공유를 통해 서로의 활동을 이해하고, 협력을 강화할 수 있다.
- 신뢰 구축: 지속적인 소통은 참여자 사이의 신뢰를 구축하는 데 중

요한 역할을 한다. 신뢰는 효과적인 협력을 위한 필수 조건이다.

5) 중추 지원조직 Backbone Support Organization

중추 지원조직은 참여 기관들을 조정하고 지원하는 전담 조직을 의미한다. 이 조직은 콜렉티브 임팩트의 성공을 위한 중요한 인프라 역할을 수행한다. 그 예로 지역 경제개발 프로젝트에서 독립적인 관리 기관이 전체 프로젝트의 일정 조율과 자원배분을 담당하는 경우를 들 수 있다. 중추 지원조직은 콜렉티브 임팩트의 지속가능성을 보장하고, 목표 달성을 위한 필수적인 기능들을 수행한다. 지원조직이 없으면, 다양한 참여 기관이 효과적으로 협력하기 어렵고, 프로젝트의 추진력이 약화할 수 있다.

- 조정 및 관리: 다양한 참여 기관의 활동을 조정하고, 전체적인 진행 상황을 관리한다.
- 데이터 관리: 측정 시스템에서 수집된 데이터를 관리하고, 분석 결과를 공유한다.
- 소통 촉진: 참여 기관 간 소통을 촉진하고, 필요한 정보를 제공한다.
- 역량 강화: 참여 기관들의 역량을 강화하고, 필요한 기술과 지식을 제공한다.
- 자원 확보: 프로젝트에 필요한 자원을 확보하고, 효율적으로 관리한다.

4. 콜렉티브 임팩트의 추진 절차[12]

콜렉티브 임팩트는 복잡한 사회문제를 해결하기 위해 다양한 이해관계자가 협력하는 모델로, 〈표 2〉와 같이 세 단계를 거쳐 추진된다. 각 단계는 콜렉티브 임팩트의 성공 요소와 관련한 구체적인 활동과 목표를 포함한다. 이 절차를 통해 콜렉티브 임팩트는 복잡한 사회문제에 대해 지속가능하고 의미 있는 변화를 창출할 수 있다.

표 2. 콜레티브 임팩트의 단계

성공 요소	1단계: 시작	2단계: 조직화	3단계: 실행 및 영향
거버넌스/인프라	챔피언 발굴 섹터 간 그룹 형성	인프라 창출 (중추 지원조직 & 프로세스)	촉진 및 개선
전략 계획	범위와 데이터 확정	공통 의제 설정	실행 지원 (목표 및 전략 연계)
지역사회 관여	지역사회 홍보 및 소통 활동	지역사회 관여 및 대중의 지지 확보	관여 지속 및 옹호활동 활성화
평가 및 개선	특정 이슈에 대한 기준점 데이터 분석	공유된 지표의 설정 (지표, 측정, 접근법)	데이터 수집, 지표 추적 및 보고(학습 및 개선 프로세스)

출처: Hanleybrow, Kania, & Kramer, 2012.

1) 시작 단계 Initiate Action

콜렉티브 임팩트 프로젝트의 기반을 마련하고 필요한 참여자를 모으는 단계다. 사회문제의 심각성을 공감하고, 변화를 위한 긴급성을 강조하며, 협력을 위한 기반을 형성하는 데 집중한다.

- 변화를 위한 긴급성 조성: 해결해야 할 사회문제의 심각성을 인지하고 변화가 필요하다는 인식을 공유한다.
- 영향력 있는 챔피언 발굴: 프로젝트를 이끌고 다른 참여자들을 끌어들일 수 있는 영향력 있는 챔피언을 찾는다.
- 섹터 간 그룹 형성: 다양한 부문(정부, 비영리, 기업 등)의 주요이해 관계자를 모아 섹터 간 그룹을 형성한다.
- 현황 파악 및 데이터 활용: 문제의 현황을 파악하고 데이터를 사용해 문제의 심각성을 제시한다.

2) 조직화 단계 Organize for Impact

구체적인 목표와 전략을 설정하고 실행을 위해 인프라를 구축하는 단계다. 협력을 위한 구체적인 계획을 수립하고, 측정 시스템을 개발하며, 상호 보완된 활동을 조직한다.

- 중추 지원조직 구축: 전체 프로젝트를 지원하고 조정할 전담 조직을 설립한다. 지원조직은 전략적 방향을 제시하고, 파트너 간의 대화를 촉진하며, 데이터 수집 및 분석을 관리하는 역할을 한다.
- 공통의 의제 수립: 모든 참여자가 공유하는 목표와 전략을 설정하

고 문제에 대한 공동의 이해를 형성한다. 공통 의제는 명확한 비전, 문제에 대한 공동 이해, 공동의 접근 방식을 포함해야 한다.
- 공유된 측정체계 개발: 진행 상황을 측정하고 평가하기 위한 공통 지표를 설정하고 데이터 수집 및 분석 시스템을 개발한다.
- 상호 보완된 활동 계획: 각 참여 기관의 고유한 역할과 책임을 명확하게 정의하고 전체 목표 달성을 위해 서로 보완적인 활동을 계획한다.
- 공동체 참여: 지역사회의 참여를 촉진하고 지역사회의 요구를 반영하는 전략을 개발한다.

3) 지속적인 실행 및 영향 Sustain Action and Impact

설정된 전략을 실행하고 지속적인 변화를 만들어내는 단계다. 계획된 활동을 실행하고, 데이터에 기반한 의사결정을 내리며, 지속적인 성과를 창출하기 위해 노력한다.

- 활동 실행 및 조정: 계획된 전략과 활동을 실행하고 필요에 따라 조정한다.
- 데이터 수집 및 분석: 지속적으로 데이터를 수집하고 분석해 진행 상황을 추적하고 개선 영역을 파악한다.
- 지속적인 소통 및 협력: 모든 참여자가 정기적으로 소통하고 정보를 공유하며 신뢰를 구축하고 협력을 강화한다.

- 성과 측정 및 평가: 프로젝트의 성과를 측정하고 평가해 목표 달성 여부를 확인하고 필요한 경우 전략을 수정한다.
- 정책 변화 및 시스템 변화 추진: 지역사회 수준에서 변화를 넘어 정책 및 시스템 수준의 변화를 추진한다.
- 지속가능성 전략 수립: 장기적인 지속가능성을 위해 프로젝트의 자금 조달 및 운영 계획을 수립한다.

4) 추가로 고려해야 할 사항

- 유연성: 콜렉티브 임팩트 과정은 미리 결정된 것이 아니라 상황에 따라 유연하게 변화할 수 있다.
- 학습: 지속적인 학습과 피드백 루프를 통해 효과적인 전략을 개발하고 개선한다.
- 관계 및 신뢰 구축: 다양한 이해관계자 간의 관계와 신뢰를 구축하는 것이 성공적인 콜렉티브 임팩트에 매우 중요하다.

5. 대표 사례

콜렉티브 임팩트의 SDGs 적용을 이해하기 위해 지속가능발전의 환경 및 사회 분야를 대표할 수 있는 기존의 성공 사례를 콜렉티브 임팩트의 다섯 가지 성공요건을 기준으로 분석하여 소개한다.

1) 사례 1: 오션클린업프로젝트 The Ocean Cleanup Project

개요

오션클린업 The Ocean Cleanup 은 해양 플라스틱 오염 문제를 해결하기 위해 2013년 네덜란드의 젊은 발명가 보얀 슬랫 Boyan Slat이 설립한 비영리 환경단체다. 그는 16세 때 그리스에서 스쿠버다이빙을 하던 중 물고기보다 더 많은 플라스틱 쓰레기를 발견한 후, 해양 정화 활동에 뛰어들었다. 특히 태평양 쓰레기 지대 Great Pacific Garbage Patch 같은 해양 쓰레기 집적지의 문제 해결에 집중했다. 18세에는 이 문제를 해결하기 위한 기술적 대안으로 수동적 수거 시스템 passive cleaning system을 고안했다. 이 시스템은 U자형 부유 장벽을 설치하고, 해류와 바람의 힘을 이용해 바다에서 플라스틱을 자동으로 수거하는 방식으로, 기존의 적극적 수거 방식보다 효율적이며 비용도 저렴하다. 두 대의 선박이 양측에서 그물을 곡선 형태로 펼친 후 수면 4m 이내의 모든 폐기물을 수거한다. 최근에는 해양으로 유입되는 플라스틱의 80%가 강을 통해 흘러 들어가는 점에 착안하여 강에서 실시간으로 플라스틱을 수거하는 자동화 시스템을 운영 중이다. 오션클린업프로젝트는 이러한 기술적 솔루션을 바탕으로 다양한 이해관계자가 협력하여 해양 오염 문제에 대한 장기적인 해결책을 제시하고, 글로벌 환경보호에 기여하는 성공적인 사례로 평가받고 있다. 2013년 이후 현재까지 총 2억 유로 규모의 후원금을 모금했다.

성공요건 1: 공통의 의제

해양 플라스틱 오염을 근본적으로 해결하려는 목표를 '2040년까지 해양 플라스틱의 90%를 제거하는 것'으로 설정하고, 해양 정화 시스템(명칭: System 001, 002, 03)과 강 유입 플라스틱 차단 시스템Interceptor을 동시에 추진하는 전략으로 구체화했다. 기술 개발자, 연구기관, 정부, 기업 후원자, 자선가, 지역사회 및 NGO는 모두 '플라스틱으로 얼룩진 바다를 복원하자'는 공통의 비전 아래 모여 이러한 전략에 합의했다. 이러한 합의는 단순히 표면적인 해양 플라스틱 청소에 그치지 않고, 플라스틱 오염의 근본 원인을 해결하려는 포괄적인 비전을 반영한 것이다. 이와 같은 공통의 의제를 바탕으로 파트너 간 역할을 구분하고 자원과 역량을 보완하며, 공유된 측정체계를 확보하고 데이터를 투명하게 공개한다.

성공요건 2: 공유된 측정체계

제거된 플라스틱의 중량, 배치된 시스템 수, 운영 시간, 지역별 성과 등 구체적인 정량적 지표를 설정하여 관리하고 있다. 이러한 지표는 내부 팀, 후원자, 파트너, 그리고 정책 입안자들이 모두 동일한 기준에 따라 프로젝트의 진척 상황을 평가할 수 있게 하며, 목표 달성을 위한 방향성을 명확히 제시한다. 또한 임팩트 계기판dashboard과 정기 뉴스레터, 소셜미디어 업데이트 등을 통해 실시간으로 성과 데이터를 투명하게 공개했다. 이 데이터는 모든 이해관계자가 접근 가능하여 성과에 대한 신뢰를 높이고, 개선점을 도출하는 데

강 플라스틱 수거 시스템: 인터셉터(Interceptor)
출처: https://theoceancleanup.com/

해양 플라스틱 수거 시스템: System 002
출처: https://theoceancleanup.com/

중요한 역할을 한다. 정부, 국제기구, 학계, 기업, 지역사회 및 NGO 등 다양한 파트너들은 오션클린업이 제공하는 공통의 성과 데이터를 기반으로 자신들이 진행하는 현장 활동이나 정책 제안의 효과를 평가한다. 예를 들어, 오션클린업의 데이터는 UN 및 관련 국제회의에서 발표되어 각국 정부가 해양 플라스틱 저감을 위한 정책을 수립하는 데 중요한 참고자료로 사용되고 있다. 공유된 측정체계는 정기적인 데이터 검토와 피드백 루프를 통해 기술의 문제점이나 운영상의 한계를 신속하게 파악하고 개선하는 데 기여한다.

성공요건 3: 상호 보완적 활동

자체 기술 및 운영 역량을 바탕으로 정부, 국제기구, 학계, 연구소, 기업, 지역사회, NGO 등과 긴밀히 협력하고 있다. 초기 테스트 및 시범 운영 단계에서 네덜란드 정부는 북해 테스트 구역을 허가하여 안정적인 환경에서 시스템을 개발할 수 있도록 지원하는 등 향후 확산에 필요한 법적·행정적 기반을 제공했다. UNDP와의 전략적 파트너십을 통해 베트남과 도미니카공화국 정부의 현장 네트워크와 행정 지원을 받아 주요 강에 인터셉터를 설치하는 데 성공했다. 기술개발 과정에서도 전 세계 대학 및 연구소와 협력하여 해양 플라스틱의 분포, 유체역학, 환경영향을 분석하고, 그 결과를 바탕으로 시스템 설계를 지속적으로 개선할 수 있었다. 기아자동차와의 7년간 글로벌 파트너십을 통해 재정적 지원을 받고, 해양 플라스틱을 활용한 제품개발 협력도 추진했다. 이는 기업의 R&D 역량과 마케팅 네트워크가 환경기술과 결합한 좋은 사례라 할 수 있다. 이 외에도 딜로이트Deloitte는 재무관리, 운영관리, 리스크평가 등 프로보노 컨설팅을 제공했으며, 맥쿼리Macquarie는 장기 지원자금을 제공하는 등 오션클린업의 부족한 자원과 역량을 보완해왔다. 시스템이 설치된 저개발국 현지의 지역사회와 NGO는 현장 정보와 지식, 현지 네트워크, 인적 자원 등을 제공하여 시스템의 안정적인 운영에 기여하고 있다. 또한 록그룹 콜드플레이Coldplay 같은 문화 파트너는 전 세계 대중에게 해양 플라스틱 문제의 심각성을 알리고, 대중의 관심과 자발적 참여를 촉진하는 역할을 하고 있다.

성공요건 4: 지속적인 의사소통

홈페이지, 소셜미디어, 뉴스레터, 유튜브 채널, 정기 보고서 등을 통해 기술개발, 현장 운영, 데이터 수집 등 모든 활동을 대중과 파트너에게 투명하게 공개하고 있다. 또한 내부 회의, 워크숍, 콘퍼런스 등 다양한 커뮤니케이션 채널을 통해 진행 상황을 파트너와 공유하며, 각 이해관계자가 자신의 역할과 활동을 업데이트할 수 있도록 한다. 이러한 소통 채널은 기술자, 연구자, 현지 운영자, 후원자 및 정책 입안자 간의 피드백 루프를 형성하여 각자의 활동이 서로에게 긍정적인 영향을 미칠 수 있도록 한다. 예를 들어, 정기적인 업데이트와 공개 보고서는 후원자들에게 프로젝트에 대한 신뢰를 유지하게 하고, 이를 바탕으로 지속적인 지원과 협력이 이루어지도록 한다. 또한 공개된 성과 데이터와 투명한 커뮤니케이션은 대중과 정책 입안자에게 프로젝트의 중요성을 전달하며, 이는 추가적인 법적·제도적 지원으로 이어진다.

성공요건 5: 중추 지원조직

약 140명의 전문인력을 보유한 조직 자체가 중추 지원조직 역할을 수행하며, 기술개발, 현장 운영, 데이터 관리, 커뮤니케이션 및 파트너십을 통합적으로 조율하고 있다. 이 조직은 프로젝트 내 다양한 파트너(정부, 국제기구, 연구소, 기업, NGO 등)와의 관계를 관리하고, 각 조직이 맡은 역할이 전체 전략과 일관되게 진행되도록 지원함으로써 프로젝트의 통합성과 효율성을 극대화한다. 예를 들어, 네덜란드 및 저개발국 현지 정부와의 협력을 통해 안전한 테스트와 현지 적용을 가능하게 했고, UNDP와의 파트너십을 통해 국제적 지원 및 데이터 공유 네트워크 구축에 기여했으며, 기아자동차, 딜로이트, 맥쿼리 등 글로벌 기업과의 협력으로 재정적 및 기술적 지원을 확보했다. 또한 말레이시아, 도미니카공화국, 과테말라 등 현지 파트너 및 지역사회와의 협력을 통해 시스템을 성공적으로 정착시켰다. 이 모든 과정을 중추 지원조직으로서 140명의 오션클린업 팀이 주도했다.

임팩트 성과

정량적 성과를 보면, 2024년 한 해 동안 총 1,150만 kg의 해양 및 강 쓰레기를 수거했으며, 이는 이전 모든 연도의 수거량을 합친 것보다 더 많은 양이었다.[13] 특히 2024년 4월에는 누적 1천만 kg의 쓰레기 수거를 달성했으며, 같은 해 11월에는 누적 2천만 kg에 도달했다. 이는 시스템의 규모의 경제가 본격화했음을 의미한다. 최근 투입된 System 03은 기존 대비 약 3배 넓은 면적을 청소할 수 있으며, 이는 축구장 크기의 면적을 5초마다 청소하는 속도에 해당한다. System 03을 본격적으로 투입하여 2040년까지 태평양 거대 쓰레기 지대 내 폐기물의 90%를 제거하겠다는 목표를 설정했다. 또한 전 세계 1천여 개의 하천에서 플라스틱 폐기물의 바다 유입을 차단하기 위한 노력을 기울이고 있으며, 방콕의 차오프라야강, 과테말라의 리오모타구아강, 자메이카 킹스턴의 샌디베이 등 주요 강에 플라스틱 차단 장치를 설치하여 운영을 확대하고 있다.

2) 사례 2: 스트라이브투게더 Strive Together

개요

2006년 미국의 무너진 공교육 시스템 혁신을 위해 신시내티주와 북부 켄터키주 지역에서 시작된 교육 협력 사업으로, 정부, 지자체, 기업 재단, 대학총장, NGO 등 300명이 넘는 지역 리더들이 모여 '스타라이브파트너십 Strive Partnership'이라는 이름으로 시작했다. '출생부터 직업까지 cradle to career'라는 비전을 중심으로, 학생들이 학업과 삶에서 성공할 수 있도록 목표를 설정했다. 이 사업은 유아기부터 고등교육까지 모든 단계에서 학생들의 성과를 개선하는 것뿐만 아니라 교육 외에도 학생들의 건강, 사회적 지원, 영양 등 비

학업적 필요를 충족하고자 했다. 이를 위해 생애주기life cycle 관점에서 유치원 사전 학습, 초등학교 독서 능력 향상, 저소득층 학교 성과 개선, 고등학교 졸업률 및 대학 진학률 향상 프로그램을 체계적으로 진행했다. 이 과정에서 지역 내 다양한 이해관계자(학교, 비영리단체, 기업, 정부 등)가 협력하여 공통의 목표를 설정하고 이를 달성하기 위한 체계적인 접근법을 도입했다. 또한 지역에서 데이터를 활용해 문제를 진단하고 성과를 측정하며 지속적인 개선을 도모했다. 이를 통해 각 커뮤니티의 고유한 상황에 맞춘 전략과 자원을 제공하여 지역사회가 자립적으로 문제를 해결할 수 있었다. 그 결과, 유치원 아동의 읽기 역량, 고등학교 졸업률, 대학 진학률 등 주요 지표에서 75%가 개선되는 효과를 보였다. 이 초기 모델은 미국 전역에서 교육 격차 해소와 시스템 변화를 위한 모범 사례로 자리 잡았다. 이러한 성과를 바탕으로, 2011년에는 이 모델을 전국적으로 확산하기 위해 '스트라이브투게더'라는 독립적인 비영리조직으로 전환했다. 2023년 기준으로 연간 보조금 및 기부금 총액은 2억 2,500만 달러에 이른다.

공통의 의제

지역사회 내 다양한 이해관계자(학교, 비영리단체, 기업, 정부 등)가 참여하여 '출생부터 직업까지' 모든 학생이 고등학교를 졸업하고, 대학 및 경력 준비를 마칠 수 있도록 하는 비전을 공유했다. 이 공통의 의제는 신시내티 지역 내 학교, 비영리단체, 기업, 정부 등 다양한 주체가 참여하는 협의체에서 도출되었으며, 단계별로 명확한 목표를 설정(예: 유치원 준비율 향상, 초등학교 독해 능력 개선, 고등학교 졸업률 증가 등)하고 이를 달성하기 위한 전략을 수립했다.

공유된 측정체계

모든 파트너가 동일한 지표와 데이터 시스템을 활용하여 진행 상황을 투명하게 측정함으로써 성과를 공유하고 개선 방향을 모색했다. 학생들의 학업 데이터를 공유하는 데이터 대시보드 시스템 data dashboard system을 구축하고, 학업 성취도, 고교 졸업률, 대학 등록률 등 핵심 성과 지표를 설정하여 정기적으로 데이터를 수집·분석하고 문제를 진단하며 우선순위를 설정했다. 참여 기관들은 동일한 측정 도구를 사용하여 자신의 활동이 전체 목표에 미치는 영향을 파악하고, 정기 모임에서 데이터를 공유하며 전략을 수정했다.

상호 보완적 활동

각 참여 기관은 자신의 강점과 자원을 활용하여 특정 역할을 맡았다. 학교는 교과 과정 개선과 교사 연수를 담당하고, 비영리단체는 방과 후 학습 지원과 멘토링 프로그램을 운영하며, 기업은 인턴십, 진로 체험 및 자원 지원 프로그램을 제공하는 등 각 기관이 전문성을 발휘했다. 이 과정에서 참여 기관 간 긴밀한 협력을 통해 중복된 노력을 줄이고 자원을 효율적으로 활용할 수 있었다. 예를 들어, 초등학교 3학년 학생의 90%에게 독서 능력을 갖게 하는 '독서 네트워크' 프로그램의 경우,[14] 공립학교, 비영리조직, 기업, 어린이병원 의료센터 등 다양한 기관이 협력했다. 특히 신시내티의 교육 전문 비영리조직인 GSCS Greater Cincinnati STEM Collaborative는 기업협력 프로그램을 적극적으로 기획했다. 대기업인 피앤지P&G는 교육 예산 지원은 물론 북부 켄터키 지역의 선진 제조업체와 협력하여 다양한 진로교육 프로그램을 제공했다. 신시내티대학교는 교수진들이 직접 나서서 IT 기술이나 경력 개발과 관련된 다양한 리소스를 제공하는 애플리케이션을 개발하여 제공했다.

지속적인 의사소통

네트워크 내 모든 파트너는 정기적인 대면 회의를 통해 진행 상황, 데이터, 도전 과제 및 향후 전략에 대해 논의한다. 특히 참여 조직들은 격주 또는 월간 단위로 모여 회의를 진행하며, 회의에서는 성과 지표(고교 졸업률, 대학 진학률 등)를 점검하고 개선 방안을 도출하는 과정을 반복함으로써 파트너 간 신뢰와 공동의 책임감을 높인다. 이를 통해 파트너 조직은 지속적인 피드백을 받으며, 필요할 때마다 전략을 신속히 조정할 수 있다. 스트라이브투게더는 물리적인 회의뿐만 아니라 온라인 플랫폼을 적극 활용한다. 전용 데이터 대시보드와 협업 도구tool를 통해 각 파트너는 실시간으로 데이터를 공유하고, 성과 및 문제점을 투명하게 공개한다. 이와 같은 온라인 소통 도구는 비대면 상황에서도 지속적인 커뮤니케이션을 유지하게 해주며, 긴급한 상황이나 빠른 피드백이 필요한 경우에 유용하게 사용된다.

중추 지원조직

비영리조직인 스트라이브투게더 자체 내에 전문 인력을 중점 배치하여 각 지역 커뮤니티 파트너들의 협력을 이끌어낸다. 즉 중추 지원조직은 스트라이브투게더의 중앙 사무소 및 전담팀으로 구성되어 있으며, 이 팀은 파트너십 전반의 전략 수립과 실행 지원을 담당한다. 전담팀은 주로 데이터 분석, 기술 지원, 커뮤니케이션, 재무관리, 프로젝트 관리 분야의 전문가들로 구성되어 있다. 이들은 각 파트너 기관들이 공통의 목표와 측정체계를 따르도록 돕고, 이해관계자 간 의사소통 조율 및 갈등 해결을 담당하며, 전략적 문제 해결을 위한 지속적인 개선 과정을 촉진한다. 이 외에도 프로그램 실행을 지원하기 위해 교육 전문가, 데이터 분석가, 커뮤니티 리더 등 다양한 분야의 전문가들을 연결한다.

임팩트 성과

초기 5년 동안 아동의 유치원 준비도가 9% 상승했고, 고등학교 졸업률은 11%, 대학교 진학률은 10% 상승했다. 전체 53개 측정지표 중 40개가 개선되는 효과도 나타났다. 2023년 현재 최근 5년 성과를 보면, 흑인 아동의 유치원 준비도가 13% 향상되었고, 원주민 아동의 유치원 준비도 또한 9% 향상되었다. 고등학교 졸업률이 14% 증가하고, 대학 진학률이 18% 증가하는 등 초기 성과를 지속적으로 유지하고 있다.[15] 현재 미국 내 30개 주에 걸쳐 70개의 지역 사회와 1만여 개의 지역 조직이 파트너십에 참여하여 교육 혁신 프로그램을 실행하고 있으며, 약 320만 명의 어린이와 청소년에게 영향을 미치고 있다.

6. 나가며

SDGs 실현을 위한 새로운 방법론으로서 '콜렉티브 임팩트'의 개념과 실행 메커니즘을 자세하게 소개했다. 콜렉티브 임팩트는 전통적인 정부, 시장, 시민사회 각 부문의 단편적 문제 해결 방식에서 벗어나 다양한 이해관계자가 공통의 목표 아래 긴밀하게 협력함으로써 복잡하고 변화하는 사회·환경·경제 문제에 체계적이고 지속 가능한 해법을 모색하는 접근법이다. 먼저 콜렉티브 임팩트의 이론적 배경인 섹터별 실패이론을 소개하고 유사한 개념인 섹터 간 협력을 비교 설명한 후 두 가지 사례를 제시했다. 이어서 콜렉티브 임팩트의 핵심 성공요건인 ① 공통의 의제, ② 공유된 측정체계, ③ 상호 보완적 활동, ④ 지속적인 의사소통, ④ 중추 지원조직의 역할을 상세히 설명했으며, 콜렉티브 임팩트를 문제해결 현장에서 실행할 수 있는 3단계 추진 절차도 소개했다. 또한 지속가능발전 프로젝트의 대표적인 사례로 환경 분야의 해양 플라스틱 정화 프로젝트 The Ocean Cleanup와 사회 분야의 공교육 혁신 프로그램 Strive Together을 콜렉티브 임팩트의 다섯 가지 성공요건의 틀에 따라 분석했다.

그러나 콜렉티브 임팩트 접근법은 몇 가지 한계와 과제도 내포하고 있다(Schmitz, 2021).¹⁶ 첫째, 중추 지원조직에 대한 과도한 의존도가 문제일 수 있다(Wolff, 2016).¹⁷ 중추 조직의 역할이 명확하지 않거나 미흡할 경우, 참여자 간 역할 분담과 정보 공유가 원활하지 않아 전체 사업의 추진력과 지속가능성이 약화할 위험이 있다. 둘째, 복잡한 사회문제를 단일 지표로 평가하기 어려운 만큼 측정·평가 체계에도 한계가 존재한다. 정량적·정성적 지표를 효과적으로 결합하여 장기적 성과를 정확히 판단하는 시스템의 미흡은 정책 입안자나 투자자에게 즉각적인 결과를 제시하는 데 어려움을 초래할 수 있다. 셋째, 다양한 기관이 참여하는 만큼 권력 불균형 및 자원배분의 형평성 문제도 주목할 만하다(Kania et al., 2022).¹⁸ 자원이 상대적으로 부족한 조직이 의사결정 과정에서 소외되거나 참여 기회가 제한될 경우, 협력 효과가 저해되고 전체 임팩트에 부정적 영향을 미칠 수 있다. 마지막으로, 초기 단계에서의 충분한 소통과 신뢰 구축이 미흡할 경우, 지속가능한 협력 관계 형성과 갈등 조정에 어려움이 발생할 수 있다.

따라서 향후 콜렉티브 임팩트를 효과적으로 실행하기 위해서는 첫째, 중추 지원조직의 역할을 명확히 하고 체계적인 관리체계를 구축하며, 둘째, 정교한 데이터 기반의 평가·측정 시스템을 개발하여 장기적 변화를 객관적으로 파악할 수 있도록 해야 한다. 셋째, 참여자 간의 권력 및 자원 불균형을 해소하기 위한 구조적 개선과 제도적 지원이 병행되어야 하며, 마지막으로 초기 단계부터 지속적이고 투명한 소통 채널과 피드백 메커니즘을 마련하여 신뢰 기반의 협력 네트워크를 강화하는 것이 필수다. 이처럼 콜렉티브 임팩트는 SDGs 같은 복잡한 사회문제를 해결할 수 있는 유력한 협력 모델로서 큰 잠재력을 지니고 있으나, 실행 과정에서 나타나는 구조적·평가적·관계적 한계를 극복하기 위한 지속적인 개선과 제도적 지원이 필요하다.

주

1 마크 크레이머는 전략경영 분야의 대가인 하버드대학교의 마이클 포터(Michael Porter)와 함께 기업이 전략적 관점에서 사회적 가치와 경제적 가치를 동시에 창출할 수 있다는 공유가치창출(creating shared value, CSV) 이론의 공동 제안자이기도 하다.

2 Kania, J. & Kramer, M., Collective impact, *Stanford Social Innovation Review*, Winter 2011: 36-41.

3 Hanleybrown, F., Kania, J. H., & Kramer, M. K., Channeling change: Making collective impact work, *Stanford Social Innovation Review*, January 2012: 1-8.

4 Kania, J. & Kramer, M., Embracing emergence: How collective impact addresses complexity, *Stanford Social Innovation Review*, January 2013: 1-7.

5 Kania, J., Kramer, M., & Senge, P., The water of systems change, FSG. Belgium, 2018. https://coilink.org/20.500.12592/8wz3hz on 02 Feb 2025. COI: 20.500.12592/8wz3hz.

6 Kania, J., Williams, J., Schmitz, P., Brady, S., Kramer, M., & Juster, J. S., Centering equity in collective impact, *Stanford Social Innovation Review*, Winter 2022: 38-45.

7 Salamon, L. M., Partners in public service: The scope and theory of government-nonprofit relations, in W. W. Powell (ed.) The nonprofit sector: A research handbook, New Haven, Connecticut: Yale University Press, 1986.

8 Selsky, J. W. & Parker, B., Cross-sector partnerships to address social issues: Challenges to theory and practice, *Journal of management*, 31(6), 2005: 849-873.

9 Engel, E., Fischer, R. D., & Galetovic, A., The economics of public-private partnerships: A basic guide, Cambridge: Cambridge University Press, 2014.

10 Prahalad, C. K. & Brugmann, J., Co-creating business's new social compact, *Harvard Business Review*, 85(2), 2007: 80-90.

11 콜렉티브 임팩트를 제창한 Kania & Kramer(2011), Hanleybrow, Kania, & Kramer(2012), Kania & Kramer(2013)가 『스탠퍼드 소셜 이노베이션 리뷰』에 발표한 논문을 재구성하고 보완하여 서술하였다.

12 콜렉티브 임팩트의 추진 절차를 구체적으로 제시한 Hanleybrow, Kania, & Kramer(2012)의 논문을 재구성하여 정리했다.

13 오션클린업 홈페이지, 2024. https://theoceancleanup.com/updates/2024-a-record-breaking-year-for-the-ocean-cleanup/(검색일: 2025.2.2)

14 정유진, "해외는 지금, 콜렉티브 임팩트(Collective Impcat)다!", 더나은미래, 2017.9.25. https://futurechosun.com/archives/27589(검색일: 2025.2.2)

15 스트라이브투게더 홈페이지, 2016. https://www.strivetogether.org/(검색일: 2025.2.2)

16 Schmitz, P., 10 Dangers to collective impact, *Stanford Social Innovation Review*, 2021. https://doi.org/10.48558/8N8N-JT36(검색일: 2025.2.2)

17 Wolff, T., Ten places where collective impact gets it wrong, *Global journal of community psychology practice*, 7(1), 2016: 1-13.

18 Kania, J., Williams, J., Schmitz, P., Brady, S., Kramer, M., & Juster, J. S., Centering equity in collective impact, *Stanford Social Innovation Review*, Winter 2022: 38-45.

―――――――――― 집필진 소개 ――――――――――

김숙향

고려대학교 중문과 석사, 상하이 푸단대학교(Fudan University) 박사학위를 취득했다. 고려대, 가톨릭대, 숭실대 등에서 강의와 연구를 했고, 현재 고려대학교 중국학연구소 연구교수로 재직 중이다. 중국 명청(明淸) 시대 문학과 문학비평을 중심으로 연구하며 다수의 논문을 발표했다. 『도암몽억(陶庵夢憶)』, 『서호몽심(西湖夢尋)』 등 주요 고전 번역과 『제왕』, 『명장』, 『난징함락과 대학살』 등 교양서 번역을 통해 중국 문학과 문화를 대중에게 소개하고 있다.

라준영

KAIST 산업공학과(학/석사) 경영대학(박사)에서 공부했으며, 현재 가톨릭대학교 경영학과와 사회혁신융복합전공의 교수로 있다. 주요 연구 분야는 사회적 기업가정신, 기업과 사회, 환경경영, 서비스경영 등이며 관련 논문 및 저서가 다수 있다. 최근까지 사회적 가치 측정에 관한 연구와 실천에 집중해왔고, 진화 이론을 사회혁신 생태계에 적용하기 위한 연구에도 관심이 많다.

박재윤

상호문화교육·치유연구소 '慈廈[자하]' 소장(다문화상호문화 박사), 비영리단체 호모인테르 공동대표, 한국외국어대학교 아프리카학부 겸임교수로 재직하며, 지구별여행자, 세계시민, 피스메이커이자 소셜테라피스트로 불리는 것을 좋아한다. 지구에 함께 살아가는 이들의 마음속에 평화를 더 늘리기 위해 오늘도 국제공인 표현예술치료사이자 사회정서지능 프랙티셔너로서 다양한 난민 이주민들과 만나 '누구도 배제되지 않는 소통'을 위해 노력하고, 서로 다름이 풍요가 되는 사회를 꿈꾸며, 그 꿈을 하나씩 실천해나가는 삶을 살고 있다.

박정호

사회혁신연구소에서 활동하며, 지역의 목소리를 듣고 사람과 정책을 잇는 일을 해오고 있다. 지속가능발전 기본전략을 함께 만들고, 시민 중심의 숙의공론장을 기획·운영해왔다. 누구도 소외되지 않는 변화를 위해 다양한 주체를 연결하는 데 힘을 쏟고 있다.

이수연

가톨릭대학교 국어국문학과를 졸업하고 동 대학에서 국어학 석사학위를, 한국외국어대학교에서 국어학 박사학위를 취득했다. 가톨릭대학교 인간학연구소에서 전임연구원으로 근무했으며, 현재는 고려대학교 세종캠퍼스에서 초빙교수로 재직 중이다. 주요 연구 분야는 북한이탈주민 언어, 외국인을 위한 한국어교육, 음운음성학, 대학 내 교과 및 비교과 프로그램 개발 및 관련 연구로, 다양한 학문적·교육적 경험을 바탕으로 지속가능 발전과 인성교육 분야에도 관심을 두고 있다.

임학순

현재 가톨릭대학교 미디어기술콘텐츠학과 교수로서 문화정책, 예술경영, 콘텐츠산업, 문화예술교육정책, 국가유산 활용 분야를 연구하고 있다. 한국콘텐츠진흥원, 한국문화정책개발원에서 근무한 바 있으며, 한국예술경영학회장, 지역문화협력위원회 위원장, 문화예술교육지원위원회 위원장 등을 역임한 바 있다. 주요 저서로는 『창의적 문화사회와 문화정책』, 『문화예술교육사업과 파트너십』 등이 있다.

채경진

국가유산정책연구원에 정책연구실장으로 근무 중이며, 가톨릭대학교 공연예술문화학과 겸임교수로 겸직 중이다. 현재 한국은행 화폐발행위원회 위원, 서울시 투자심사위원회 위원, 한국만화영상진흥원 이사, 부천시 무형유산 보전 및 지원 심의위원회 전문위원으로 활동 중이며, 경기도 재정사업평가 위원, 문화체육관광부 공공기관 경영평가 위원을 역임했다. 제1차 '세계유산 보존·관리 및 활용 종합계획 수립(2021)'의 연구책임자로 참여했고, 국가유산, 문화정책 관련 프로젝트를 60건 이상 책임자로 수행했다. 이와 함께 문화유산이 지역사회에 미치는 영향, 문화도시, 정책평가 관련 논문을 다수 게재했다.

천경희

서울대학교에서 소비자학을 전공하고 공동체화폐운동에 관한 연구로 박사학위를 받았다. AC Nielsen, 맥스컨설팅그룹, 인터막스애드컴에서 마케팅팀 팀장을 역임했으며, 이후 가톨릭대학교 공간디자인소비자학과 교수로 재직하면서 핵심 교양과목 '소비윤리'를 개발했다. 교재 『착한 소비, 윤리적 소비』를 발간하여 우리나라 윤리적 소비 개념을 정립했으며, 2012년 유네스코 한국위원회 주관 'ESD 공식 인증 프로젝트'로 인증 수여받았다. 현재 한국윤리적소비연구소 대표로서 사회단체, 지역공동체, 행정기관에서 소비자교육 확산과 시민의식 고취를 위한 활동을 하고 있다.